ENCYCLOPÉDIE
de la
PÂTISSERIE
(et confiserie)
FRANÇAISE

35, rue du Pré-la-Reine, 63028 Clermont-Ferrand Cedex 2
www.editions-bonneton.com
EAN : 978-2-86253-629-3

FRÉDÉRIC ZÉGIERMAN

ENCYCLOPÉDIE *de la* PÂTISSERIE *(et confiserie)* FRANÇAISE

Christine Bonneton

AVANT-PROPOS

Dans la voie lactée de la pâtisserie française, scintillent des « monuments » régionaux (kugelhopf alsacien, far breton, tarte normande, gâteau basque, canelé bordelais, tourtière agenaise, croustade gasconne, gâteau battu picard, baba au rhum lorrain...) aux côtés de myriades de beignets (merveille, bugne), de crêpes (pescajoune, couquebaque) et de flans (fiadone, fion) dont relèvent flognarde, clafoutis, cacou, flamusse, tartouillat et milliard, de tourtes et de tartes (au fromage blanc, myrtilles, pruneaux), de macarons et massepains, de galettes, de biscuits, sablés, croquets et croquants, gaufrettes et gaufres, madeleines et nonnettes...
Débordantes de crème (corniotte, cornet de Murat, tarte tropézienne), étonnantes de pâte à chou (chouquette, gougère), d'inventivité (kouign-amann, pithiviers) ou fruit de géniales erreurs (tarte Tatin, manqué), notre pâtisserie nationale se permet de chiper quelques œuvres d'art à nos voisins (strudel, gâteau à la broche). À ces gâteaux « de ménage » s'oppose la pâtisserie moderne : religieuse, millefeuille, moka, opéra, saint-honoré...
La France regorge aussi de douceurs (miels, confitures, fruits confits), de chocolats... de bocaux de friandises : carambars, caramels, papillotes, berlingots, sucres d'orge, bonbons, dragées, cachous et réglisse, pralines et pâtes de fruits, nougats et calissons, guimauve...

Avertissement :
Quelques pains régionaux ont été rajoutés, la frontière entre pâtisserie et boulangerie étant souvent ténue, en témoignent ces pains sucrés (pain d'épices), viennois (croissant, bretzel), briochés (pastis landais, pogne) ou aux fruits, ces fouaces ou encore les échaudés (craquelin).

Frédéric Zégierman

ALSACE

Agneau pascal alsacien

(pâtisserie ; Kochersberg, Grand Ried, pays de Hanau, pays d'Haguenau, Outre-Forêt, Sundgau)

L'agneau pascal (oschterlämmele) est un biscuit en forme d'agneau décoré d'un étendard, fabriqué en période de Pâques. La pâte, de couleur jaune dorée, toute en légèreté, laisse au palais une sensation vanillée agréable.
Cet agneau pâtissier se découpe en tranches. Il se déguste le matin du dimanche de Pâques, au petit-déjeuner, ou l'après-midi avec un verre de blanc.

HIST. *La tradition chrétienne de l'agneau pascal, issue de la tradition juive, rappelle que saint Paul avait assimilé le Christ à l'agneau. On mangeait donc de cette viande le dimanche de Pâques en souvenir du Christ ressuscité. La transition vers cet agneau de brioche s'est faite au cours du XIXe siècle.*

Beignet aux pommes

(pâtisserie ; Kochersberg, Grand Ried, pays de Hanau, pays d'Haguenau, Alsace bossue, Oschenfeld, Outre-Forêt, Sundgau, Hardt)

Partout où il y a des pommes, suivent tartes et beignets. Ce constat vaut pour l'Alsace autant que pour les autres régions

françaises. Et si les beignets adoptent des compositions et des présentations différentes*, tous jouent un rôle de dessert. Or, en Alsace, ce beignet accompagne plus souvent la soupe. Ce beignet alsacien se présente dans le plus simple appareil : une rondelle de pomme, évidée en son centre, enrobée d'une pâte à bière dorée, saupoudrée de cannelle et de sucre, avec, parfois, un peu d'eau-de-vie. La pâte est basique : farine, jaunes d'œufs, sucre, sel. Après passage dans le bain de friture, chaque pièce est égouttée.
Le beignet aux pommes, en Alsace, se sert, surtout l'hiver, avec une soupe de légumes. Il reste aussi un dessert qui fait le bonheur de la maisonnée.

HIST. *Le beignet aux pommes s'inscrit dans une tradition gastronomique qui remonte, en Alsace, au Moyen Âge. Outre les beignets aux fruits (beignet à la rhubarbe, beignet à la cerise, beignet aux pruneaux), son histoire le raccroche surtout au beignet de carnaval.*

**Tel le tourton du Champsaur, en Provence.*

BEIGNET À LA RHUBARBE

(pâtisserie ; Grand Ried, Oschenfeld, Hautes Vosges alsaciennes, Sundgau, Kochersberg, pays de Hanau, pays d'Haguenau, Alsace bossue, Outre-Forêt)

Le beignet à la rhubarbe est chez lui en Alsace, où on ne se lasse pas du contraste sous la dent entre le croustillant de la pâte frite et le fondant de la rhubarbe. Dorés sur chaque face, ils seront saupoudrés de sucre.

HIST. *La rhubarbe occupe de vastes champs en Alsace et investit souvent le plus minuscule des potagers. On la retrouve en compote bien sûr, mais aussi en tarte et en beignets. Ces derniers demeurent un dessert traditionnel très prisé, en particulier dans la région colmarienne.*

BEIGNET DE CARNAVAL

(pâtisserie ; Kochersberg, Grand Ried, pays de Hanau, pays d'Haguenau, Oschenfeld, Outre-Forêt, Sundgau)

Il est un beignet en Alsace qui se consomme durant la période du carnaval : appelé fastnachtkuechle, il se présente sous forme d'un cylindre rond, d'une teinte dorée sur les bords allant en s'éclaircissant jusqu'à son centre.
Toutefois, passé Colmar, en direction de Mulhouse et d'Altkirch, apparaît le même beignet, aussi moelleux et exhalant la cannelle, mais sous une apparence rectangulaire, carrée, losangée, voire, trapézoïdale.
Si certains sont fourrés à la confiture, leur composition ne varie pas : farine, sucre, levure, sel, beurre, lait, jaunes d'œufs, blancs en neige, marc. Frits à l'huile, puis écumés, égouttés, ils seront saupoudrés de sucre et de cannelle.
Encore de nos jours, dans certaines maisonnées attachées aux valeurs chrétiennes, ces beignets accompagnent la soupe.

HIST. *En Alsace, la tradition des beignets remonte au Moyen Âge. Ceux-ci intégreront dans leur composition des fruits (pomme, cerise, rhubarbe, quetsche), des plantes (mélisse, menthe, sauge, oseille), des fleurs (rose, sureau) ou du vin. À partir du XIXe siècle, ils symbolisent la période du gras et des réjouissances par rapport à la période du maigre durant le carême. Le dimanche de la mi-carême, jour de pause dans le jeûne, les jeunes filles offraient leurs beignets à leur fiancé.*
Au fil de l'évolution des modes alimentaires, les « carnavaleux » dégusteront d'autres types de beignets : rosekiechle, frits à l'aide de fers spéciaux, nonnepferzle, schenkele (du côté du Sundgau), beignet fourré à la marmelade de fruits ou à la crème, beignet aux pommes, beignet à la rhubarbe.*

**Voir pet-de-nonne à région Franche-Comté.*

BERAWECKA

(boulangerie/pâtisserie ; Kochersberg, Grand Ried, Hautes Vosges, pays de Hanau, pays d'Haguenau, Alsace bossue, Oschenfeld, Hardt, Outre-Forêt, Sundgau)

Variantes : hoguei, berawecka de Massevaux, hurtzeklnopf...

Associé aux fêtes de Noël, le berawecka est un pain fourré aux fruits secs dont l'abondance laisse rêveur : pruneaux, raisins de Malaga, poires séchées en rondelles, figues, cerneaux de noix, amandes, sans oublier cerises confites, zeste d'orange ou de citron râpé, anis en poudre, cannelle et kirsch...
De la pâte à pain étalée recueillera le riche contenu du saladier. Le tout, malaxé, sera façonné en petits pains, garnis d'amandes effilées, posés sur une plaque beurrée, dorés à l'œuf, puis cuits au four.

✳ **HIST**. *Ce délice remonte au Moyen Âge. On le déguste en période de Noël. On en offre avant la messe de minuit, parfois avec une boisson chaude.*

BREDELE

(pâtisserie ; Kochersberg, Grand Ried, Hautes Vosges, pays de Hanau, pays d'Haguenau, Alsace bossue, Oschenfeld, Hardt, Outre-Forêt, Sundgau)
Autres appellations : bredle, bredla, bretala, bredala, winachtsbredele.

Le terme de « bredele » couvre des dizaines de petits gâteaux de Noël, découpés en formes diverses : étoile, losange, rond, anneau, demi-lune, trèfle, cœur, ange, sapin... Craquants sous la dent, glacés ou non, ils révèlent les arômes surprises de leur composition. Quelques-uns reviennent avec insistance : bois de cerf (hirschhernle), anneaux sablés et anneaux d'amour, petits fours aux noix, à la crème ou au vin, cœurs glacés ou au citron, étoiles à la cannelle (zimmetsternle), petits gâteaux allemands (schwowebredele), petits gâteaux au beurre

(butterbredele), demi-lunes aux amandes (mandolinshen). Autre catégorie, les bredele moulés (fabriqués depuis le XIIe siècle), se partagent entre les springerle (carrés ou rectangulaires, sculptés de motifs), et les speculatius (plus grands). Quant aux bredele façonnés à la douille ou à la cuiller, ils comptent une trentaine de représentants dont : petites galettes à l'anis (anisbredele), macarons aux amandes, à la noix de coco, au chocolat ou aux flocons d'avoine, spritzbredele au chocolat ou aux fruits confits, dômes du couvent (klochterzipfel), chapeaux paysans (buerehietle), coussinets (kissele), bâtonnets aux noisettes ou aux noix, croissants vanillés (vanillekipferle), puits à la cannelle...
Impossible de citer toutes ces délicieuses petites compositions : galettes aux raisins (tuner litze), billes dorées ou noires, cailloux blancs, dents de loups, meringuettes, torsades... Les vitrines des magasins et les stands de marchés de Noël regorgent de couleurs bigarrées, de formes et d'odeurs appétissantes.

HIST. *Cette tradition de petits gâteaux réalisés durant la période de l'Avent semble enracinée en Alsace depuis la fin du Moyen Âge. Jusqu'à la dernière guerre mondiale, les petits sujets s'accrochaient aux branches du sapin, avant que la boule en verre soufflé ne les supplante. Des localités se signalaient par « leurs » bredele : schankala de Strasbourg, knieblaetze de Mulhouse, kritskirchle d'Haguenau, himmelgestirn d'Altkirch.*

BRETZEL

(boulangerie ; Kochersberg, Grand Ried, Hautes Vosges, pays de Hanau, pays d'Haguenau, Alsace bossue, Oschenfeld, Hardt, Outre-Forêt, Sundgau)
Autres appellations : bradchdal (dans le Bas-Rhin), bredchdel (dans le Haut-Rhin).

Emblème de la boulangerie alsacienne, le bretzel est une pâtisserie salée en forme de cordons entrecroisés, en huit ou en nœud lâche, à la croûte bien dorée parsemée de gros sel.

De formats variables, ce biscuit de type échaudé* est conçu sur une base de pâte à brioche pochée à l'eau additionnée de bicarbonate de soude, puis saupoudrée de gros sel avant sa cuisson au four.
Un bretzel traditionnel se déguste le jour de sa fabrication, craquant et moelleux à la fois. Les winstubs et autres bierstubs en proposent sur leurs comptoirs. Outre une version sucrée, il existe des variantes au bretzel, comme le salzstangala (en forme de bâton) ou la moricette (petit pain dodu).

HIST. *Au Moyen Âge, les jours de fête, les bretzels (terme sans doute issu du grec brachion, « bras », en rapport avec les croisillons de pâte entrelacés suggérant des bras croisés) remplaçaient le pain de seigle. À la fin du XVe siècle, les boulangers strasbourgeois le choisiront comme emblème lors de la séparation de leur corporation avec celle des pâtissiers. Quant à leur forme, la légende prétend qu'elle serait l'expression d'un rituel lié au culte solaire. Il représentait aussi la chance, l'espérance en la nouvelle année. Il s'accrochait aux branches du sapin à la Noël et les jeunes gens l'offraient à leur fiancée.*

**Dont le craquelin, très présent en Bretagne et dans le Nord (craquelins de Boulogne, de Roubaix, de Lille...), où le cartelin (région Poitou-Charentes) sont les plus illustres représentants.*

Bretzel

BRIOCHE TRESSÉE

(boulangerie ; Kochersberg, Grand Ried, Hautes Vosges, pays de Hanau, pays d'Haguenau, Alsace bossue, Oschenfeld, Hardt, Outre-Forêt, Sundgau)
Autre appellation : natte.

La brioche tressée (zopf), grosse natte en viennoiserie à la croûte mordorée, est l'une des deux « institutions » du petit déjeuner alsacien avec le kugelhopf.
Comme pour toute pâte briochée, sa composition comprend farine, sucre, beurre, lait, œufs, levure et sel. Tout repose sur le savoir-faire du boulanger.
Avec sa pâte moelleuse, sous une croûte un peu dure, le zopf est un délice qui se déguste nature ou en tranches beurrées ou confiturées.

✳ **HIST**. *La forme de cette brioche reproduirait la coiffure traditionnelle germanique. Toutefois, dans l'Antiquité, il aurait pu être d'usage que la femme suive son mari dans la tombe au décès de ce dernier.*
Cette pratique aurait été remplacée par le sacrifice d'une tresse de cheveux, puis par un pain tressé. Cette brioche, également spécialité bernoise, est très consommée en Suisse.

CHRISCHTSTOLLE

(pâtisserie ; Kochersberg, Grand Ried, Hautes Vosges...)

Le chrischtstolle est un gâteau reproduisant la forme d'un bébé emmailloté aux amandes et aux raisins de Corinthe, délicatement parfumé aux zestes de citron et/ou d'orange.
Pour le réaliser farine, beurre, lait, sucres semoule et vanillé, zeste de citron, poudre de cannelle, levure et sel sont pétris avec de l'orange confite, du citron confit, des amandes hachées, des raisins de Corinthe ayant macérés dans de l'eau-de-vie. La pâte sera disposée dans un moule adéquat pour y cuire. Le jour de Noël, ce chef-d'œuvre est à lui seul une fête.

HIST. *Ce bébé langé pâtissier n'est autre que l'un des dérivés du kugelhopf. Il existe d'autres formes à ce gâteau, dont les stolle, plus petits et en forme de bonnet d'ecclésiastique.*

Confiture d'églantine

(confiserie ; Hautes Vosges, Grand Ried)

L'églantine (cynorhodon), que l'on ramasse en Alsace, donne une confiture fameuse.
Le fruit de l'églantier (grosse baie oblongue à l'écorce rouge qui se termine par une petite touffe de poils à gratter, d'où son sobriquet de « gratte-cul »), se cueille en automne. Seule la chair de l'écorce se consomme. Après une macération dans de l'eau et du vin blanc, intervient une cuisson avec du sucre. Le goût de cette confiture est particulier, suave et acidulé.

HIST. *La confiture d'églantine (buttemüss) remonterait au Moyen Âge. Elle permettait aux personnes ne disposant pas de fruits suffisants dans leur jardin de se constituer un stock de vitamines pour l'hiver.*

Forêt-Noire

(pâtisserie ; Kochersberg, Grand Ried, Hautes Vosges, pays de Hanau, pays d'Haguenau, Alsace bossue, Oschenfeld, Hardt, Outre-Forêt, Sundgau)

La Forêt-Noire est un biscuit moelleux au chocolat imbibé de kirsch qui alterne avec des couches de chantilly enrobant des griottes alcoolisées et recouvert de copeaux de chocolat et de quelques cerises avec leurs queues.
Ce gâteau, à l'épaisseur généreuse, riche en impressions gourmandes qui le destinent aux moments festifs, tel un anniversaire, se sert très frais. Les artisans le proposent aux devantures de leurs vitrines réfrigérées en formats divers, jusqu'à la part individuelle.

✱ **HIST**. *Originaire d'Allemagne comme son nom (associé à un massif montagneux d'Outre-Rhin) l'indique, cette pâtisserie est devenue très populaire en Alsace et dans toute la France.*

Forêt-Noire

GÂTEAU DE SANTÉ

(pâtisserie ; Kochersberg, Grand Ried, Hautes Vosges, pays de Hanau, pays d'Haguenau, Alsace bossue, Oschenfeld, Hardt, Outre-Forêt, Sundgau)

Le gâteau de santé (gesundheitskuchen), incontournable de la pâtisserie alsacienne, est une sorte de cake à la croûte supérieure bossue et dorée, à la tranche jaune pâle, d'une consistance venant à bout des appétits les plus féroces, mais non moins fine et légère. Sa pâte comporte lait, beurre, sucre, jaunes d'œufs et blancs montés en neige, farine, vanille. Certains ajoutent un zeste de citron ou le « marbrent » avec du cacao.

HIST. *Le gâteau de santé s'inscrit dans ces gâteaux de ménage apparus au XIX*[e] *siècle et qui prendront leur place dans chaque foyer alsacien. Nourrissant et bon marché, facile à préparer, il présentait l'avantage de se conserver plusieurs jours et de pouvoir être de parade à la moindre visite inattendue, accompagné d'une tasse de café ou d'un verre de vin.*

KUGELHOPF

(pâtisserie ; Hautes Vosges, Grand Ried, Oschenfeld, Kochersberg, pays de Hanau, pays de Haguenau, Outre-Forêt, Alsace bossue, Hardt, Sundgau)
Autres appellations : kougelhopf, gugelhopf, kuglof, kouglof, kougloupf, kuelopf, köjlopf.

Symbole de l'hospitalité gourmande de l'Alsace, le kugelhopf (kouglof pour le non-dialectisant) est une brioche garnie de raisins secs moulée en couronne conique et torsadée, creusée en son milieu. D'une teinte brun clair sous la blancheur du sucre glace, la royale pâtisserie emplit la bouche d'un moelleux qui croustille quelque peu.
Plusieurs recettes pour le confectionner, mais toujours une pâte levée à base de farine, levure, beurre, lait, œufs, avec des raisins secs et des amandes. Et toujours une cuisson dans son moule en terre cuite vernissée.
Le kugelhopf se savoure à toute occasion. Frais ou rassis, il est très apprécié en réception ou en vin d'honneur accompagné d'un gewürztraminer. Parmi ses variantes : langhopf (un kugelhopf de forme allongée), chrischtstolle (représentant un bébé emmailloté), kugelhopf d'Uhrwiller (une localité du pays de Hanau où on l'enrichit en beurre et kirsch), enfin la version salée du kugelhopf (kugelhopf aux noix et au lard). Et il existe un kugelhopf glacé.

HIST. *Aucun document n'atteste de l'existence du kugelhopf avant le XVIII*[e] *siècle, même si quelques signes pourraient permettre de remonter sa trace jusqu'au XVI*[e] *siècle. L'origine de son nom elle-*

même paraît mystérieuse : de kugel, « boule » avec le suffixe hopf entraînant une idée d'élévation de la pâte au levain, le tout pouvant donner « boule levée »? Ou bien de gugelhut, nom du chapeau que portaient les membres du Sénat de Strasbourg?
C'est au XIXe siècle que le kugelhopf connaîtra la notoriété. On dit que Marie-Antoinette en raffolait. Mais, c'est surtout Antonin Carême qui le mettra à la mode.

LINZERTORTE

(pâtisserie ; Sundgau, Oschenfeld, Hardt)

La linzertorte (tarte de Linz), une merveille de pâtisserie autrichienne rappelant que le Sundgau appartint jadis aux Habsbourg, est une tarte garnie d'une confiture de framboises qui présente la particularité d'être recouverte de croisillons de pâte.
La pâte elle-même ne manque pas d'originalité, composée de farine, levure, sucres en poudre et vanillé, épices (poudre de cannelle et de girofle), amandes hachées, jaune d'œuf et citron.
Après étalement de la confiture, le treillis de pâte sera lui badigeonné de jaune d'œuf battu dans un soupçon de lait. Une fois cuite, la tarte est saupoudrée de sucre glace.

HIST. *Linz, troisième ville d'Autriche, se situe sur la vallée du Danube. En 1324, au décès d'Ulrich III, sa fille, Jeanne de Ferrette, se marie avec Albert II de Habsbourg, apportant ainsi en dot le Sundgau à la famille régnante d'Autriche. Les Habsbourg règneront sur le Sundgau jusqu'au traité de Westphalie (conclusion de la guerre de Trente Ans), en 1648.*
Les Autrichiens reviendront occuper la région après l'abdication de Napoléon en 1815. On pense, néanmoins, que la linzertorte s'est fait connaître à la fin du XIXe siècle, époque où l'Empire austro-hongrois brille à son firmament et que sa capitale, Vienne, est aussi celle de la pâtisserie. Autre emprunt de l'Alsace à l'Autriche : le strudel aux pommes.

MANNALA

(pâtisserie ; Kochersberg, Grand Ried, Hautes Vosges, pays de Hanau, pays d'Haguenau, Alsace bossue, Oschenfeld, Hardt, Outre-Forêt, Sundgau)
Autres appellations : mannele ou mannela (à Strasbourg).

Le mannala (« petit homme » en alsacien) est une sorte de pain au lait représentant un bonhomme d'une quinzaine de cms, pourvu d'une tête, d'un ventre et de membres assez grossiers, aux yeux parfois de raisins secs.
À la Saint-Nicolas (6 décembre), les petits bonhommes briochés reviennent envahir les vitrines des artisans.

HIST. *Les mannalas entretiennent la légende de Saint-Nicolas depuis le xve siècle. Le protecteur des enfants aurait ressuscité trois petits enfants venus demander l'hospitalité à un boucher et qui les aurait assassinés...*

MENDIANT

(pâtisserie ; Kochersberg, Grand Ried, Hautes Vosges, pays de Hanau, pays d'Haguenau, Alsace bossue, Oschenfeld, Hardt, Outre-Forêt, Sundgau)

Le bettelmann, mot qui se traduit par « mendiant », est une merveille de clafoutis rustique, épais d'une demi-douzaine de centimètres, cuit dans un moule rond. Sa base de pain rassis, délayée de lait vanillé, avec du sucre, des jaunes d'œufs et des blancs montés en neige, truffée de cerises noires non-dénoyautées, embaume le kirsch, la cannelle. Certains ajoutent des raisins secs.
Le mendiant procure un foisonnement de sensations. Sa texture épaisse, d'une densité et d'une fraîcheur humide, emplit la bouche d'un fondant un rien juteux dû aux cerises. Il peut se déguster aussi bien chaud, que tiède ou froid. Dans les salons de thé et les winstubs, on le sert avec une crème fouettée.

HIST. *Dessert d'antan, ce « gâteau du pauvre » permettait de sauver les restes à la façon du pudding, ainsi que les fruits dépassés.*

MIEL D'ALSACE

(miel ; Hautes Vosges, Kochersberg, Grand Ried, pays de Hanau, pays d'Haguenau, Alsace bossue, Oschenfeld, Hardt, Outre-Forêt, Sundgau).

La région offre une large palette de milieux naturels, ce qui explique la variété des miels vendus sous la dénomination « Miel d'Alsace » : miel de sapin (à l'arôme résineux, récolté dans les Vosges et le Jura), miel de châtaignier (de couleur brun foncé, au goût prononcé, récolté dans les bois des collines sous-vosgiennes), miel d'acacia (liquide et clair, d'une saveur douce, récolté en plaine), miel de tilleul (à l'arôme mentholé et à la saveur un peu amère, récolté dans les forêts de plaine), miel de montagne (de couleur foncée, provenant de fleurs et de miellat de sapin), miel toutes fleurs (de couleur claire, récolté sur des fleurs d'arbres fruitiers, de buissons, de prairies ou de cultures). À ces productions, se rajoutent le pollen et la gelée royale.
Ce miel alsacien se récolte selon des méthodes traditionnelles.
Le miel s'étale sur tartines, sucre et aromatise les boissons chaudes, les pâtisseries (pains d'épices, beignets, gâteaux).
Il fait merveille en cuisine avec de la viande de porc, ou en dessert avec des glaces.

HIST. *Tradition en Alsace remontant à l'époque antique, l'apiculture prendra de l'envergure au VIIIe siècle, sous l'impulsion des abbayes.*

NID D'ABEILLE

(pâtisserie ; Kochersberg, pays de Haguenau, Outre-Forêt, Hautes Vosges, Grand Ried, Oschenfeld, Sundgau)

Le nid d'abeille est une génoise ronde fourrée d'une crème fouettée à la vanille, dont la partie supérieure, caramélisée

d'amandes effilées, n'est pas sans évoquer le streusel et sa fabrication celle de la... tarte tropézienne*.
Pâtisserie assez « grasse », elle se sert avec du café ou un gewurtztraminer.

HIST. *Ce gâteau (Bienenstich en allemand, ce qui signifie « piqûre d'abeille »), toujours apprécié Outre-Rhin, semble tombé en désuétude côté alsacien. Sans doute introduit dans la région lors du Reichsland, en 1870, son nom s'expliquerait par la présence de miel dans sa composition ou bien par son apparence.*

**Voir à PACA.*

PAIN À UN SOU

(boulangerie ; Kochersberg, Grand Ried, Hautes Vosges, pays de Hanau, pays d'Haguenau, Alsace bossue, Oschenfeld, Hardt, Outre-Forêt, Sundgau)

Le pain à un sou, le célèbre sübrot ou süweckle que l'on retrouve dans toutes les boulangeries d'Alsace, est un petit pain original comportant 4 boules unies côte à côte. Sa croûte dorée, bien craquante et croustillante au sortir du four, enserre une mie blanche et légère, fondante sous la langue avec un petit goût de levain caractéristique.

HIST. *Le nom germanique de sübrot (« pain à un sou ») rapporte la faiblesse du coût de ce pain de tous les jours, né sous le Second Empire.*

PAIN D'ÉPICES ALSACIEN

(pâtisserie ; Kochersberg, Grand Ried, Hautes Vosges, pays de Hanau, pays d'Haguenau, Alsace bossue, Oschenfeld, Hardt, Outre-Forêt, Sundgau)
Variantes : pain d'épice de Dijon (Bourgogne), pain d'épice de Reims (Champagne-Ardenne).

Outre celle rectangulaire, le pain d'épices alsacien revêt des formes diverses (en cœur, en langue...), avec un décor de

motifs en sucre glace blanc ou coloré. Sa composition (farine, sucre, miel, levure alsacienne, épices dont anis, gingembre, cannelle, muscade, clou de girofle) s'augmente de morceaux de citrons et d'orange confits, de noisettes, de noix ou amandes. La pâte subit une cuisson à très haute température. Glacés au sucre ou enrobés de chocolat, les pains d'épice reçoivent ensuite leur décoration.
Cette haute tradition de la pâtisserie alsacienne se déguste surtout aux fêtes de Noël. Les restaurateurs en font grand usage.

HIST. *Pain de farine et de miel dans l'Antiquité, le produit s'adoucira, prenant une dimension de friandise, grâce aux épices rapportées d'Orient par les Croisés. Tout d'abord, on fabrique ce pain de miel aux épices dans les abbayes à l'occasion de la fête de la Saint-Nicolas. Au fil des siècles, celui-ci s'impose comme l'hôte obligé des fêtes patronales ou comme cadeau de bienvenue. Gertwiller est la capitale du pain d'épice en Alsace.*

Streusel

(pâtisserie ; Grand Ried, Oschenfeld, Kochersberg, pays de Hanau, pays d'Haguenau, Outre-Forêt)

Le nom de streusel s'applique à cette brioche ronde, très moelleuse, couverte d'un « crumble » croustillant parfumé à la cannelle saupoudré de sucre.
La base est une pâte levée (farine, levure, sucre, beurre, œufs, lait), sur laquelle sera « émietté » un streusel (beurre, farine, cannelle, fruits secs broyés), avant la cuisson au four.
Mais le streusel retrouve son sens premier chez de nombreux artisans et ménagères qui l'appliquent sur les gâteaux ou les tartes aux fruits. Il procure ainsi un craquant subtil. On peut encore enrichir ce streusel d'autres sensations gustatives, pistaches, noisettes ou amandes broyées, copeaux de fruits divers.

HIST. *Originaire d'Allemagne et ayant probablement franchit la frontière lors du Reischland, le streusel fait référence à* *une épaisseur grumeleuse de beurre-farine-sucre-cannelle appliquée sur le dessus des gâteaux, muffins, ou encore des pains. Par extension, il désigne cette brioche fort réputée en Alsace. Le nom de streusel provient d'un mot allemand exprimant quelque chose de « saupoudré », du verbe streuen.*

STRUDEL AUX POMMES

(pâtisserie ; Kochersberg, Grand Ried, Hautes Vosges, pays de Hanau, pays d'Haguenau, Alsace bossue, Oschenfeld, Hardt, Outre-Forêt, Sundgau)

Le strudel aux pommes (apfelstrudel), autre spécialité pâtissière avec la linzertorte empruntée à l'Autriche, se compose d'une sorte de cylindre de pâte dorée, friable, fourré d'une farce de pommes, raisins secs, amandes ou noix, épices. Tout l'art consiste à « rouler » le strudel. Il faut ainsi disposer sur la table un torchon humide pour y étaler la très fine pâte (de farine, sucre, sel, huile, eau, œuf), la saupoudrer de chapelure, avant de répartir dessus la garniture : dés de pommes, raisins secs macérés dans l'alcool, amandes effilées, cannelle en poudre. Le rectangle de pâte sera alors roulé sur lui-même en s'aidant du torchon. Placé sur une plaque, le cylindre sera badigeonné de beurre fondu et enfourné une demi-heure.
Souvent tiède, poudré de sucre, accompagné d'une crème vanillée, le strudel alsacien demeure un véritable délice qui brasse des images de la Vienne de la grande époque.

HIST. *Si son nom vient d'un mot allemand signifiant « tourbillon », la patrie du strudel est l'Autriche. Il aura sans doute franchit la frontière alsacienne par le biais de communautés juives venues d'Europe centrale. Toutefois, son apparition pourrait être encore plus ancienne et remonter à l'assujettissement du Sundgau à la famille régnante d'Autriche des Habsbourg (entre 1324 et 1648). Il se dit aussi que Marie-Antoinette l'aurait fait connaître à Versailles. D'autres hypothèses le font débarquer avec cette vogue pâtissière austro-hongroise qui déferla en France au milieu du XIXe siècle.*

Strudel aux pommes

TARTE AU FROMAGE BLANC

(pâtisserie ; Kochersberg, Grand Ried, Hautes Vosges, pays de Hanau, pays d'Haguenau, Alsace bossue, Oschenfeld, Hardt, Outre-Forêt, Sundgau)
Autre appellation : tarte à la crème.

Merveille indémodable de la pâtisserie alsacienne, la tarte au fromage blanc (käseküeche) arbore une généreuse épaisseur digne d'un gâteau rustique qui contraste avec sa légèreté moelleuse, légèrement citronnée et crémeuse, sa fraîcheur peu sucrée.
La pâte brisée sucrée reçoit un appareil à base de fromage blanc, de crème fraîche, d'œufs (dont les blancs sont montés en neige pour apporter leur moelleux), de sucre, de vanille et, tantôt, d'une poignée de raisins secs et d'une ou deux gouttes de kirsch. Au sortir du four, la tarte est saupoudrée de sucre glace.
Cette pâtisserie s'apprécie en fin de repas, ou au goûter, avec du thé ou du café ou encore un riesling ou un gewurztraminer.

✳ **HIST.** *La tarte au fromage blanc se savoure en Alsace depuis au moins le Moyen Âge. Elle constituait un dessert consommé durant l'hiver, époque où les fruits viennent à manquer. On l'appréciait surtout le vendredi après une soupe de légumes fumante.*

TARTE AUX MYRTILLES

(pâtisserie ; Hautes Vosges, Grand Ried, Kochersberg, pays de Hanau, pays d'Haguenau, Alsace bossue, Outre-Forêt, Sundgau)

En période estivale, les tables d'hôte des marcairies (ferme des Hautes Vosges) se couvrent de ces fabuleuses tartes aux myrtilles que les touristes adorent. Celles-ci se composent d'une pâte brisée, de chapelure et de myrtilles prises, souvent, dans un liant à base d'œufs, de sucre, parfois, de crème.
Elles se dégustent généralement tièdes.

HIST. *Sauvages, les myrtilles abondent sur les Hautes Chaumes des Vosges*, ainsi que dans la forêt d'Haguenau. On les cueille aussi pour en faire des confitures au goût inoubliable. Toutefois, la culture de la myrtille est répandue ailleurs en Alsace et on trouve de la myrtille sauvage aux 4 coins de l'Hexagone.*

**Sur le versant lorrain, on les appelle « brimbelles » (voir tarte aux brimbelles, en Lorraine).*

Tarte aux myrtilles

TARTE AUX POMMES À L'ALSACIENNE

(pâtisserie ; Kochersberg, Grand Ried, Hautes Vosges, pays de Hanau, pays d'Haguenau, Alsace bossue, Oschenfeld, Hardt, Outre-Forêt, Sundgau)

En Alsace, la tarte aux pommes se caractérise par l'adjonction d'un appareil à flan qui la rend crémeuse et lui confère du moelleux.
Le support est une pâte brisée classique, sur laquelle on dispose les quartiers de pommes, saupoudrés de sucre. Cette tarte se cuit en deux temps : quand les pommes sont cuites, on la sort du four pour y verser le flan (œufs battus et sucre, lait, crème et quelques gouttes de vanille). Puis retour dans le four.
Saupoudrée de sucre glace, cette pâtisserie est un délice.

TARTE AUX QUETSCHES

(pâtisserie ; Hautes Vosges, pays de Hanau, Outre-Forêt, Alsace bossue, pays d'Haguenau, Kochersberg, Grand Ried, Oschenfeld, Hardt, Sundgau)

La tarte aux quetsches demeure très populaire du Nord au Sud de l'Alsace. Les fruits, rouges écarlates après cuisson, relevés de sucre et de cannelle, faisant forte impression dressés sur leur pâte sableuse.
Cette pâtisserie fait l'objet d'une véritable dévotion dans les winstubs et salons de thé. Certains la présentent avec une crème fouettée, d'autres avec une glace à la cannelle.

HIST. *Mais, le meilleur moment pour l'apprécier reste l'époque de la récolte de la quetsche d'Alsace, fêtée avec autant de ferveur qu'autrefois, lorsque les villageois enfournaient leurs tartes dans le four à pain communal ou que le boulanger en faisait cuire d'énormes quantités durant tout l'automne.*

• • •

AQUITAINE

Bouchon de Bordeaux

(pâtisserie ; Graves)

Ode gourmande à la ville et à son vignoble, le bouchon de Bordeaux est un petit four cylindrique au beurre fourré de pâte d'amandes truffée de raisins mi confits macérés dans la fine de bordeaux.
Ce délice est enveloppé d'un emballage figurant un bouchon de liège.

HIST. *En 1976, le pâtissier-chocolatier Jacques Pouquet, installé à la barrière du Médoc, à Bordeaux, lança le « bouchon de Bordeaux ». L'artisan avait imaginé ce produit suite à la découverte d'amandiers lors d'une balade dans le vignoble de Lussac-Saint-Émilion. Dès lors, l'alliance entre amandes et raisins s'imposait*

Canelé

(pâtisserie ; Graves, Médoc, Blayais, Libournais, Entre-Deux-Mers, Bazadais, Albret...)

Emblème du patrimoine gastronomique bordelais, le canelé est un petit gâteau cylindrique bordé de cannelures, au

croustillant caramélisé, mais moelleux à cœur, aromatisé de vanille et d'un soupçon de rhum.
Pour sa réalisation, on mêle farine et sucre, avant d'incorporer les œufs et le rhum, le lait bouilli avec une gousse de vanille, l'alcool et le beurre. Les moules à canelés beurrés, on les remplit de la pâte et on les passe à four très chaud pour que les canelés caramélisent.
Décliné en plusieurs formats, l'usage du canelé se diversifie : outre au petit déjeuner, au dessert et au goûter, il se déguste à l'apéritif avec un vin liquoreux. Et, dans les « profiteroles à la bordelaise », un canelé fourré de glace remplace le chou.

* **HIST**. *L'origine de ce petit gâteau reste assez mystérieuse. Au XVIe siècle, les sœurs du couvent des Annonciades se seraient spécialisées dans la fabrication d'une sorte de pâte enroulée autour d'une tige, frite au saindoux, passant pour son précurseur. Toutefois, des fouilles archéologiques menées dans le couvent semblent contredire cette filiation... Autre version : une étape du processus de vinification appelée « collage » consiste à filtrer le vin en cuve avec du blanc d'œuf monté en neige.*
Les jaunes étaient donnés aux Petites Sœurs des pauvres, lesquelles auraient confectionné le gâteau...
Il existait aussi un gâteau du Limousin, du nom de canole (de la pâte à pain enrichie d'œufs), qui pourrait être l'inspirateur de ces canaules que l'on consommait en quantité sur Bordeaux, au point que les artisans s'organiseront en une corporation de canauliers au XVIIIe siècle. Un temps délaissées, ces canaules redeviendront en vogue au début du XXe siècle, améliorées de vanille et de rhum.
Quant au nom de canelé, il résulte du moule à cannelure en cuivre étamé dans lequel on le faisait cuire. La confrérie du Canelé supprimera le deuxième « n » du nom.

Chocolat de Bayonne

(Confiserie ; Pays basque)

Première ville chocolatière de France, Bayonne continue à faire l'éloge de cette production ancestrale, vendue en

plaques et plaquettes, parfumée au lait, au café, au caramel, aux épices (gingembre, cannelle), aux fruits secs (amande, noisette, pruneau).
Les artisans se voient un peu ici comme des artistes parfumeurs : après avoir concocté la matière première (les fèves de cacao, concassées, torréfiées, dégraissées, sucrées donnant la poudre de cacao), celle-ci sera enrichie de beurre de cacao et des parfums choisis, puis coulée dans des moules. On protège les tablettes, une fois durcies, selon les emballages propres à chaque fabricant.
À Bayonne, un chocolat se déguste avec une tasse de café et même une tasse de chocolat chaud issu du même cru. La production se réveille pour les fêtes de fin d'année et pour Pâques.

HIST. *Bayonne reste dans les annales comme étant la première ville française où l'on fabriqua du chocolat... Celui-ci fut introduit en Europe, dans la première moitié du XVIe siècle, par les Espagnols, après la conquête de l'Amérique. En 1609, des Juifs portugais, fuyant l'Inquisition, s'installent à Bayonne dans le quartier de Saint-Esprit, ressortant de leurs bagages le secret de fabrication de la poudre de chocolat dont ils étaient passés maîtres. Le nouveau produit séduira la Cour grâce à Anne d'Autriche, fille du roi d'Espagne et épouse de Louis XIII. Le chocolat se dégustait alors comme boisson, parfumée à la cannelle.*
Se démocratisant, le chocolat séduit la France entière, et Bayonne ainsi que le Pays basque connaîtront une activité importante de fabrication du chocolat durant près de trois siècles.

CONFITURE DE CERISE NOIRE
(confiserie ; Pays basque)

La confiture de cerise noire, en particulier celle d'Itxassou, demeure un véritable mythe pour nombre de nos concitoyens qui la rapportent précieusement de leur séjour dans le Pays basque. Trois variétés de cerises se rencontrent dans les vergers de la province du Labourd : la peloa, précoce, de

Confiture de cerise noire

couleur pourpre, au jus coloré ; la xapata, à la robe jaune-orangé et à jus clair, qui se déguste fraîche ; enfin, la beltza, « noire » comme l'indique son nom en basque, de petit calibre, idéale pour la confiture.
Comme toutes les confitures, celle aux cerises noires se tartine au petit déjeuner. Elle se marie à merveille avec le fromage de brebis au dessert et s'utilise aussi pour fourrer le gâteau basque.

HIST. *La cerise est implantée dans la région d'Itxassou (au sud de Cambo-les-Bains) depuis longtemps. Au XIXe siècle, elle complétait le revenu des agriculteurs.*
Dans les années 1920, on produisait encore 300 t de fruits. Après la dernière guerre mondiale, la concurrence étrangère menacera de faire disparaître cette cerise, qui se fête début juin, à Itxassou.

Couronne bordelaise

(boulangerie ; Graves, Médoc, Blayais)

Une croûte croustillante, une mie dense et moelleuse... la couronne bordelaise est un pain de forme circulaire constitué de boules rattachées par une collerette.
En prime de sa saveur, ce pain typique du Sud-Ouest décore la table de manière très chic.

HIST. *Autrefois, les boulangers fabriquaient des couronnes de plus de 5 kg. De nos jours, les plus grosses ne dépassent pas le kilo.*

Croquet de Bordeaux

(pâtisserie ; Graves, Médoc, Entre-Deux-Mers)

Le croquet de Bordeaux est un biscuit allongé en bâtonnet, de couleur claire à brun doré, assez sec, au goût d'amande.
Ce biscuit dur, vendu au poids, en sachet ou à la douzaine, se déguste en en-cas ou en compagnie d'un dessert. Le mince biscuit appartient à cette famille des croquants et croquets

que l'on retrouve ailleurs en Aquitaine et dans d'autres régions françaises.

HIST. *À Bordeaux, souvent aux amandes, le croquet se fit un nom dans le courant du XIXe siècle, grâce à plusieurs artisans. Conservé dans une boîte en fer, il pouvait se garder deux semaines. Dans le Périgord voisin, il existe des croquets à l'anis ou aux noix.*

FANCHONNETTE BORDELAISE

(confiserie ; Graves)

La fanchonnette bordelaise est un bonbon à la forme ovale, fourré à l'amande, au chocolat, au café, ou à la pulpe de fruits. Contenue dans une jolie boîte en fer cylindrique ou en sachet transparent, la friandise se déguste en toute circonstance.

HIST. *Au XVIIIe siècle, Françoise Chemin était une célèbre chanteuse de rue, connue sous le nom de Fanchon la Vielleuse, et dont le personnage inspirera romans, comédies et opérettes au siècle suivant. Fanchon aurait aussi inspiré deux sœurs, les demoiselles Badie, qui, ayant repris une chocolaterie en 1904, à Bordeaux, créeront une douceur baptisée « fanchonnette bordelaise » en hommage à cette artiste populaire. En 1942, la boutique sera rachetée par madame Cadiot. Depuis, la chocolaterie Cadiot-Badie entretient la tradition des fanchonnettes.*

GALETTE DES ROIS BORDELAISE

(pâtisserie ; Graves, Médoc, Entre-Deux-Mers)
Autre appellation : gâteau des rois bordelais.

À Bordeaux, la galette des rois prend la forme d'une couronne en pâte briochée, décorée de grains de sucre et de tranches de cédrat. Sa fabrication requiert farine, levure, sel, beurre, œufs, sucre en poudre, eau, zeste de citron râpé, fleur d'oranger, cognac et, bien sûr, cédrat confit.
Le gâteau des rois bordelais reste la pâtisserie des fêtes de Noël, et surtout de l'Épiphanie.

✳ **HIST**. *Au sud de la Loire, la galette des rois se présente généralement en couronne briochée. Celle associée à Bordeaux a acquis une notoriété depuis la seconde moitié du XIXe siècle et se distingue par l'apport de cognac (ou de rhum) et de cédrat confit, rappelant des joyaux.*

GÂTEAU BASQUE

(pâtisserie ; Pays basque)
Variante : gâteau d'Itxassou (gâteau basque à la confiture de cerise noire).

Dessert emblématique du Pays basque, à la forme ronde et plate, de couleur brun clair doré et brillant, le gâteau basque livre un subtil équilibre de biscuit et de crème pâtissière, de croustillant et de moelleux.
Si il existe autant de gâteaux basques que de personnes qui le confectionnent, la base reste la même : une pâte sablée moelleuse et riche avec presque autant de beurre et de sucre que de farine... Il est garni d'une crème pâtissière, aromatisée au rhum, aux amandes, à la vanille, à l'anis, ou encore de confiture de cerise noire ou de marmelade de pruneaux, couvert d'une seconde abaisse de pâte griffée de lignes, avant de passer au four.
Incontournable pour le touriste, ce gâteau savoureux (vendu en formats familial ou individuel) se déguste froid ou tiède. Au dessert, il s'accorde avec un blanc moelleux ou une tasse de café.

HIST. *Le gâteau basque « primitif », confectionné dans les campagnes du Labourd, s'élaborait à partir de pâte à pain... Certains pensent que la version sophistiquée que nous connaissons s'inspire du gâteau d'Itxassou. Cependant, l'histoire retient que c'est à Marianne Hirigoyen, qui tenait boutique au début des années 1830 à Cambo-les-Bains, dans le quartier Cherri-Karrika, que l'on doit sa recette familiale, apprise de sa mère. Marianne prenait la diligence le jeudi pour aller vendre à Bayonne des paniers de gâteaux de sa* *fabrication, appelés « gâteaux de Cambo », et qui deviendraient plus tard les « gâteaux basques ». Marianne Hirigoyen a tenu sa pâtisserie durant un demi-siècle, secondée les dernières années de sa vie par sa fille Marie. Au début du XXe siècle, la « pâtisserie Marianne » sera reprise par ses petites-filles, Élisabeth (la cadette) et Anne (l'aînée) Dibar, restées célibataires et surnommées « les sœurs Biskotx » (biskotx signifiant « gâteau »). Anne décèdera en 1955, après avoir transmis ses secrets de fabrication au pâtissier local, nommé Ingres. La fête du Gâteau Basque se déroule fin septembre, à Cambo-les-Bains.*

KANOUGA

(confiserie ; Pays basque)
Variante : niniche de Bordeaux.

Le kanouga est un caramel tendre à la chantilly, parfumé au café, au chocolat, aux noisettes, aux noix ou à la vanille.
Petits cubes rectangulaires, enveloppés dans des emballages de différentes couleurs aux reflets métalliques, les kanougas se vendent au poids ou en coffrets. Ces caramels, dont la fabrication reste secrète, doivent leur consistance molle, dense et onctueuse à l'adjonction de crème Chantilly.

HIST. *Le kanouga est la plus ancienne friandise de la maison Pariès, réputée pour son touron, ses chocolats, ses macarons, son gâteau basque et autres pâtisseries. Jacques Damestoy, maître chocolatier installé à Bayonne, met au point en 1905 ce caramel tendre et fondant au chocolat.*
Inspiré par la vie mondaine de Biarritz de ce début du siècle où les grands ducs russes alimentent la chronique mondaine, le chocolatier choisit de baptiser son « œuvre » du nom exotique de « kanouga », altération du nom de la ville russe de Kalouga. Sa fille, qui avait épousé un monsieur Pariès, prendra la succession en 1914.

MACARON DE SAINT-ÉMILION

(pâtisserie ; Libournais)

Outre ses grands crus, Saint-Émilion s'enorgueillit d'un délicieux macaron à l'ancienne, rond, aplati, à la surface à peine bombée et craquelée, de couleur beige clair.
Sous la dent, un moelleux particulier, libérant un goût d'amandes douces-amères prononcé, saisit le palais du gourmand... Sucre, lait et blancs d'œufs sont les autres ingrédients. Le mélange sera dressé à l'aide d'une poche à douille sur une planche de papier de cuisson. Enfournés dans un four à température moyenne, les macarons ne quitteront pas leur papier de cuisson lors de leur commercialisation.
Ce petit « joyau » se déguste au dessert avec un café, un champagne ou un vin local, en accompagnement d'une glace ou d'une salade de fruits. Ces macarons constituent un ingrédient à part entière (imbibés de rhum ou de cognac et alternant avec des couches de crème chocolatée) du gâteau de Saint-Émilion.

HIST. *Fabriqué dès 1620 par une communauté d'Ursulines, transmis de génération en génération, ce macaron finira par échoir à la famille Goudichaud, qui le vendra aux Blanchez. Depuis, c'est la société Ferlion qui en est la dépositaire.*

MACARON DE SAINT-JEAN-DE-LUZ

(pâtisserie ; Pays basque)
Variantes : macaron de Bayonne, macaron de Biarritz, macaron de Saint-Émilion.

Craquant à l'extérieur, moelleux et fondant à l'intérieur, le macaron de Saint-Jean-de-Luz est une petite pâtisserie ronde, assez plate, de couleur beige-doré.
Simple à réaliser, ce macaron à l'ancienne est fabriqué à partir de poudre d'amande et de sucre en proportions égales, mêlés à des blancs d'œufs montés en neige. Des boulettes sont ensuite façonnées ou posées à la douille sur une plaque avant cuisson.

Ce plaisir gourmand s'apprécie bien avec de la crème de noix et du cidre basque.

HIST. *Selon la légende, un pâtissier luzien, du nom d'Adam, aurait fabriqué un plateau de macarons pour le mariage du roi Louis XIV avec Marie-Thérèse, l'infante d'Espagne, célébré en 1660, à Saint-Jean-de-Luz. Depuis cette date, les descendants de Monsieur Adam perpétuent sa recette avec d'autres artisans luziens (maison Pariès), mais aussi biarrots et bayonnais.*

MADELEINE DE DAX

(pâtisserie ; Chalosse, Grande Lande)

La vénérable maison Cazelle, à Dax, fabrique depuis un siècle une belle madeleine dodue à la saveur citronnée, qui se distingue par la couleur jaune pâle de son dessus bombé, sur une coque cannelée bien dorée. Au palais, sa croûte, légèrement craquante, contraste avec une mie moelleuse, pleine de fraîcheur. Élaborée chaque jour selon un secret de fabrication jalousement gardé, cette madeleine de près de 10 cm de long naît d'un savant mélange de farine, de sucre, d'œufs, de beurre et d'arômes.
Emballées dans leur boîte cartonnée désuète, ces madeleines intemporelles font le bonheur du goûter ou du petit déjeuner.

HIST. *Créée par un pâtissier du XIXe siècle, Albert Lamothe, cette madeleine* sera reprise par Antonin Cazelle qui en déposera la recette en 1906 lors de la création de son magasin.*

Précisions sur la madeleine, voir madeleine de Commercy (Lorraine).

MERVEILLE

(pâtisserie ; Graves, Médoc, Blayais, Libournais, Entre-Deux-Mers, Bazadais, Grande Lande, pays de Buch, pays de Born, Marensin, Albret, Chalosse, Tursan...)

Dans la région bordelaise et plus généralement en Gascogne, de la Saintonge aux Pyrénées, on donne le nom

de « merveilles » à ces beignets de pâte sucrée aux formes diverses : losange, carré, cercle, croissant, bandelette, tresse, personnages, animaux...
Ce beignet creux se compose de farine, de levure, d'œuf, de beurre, et de parfums : vanille, zeste de citron, fleur d'oranger, rhum, cognac... Sorties du bain de friture, ces merveilles, bien gonflées et dorées, sont poudrées de sucre et vendues au poids.

HIST. *Ce type de beignet semble avoir épousé le nom de « merveille » à partir du XVIIIe siècle. Il marquait le retour aux desserts « riches » de l'époque du carnaval et du mardi gras.*

PASTIS LANDAIS

(pâtisserie ; Grande Lande, pays de Born, Marensin, Maremne, Seignanx, Petites Landes, Chalosse, Tursan, Albret, Bazadais)
Variantes : pastis béarnais, pastis bigourdan.

Appelé également pastis bourrit, le pastis landais est une sorte de grosse brioche tronconique à base de pâte levée, moelleuse et dorée sur le chapeau, avec une mie jaune clair très dense, parfumée parfois à l'eau de fleur d'oranger, à l'anisette, à la vanille ou au rhum. Son aire de production correspond aux Landes de Gascogne, c'est-à-dire la forêt landaise jusqu'en limite des pins.
Œufs, beurre, lait (facultatif), farine, sucre, sel, levain, arômes entrent dans sa composition. Une fois retiré du four, il importe de mettre le pastis landais à l'envers pour qu'il ne s'écrase pas. Au bout d'un moment, on le retourne, on le badigeonne de beurre et on le sucre.
Ce régal se déguste avec de la confiture ou de la crème anglaise.

HIST. *Le pastis landais (de pastis, « gâteau » en patois gascon, dérivant lui-même du latin pasta), plus précisément le pastis bourrit (signifiant « gâteau à pâte levée »), ne doit être en rien confondu avec le pastis gascon, lui-même appelé tourtière ou* *croustade*... Il semble malaisé de retracer l'histoire du « bourrit » dont la genèse remonte au moins au XIXe siècle. Il s'agissait, à l'origine, d'une pâte à pain enrichie, destinée aux mariages, communions, fêtes locales...*

**Croustade aux pommes (Midi-Pyrénées).*

ROUSQUILLE D'OLORON

(pâtisserie ; Béarn)
Variante : rousquille (Languedoc-Roussillon)

Proche et différente à la fois de la célèbre rousquille catalane, la rousquille d'Oloron (ou rosquille) est une pâtisserie sèche en forme de huit aplati, de couleur brun foncé, mais intégralement recouverte d'un épais glaçage blanc. Composée de farine, d'œufs entiers, de beurre, de sel, de graines d'anis et de fleur d'oranger, la pâte est d'abord mise à reposer, puis roulée en boudins de 4 cm de diamètre environ que l'on façonnera en huit. On les dresse ensuite sur une plaque beurrée pour un passage à four chaud. Le glaçage s'effectue à partir d'un sirop épais de sucre et d'eau.
Ce dessert se consomme en toute occasion.

HIST. *Circonscrit dans la région d'Oloron-Sainte-Marie et dans la vallée d'Ossau (sud Béarn), l'étonnant biscuit pourrait puiser ses origines dans la communauté juive de Bayonne (présente dans la ville depuis le XVIIe siècle), qui fabriquait un pain à l'anis.*

RUSSE

(pâtisserie ; Béarn)
Autre appellation : gâteau russe d'Oloron.

Le russe est un gâteau plat, le plus souvent, rectangulaire, fourré d'une crème au praliné, au dessus de couleur bise, blanchi d'une couche de sucre glace. En son haut-lieu de fabrication, la pâtisserie Artigarrède, à Oloron-Sainte-Marie, il porte en diagonale l'inscription « russe ».

Sa recette reste secrète. L'on sait que pour réaliser le biscuit fondant, meringue, noisettes et amandes sont mixées. Pour la crème, œufs, beurre, sucre et pralin sont battus...
Ce délice fondant se déguste au dessert ou au goûter, avec un café, un thé ou un verre de jurançon.

HIST. *C'est en 1925 qu'Adrien Artigarrède racheta le fond d'un pâtissier d'Oloron-Sainte-Marie qui proposait déjà des russes, selon une recette qui daterait du XIXe siècle. Cette délicieuse pâtisserie devrait son nom exotique aux amandes, que l'on importait de Crimée, bien que certains avancent l'hypothèse d'un prisonnier russe, réfugié à Oloron, qui aurait confié cette recette. D'autres font le rapprochement avec les plaines enneigées de Russie... Quoiqu'il en soit, Artigarrède eut l'idée de sublimer ce gâteau d'un « petit plus », fruit de son imagination, qui rendit le gâteau incomparable et unique.*

TORTILLON

(pâtisserie : pays de Serres, Haut-Agenais, Brulhois)

Biscuit sec, doré et dur, le tortillon doit son nom à sa forme en huit ou en couronne.
Sa pâte, de farine et d'œufs, roulée en boudins, est façonnée selon la forme choisie, puis pochée dans de l'eau bouillante salée. Refroidies, les pièces seront dorées au four.
Traditionnellement, ce biscuit se consommait chaud avec du saucisson et du vin blanc doux.

HIST. *Le tortillon appartient à la vaste famille des échaudés. Sa forme évoque le bourrelet que mettaient les femmes sur la tête pour porter un fardeau, une corbeille de linge. Cette pâtisserie sèche et cassante, attestée à Bordeaux au XVIe siècle, trouvera dans l'Agenais sa terre d'asile au XVIIIe siècle.*
Elle se fabriquait surtout les dimanches et jours fériés de mai, pendant les fêtes religieuses de Notre-Dame de Bon-Encontre.

Touron basque

TOURON BASQUE

(confiserie ; Pays basque)
Variante : touron catalan (Languedoc-Roussillon).

Friandise de fête, le touron basque se décline en une farandole de couleurs joyeuses et de parfums insolites : noir, blanc, jaune, marron, rose, vert... du gingembre à la pistache au café et au chocolat, des fruits (fraise, framboise...) à la vanille, à la liqueur et même au piment... fourré à la pâte d'amande ou de fruits confits (dattes, pruneaux)... tendre ou dur, onctueux ou cassant... fabriqué en pains et débité en tranches à la coupe ou en tablettes... roulé en boudins vendus entiers ou détaillé en bouchées...
La base de la pâte est faite d'amandes ou de noisettes pilées, cuites avec du sucre, parfois du miel et de l'œuf.

HIST. *Comme le nougat, l'ancêtre du touron est une pâte à base de sucre ou de miel mélangée à des pistaches, des pignons et des noix, décrite par les médecins médiévaux et arabes, appelée tantôt halwa (« douceurs »). Ce furent les religieuses de Tolède qui mirent au point, au XIIIe siècle, la savoureuse pâte du touron, capable de se conserver de longs mois.*

TOURTIÈRE

(pâtisserie ; Haut-Agenais, pays de Serres, Brulhois, Marmandais, Bazadais, Grande Lande, Chalosse, Tursan, Petites Landes, Albret, Maremne, Seignanx, Marensin, Béarn, pays de Born...)
Autres appellations : croustade, pastis gascon, pastis estirat.

La tourtière est une pâtisserie au savant feuilletage, cylindrique et à la surface chiffonnée de copeaux de pâte dorée. Nature ou fourrée de lamelles de pommes, de pruneaux dans l'Agenais, parfumée à l'armagnac, sa texture aérienne résulte de la superposition de fines couches de pâte beurrée et sucrée.
La conception de la tourtière rejoint celle de la croustade gasconne : voir croustade aux pommes (Midi-Pyrénées).

Connu également dans la région sous le nom de pastis gascon ou gersois*, ou encore de croustade, ce délice pâtissier, croustillant sur le dessus et moelleux à cœur, se déguste tiède (flambé ou non à l'armagnac), tantôt avec une boule de glace ou un café.

✳ **HIST**. *Jadis dessert de fête, la tourtière tient son nom du plat servant à cuire les tourtes. La tradition veut que la pâte de la tourtière soit extra-fine, au point d'y voir au travers. Comme pour la croustade, les cuisinières d'antan l'étalaient sur un drap étendu sur une grande table et l'étiraient, l'étiraient... d'où son autre nom d'« estirat ». Les couches de pâtes étaient badigeonnées de graisse (de porc ou de canard) et empilées.*
Ce gâteau traditionnel est le prétexte à des manifestations folkloriques, comme à Penne-d'Agenais et à Tournon-d'Agenais.

**À ne pas confondre avec le pastis landais.*

• • •

AUVERGNE

Bourriol

(boulangerie ; Châtaigneraie, Monts du Cantal, Mauriacois, Artense)

Spécialité typique de l'Auvergne méridionale, le bourriol (ou « la » bourriole ou bouriole) est une large et fine galette de sarrasin (blé noir), de couleur grisâtre, à la texture fine, humide, alvéolée et au goût aigrelet subtil qui en fait la splendeur.
Composée de farine de sarrasin et d'un peu de farine de froment, de levure et de sel, sa pâte fluide, coulante, contenait autrefois du petit lait, alors qu'aujourd'hui on tend à lui incorporer du lait coupé d'eau, ou du lait écrémé. Sa pâte aura levé quelques heures, avant de cuire, d'un seul côté, dans une poêle.
Servi salé ou sucré, le bourriol se mange nature ou garni de fromage, de charcuterie, de pommes de terre et de saint-nectaire frais, ou d'œuf, de miel, de chocolat, de confiture...

HIST. *Cette rustique galette qui faisait office de pain rappelle combien le sarrasin fut une plante (et non une céréale) adaptée aux terres froides et acides des ségalas. Peu connu hors du département cantalien, le bourriol se vend à l'unité dans des crèmeries-épiceries* *ou charcuteries mauriacoises ou aurillacoises, ou encore au marché de Maurs-la-Jolie et lors des « Rencontres du Sarrasin », à Boisset.*

CARRÉ DE SALERS

(pâtisserie ; Monts du Cantal)

Pur beurre, le carré de Salers est un biscuit sablé de la forme que son nom indique, carrée, très mince, aux bords dentelés irréguliers, brillant et de couleur doré clair en surface.
Farine, sucre, beurre, œufs, sel entrent dans sa composition.
Ces biscuits sont généralement commercialisés en sachet.
Excellent à l'heure du thé et du café ou pour accompagner crèmes, glaces ou compotes, le carré de Salers se glisse parmi les souvenirs que l'on rapporte chez soi.

* **HIST**. *Le nom de « carré de Salers » fut déposé au* XIX*e* *siècle par la boulangerie Delsol. D'autres localités cantalouses, en particulier Trizac, fabriquent de ces biscuits, appelés « carrés d'Auvergne ».*

CORNET DE MURAT

(pâtisserie ; Monts du Cantal)

Le cornet de Murat prend, comme son nom l'indique, l'apparence d'un biscuit roulé en forme de corne, tantôt garni à l'intérieur de fromage blanc soufflé à la chantilly, rehaussé d'un peu d'alcool.
La fabrication du cornas (« cornet ») lui-même repose sur une base de farine et de sucre à parts égales. Le sucre est d'abord incorporé à des œufs battus. Le sirop sucré, fouetté jusqu'à parfaite crémosité, est additionné de la farine. La pâte est répartie en cercles minces, larges d'à peu près une quinzaine de centimètres de diamètre, sur une plaque beurrée. La cuisson, dans un four préchauffé à température moyenne, n'excède pas 6 à 7 minutes. Dès leur sortie du four, les « tuiles » sont enroulées, encore chaudes, autour d'un cône, pour prendre leur forme définitive. Une fois refroidis, ces cônes seront éventuellement fourrés.

Cette exquise pâtisserie, lorsque sa robe dorée déborde d'une crème douce et onctueuse, fait d'une fin de repas un jour de fête. À Murat, on offre encore ce biscuit nature, dit cornas, pour escorter un vin apéritif ou recevoir un ami au moment du café.

HIST. *Les cornas désignent en occitan des biscuits roulés à la main donnant de petites cornes creuses. Peu d'écrits permettent de restituer leur origine. Selon certaines sources, il existait déjà à Murat, en 1868, une pâtisserie arborant l'enseigne « Aux cornes de Murat ». À la mi-septembre, la cité médiévale cantalouse abrite une fête dédiée à son cornet.*

CROQUANT D'AUVERGNE

(pâtisserie ; Monts du Cantal, Mauriacois, Châtaigneraie, Planèze, Artense, Limagne...)
Variantes : croquant de Mauriac, croquant de Bort (Limousin), croquant de Riom-ès-Montagnes...

Les croquants d'Auvergne sont de délicieux petits biscuits de couleur claire, dorés sur les bords, assez minces et plats, aux formes diverses et amusantes : cartes à jouer (cœur, trèfle, pique, carreau), étoile, demi-lune, oiseau...
La pâte (à base de farine, sucre, lait, beurre, œufs, levure, extraits de fleurs d'oranger), abaissée, est découpée à l'emporte-pièce. Les biscuits, posés sur une plaque de cuisson et dorés à l'œuf, cuiront au four avant d'être stockés au sec. Assez durs, comme leur nom l'indique, ces croquants, vendus en vrac ou ensachés, s'amollissent au bout de quelques jours de confinement dans leur sachet, prenant une texture collante, assez élastique.
Ces biscuits durs se dégustent seuls ou trempés dans une boisson chaude. Ils accompagnent les glaces, les salades de fruits.

HIST. *Ce délice d'antan, à la bonne saveur de beurre, appartient à cette large famille de croquants* du sud de la Loire.*

Leur faible teneur en eau leur assurait une conservation de plusieurs mois dans une boîte hermétique.

**Croquant de Bort (Limousin), croquant de Cordes (Midi-Pyrénées), croquet de Charost (Centre), croquant anisé (Pays de la Loire), casse-dents (PACA)...*

FLOGNARDE AUX POMMES

(pâtisserie ; Artense, monts du Cantal, Mauriacois, Monts Dore, Combrailles)

Flognarde, flaugnarde, flangnarde, ou encore flougnarde... l'orthographe diffère légèrement selon les régions du Massif central (Limousin, Auvergne et Périgord) pour désigner cette sorte de clafoutis aux pommes, aux poires et aux pruneaux, diversement parfumé (vanille, rhum), de l'aspect d'une crêpe épaisse et boursouflée, au dessus bien doré.
La recette de la flognarde aux pommes consiste à associer des pommes taillées en lamelles, légèrement dorées au beurre, puis (facultatif) flambées au rhum, à un appareil de farine, de sel, de beurre fondu (ou d'huile), de lait, de sucre et d'œufs. La pâte, très lisse et liquide, recouvrira les pommes tapissant un moule beurré. Lequel sera placé dans un four chaud. Délicieuse froide, la flognarde plaît aussi tiède.

✳ **HIST**. *Fleugne signifiant « mou » en vieux français, on imagine bien la texture (entre celle du flan et d'une crêpe soufflée) de cette pâtisserie de ménage, proposée aux vitrines de certaines boulangeries-pâtisseries et sur la carte des desserts d'auberges.*

MILLIARD AUX CERISES

(pâtisserie ; Limagne, Artense, Monts du Cantal, Châtaigneraie, Cézallier, Monts Dore, Livradois...)
Variantes : milliard aux prunes, milliard aux myrtilles, milliard aux raisins, milliard aux mûres.

Le milliard (ou miliard) est une pâtisserie ménagère aux fruits (souvent des cerises, noires, de préférence, et non

dénoyautées) typiquement auvergnate. La pâte rassemble farine, sucre, lait, œufs et sel. Le tout, mélangé avec une quantité importante de cerises, sera déposé sur une plaque beurrée légèrement farinée, placée au four.
Ce délice campagnard se déguste tiède ou froid.

HIST. *Le milliard est à l'Auvergne ce que le clafoutis est au Limousin, à la différence que le premier est fait sur une plaque de cuisson, et non dans un moule. Le fait de conserver les noyaux de cerises apporte au gâteau un subtil petit goût de kirsch...*

Pastille de Vichy

(confiserie ; Limagne bourbonnaise)

La pastille de Vichy est ce bonbon mondialement connu, à la forme octogonale caractéristique et à la couleur blanche immaculée, frappé du poinçon de la marque et vendu dans des emballages aux carreaux homonymes.

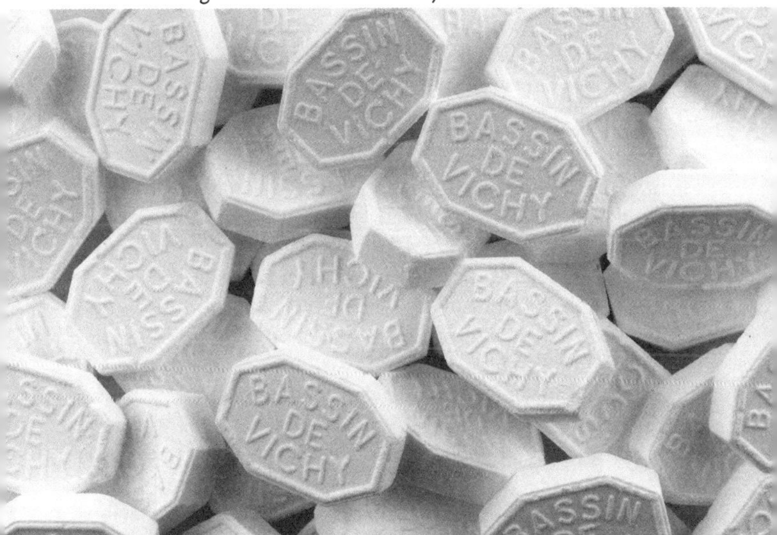

Cette sucrerie est fabriquée (sur des chaînes automatisées) à partir des eaux thermales de la ville, dont on extrait les sels minéraux.
Ceux-ci, séchés, broyés, seront mélangés à du sucre et du glucose, puis additionnés d'un arôme naturel : menthe pour le bonbon classique. Une compression à chaud dans leurs moules termine de donner à ces sucreries leur apparence bien connue. Bonne pour la digestion, cette pastille reste avant tout un plaisir discret, subtil, que l'on garde sur le bout de la langue.

HIST. *Ce bonbon à l'extrait sec d'eau minérale de Vichy fut créé en 1825 par un chimiste, dans le but de faciliter la digestion, et d'abord produit par un pharmacien. La marque « pastille Vichy » fut déposée en 1833, la fabrication se faisant alors dans l'ancien couvent des Célestins. L'impératrice Eugénie contribuera à leur notoriété.*

PÂTES DE FRUITS D'AUVERGNE

(confiserie ; Limagne, Monts Dore, Limagne bourbonnaise, Combrailles, Livradois, Monts du Cantal, Châtaigneraie...)

Délice sucré indémodable dont la qualité résulte d'une richesse supérieure en pulpe, les pâtes de fruits d'Auvergne se déclinent aux couleurs et aux goûts qui font la part belle aux productions régionales : prune, abricot, poire, pomme, coing, framboise, cassis, myrtille, fraise, cerise, groseille...
Le procédé de fabrication débute par l'immersion des fruits dans de l'eau bouillante, afin de les amollir. Par un écrasage, on en extrait la pulpe, qui passe dans une chaudière à vapeur pour diminuer son poids de moitié par évaporation. Reste alors à ajouter du sucre à poids égal et à cuire jusqu'à obtenir la consistance souhaitée. Le mélange sera coulé dans des moules. Après refroidissement, les pâtes de fruits sont démoulées ou découpées, poudrées de sucre pour éviter qu'elles ne collent, puis emballées.

Industrielles ou artisanales, d'aspect carré ou rectangulaire, ces pâtes de fruits se dégustent à tout moment. Elles peuvent faire aussi un présent de choix.

✱ **HIST**. *La fabrication des pâtes de fruits semble connue depuis le xᵉ siècle. En Auvergne, où l'on excellait dans l'art de la conservation en vue des provisions de l'hiver, apparaissent, au xvᵉ siècle, de ces « confitures sèches », d'un goût exquis et faciles à transporter.*
Réservée à l'élite du fait du prix prohibitif du sucre de canne, ou offerte aux hôtes de marque, cette production connaîtra son âge d'or sous le Second Empire, grâce au Duc de Morny (frère utérin de Napoléon III), qui installe, aux portes de Clermont, la sucrerie de Bourdon. Celle-ci fournira en sucre les fabricants de pâtes de fruits qui disposaient à portée d'un important bassin fruitier, surtout d'abricotiers.
Depuis cinq siècles, le savoir-faire des maîtres confiseurs se perpétue, malgré la disparition des cultures d'abricots.

Piquenchâgne

(pâtisserie ; Sologne bourbonnaise, Bocage bourbonnais, Limagne bourbonnaise, Montagne bourbonnaise)

Fleurant bon le terroir bourbonnais, le piquenchâgne est une tourte garnie de fruits (poires, coings ou pommes, macérés dans un appareil de sucre, de crème, d'alcool) posés debout sur le fond.
Cette pâtisserie rustique, jamais aussi belle que lorsque plantée de petites poires entières, fait le bonheur d'une fin de repas.

HIST. *Autrefois simple galette en pâte à pain piquée de fruits, le piquenchâgne doit justement son nom à la façon dont ceux-ci sont posés sur la pâte (comme on « pique un chêne » en terre).*

POMPE AUX POMMES

(pâtisserie ; Limagne, Limagne bourbonnaise, Monts Dore, Monts du Cantal, Artense, Livradois...)
Variantes : pompe aux poires, pompe aux myrtilles...

La pompe aux pommes est une pâtisserie rectangulaire, constituée de deux abaisses de pâte, l'une dessous, l'autre dessus, bien dorée, recouvrant une solide épaisseur fondante de lamelles de fruits aromatisées de sucre vanillé et de cannelle.
Pâte brisée ou pâte feuilletée... les avis divergent. Les pommes (reinette, canada, boskoop), une fois épluchées, « détrognonées », taillées en lamelles, sont réparties sur la première abaisse, saupoudrées de sucre, de vanille et de cannelle. Certains les font préalablement revenir au beurre dans une poêle. La seconde abaisse, une fois étalée et soudée à la première, sera dorée au jaune d'œuf délayé dans un peu d'eau, avant le passage au four.
Ce délice rustique, à déguster tiède ou froid, termine en fanfare un repas ou prend place au goûter.

HIST. *Originellement rectangulaire (bien qu'il s'en fasse de circulaires de nos jours), cette pâtisserie très ancienne du Bourbonnais et d'Auvergne était liée aux travaux des champs. Elle se confectionnait dans les fermes à l'occasion des repas de batteuse et des vendanges.*

PRALINE D'AIGUEPERSE

(confiserie ; Limagne bourbonnaise, Limagne)

La praline d'Aigueperse est une friandise faite d'une amande douce enrobée de sucre, nappée de caramel. Ces gourmandises, conditionnées dans une jolie boîte jaune métallique, ravissent le touriste de passage.

HIST. *Aigueperse (petite cité postée aux confins des Limagnes bourbonnaises et de la Grande Limagne auvergnate)* *demeure connue pour ses pralines et ses massepains (petits biscuits ronds à base d'amandes, de sucre et de blancs d'œufs). Cette praline d'Aigueperse fut inventée en 1850 par un confiseur local, Monsieur Salneuve, qui, jusqu'alors, la réalisait à la façon de celle de Montargis*, ou plus sûrement à la façon des dragées. Selon les dires, il aurait été dérangé alors qu'il travaillait à la dernière couche de sucre. Ce dernier se caramélisa et lorsque le confiseur revint, l'idée lui vint d'enrober les amandes déjà en partie recouverte de sucre avec ce caramel. Le succès fut rapide.*

*Voir praline de Montargis (Centre).

TARTE À LA TOME

(pâtisserie ; Carladez, Monts du Cantal, Planèze, Châtaigneraie, Mauriacois, Cézallier)
Autres appellations : tarte à l'encalat, tarte de Vic, tarte de Mur, tarte de Raulhac, tarte du Carladez

Merveilleuse de rusticité, la tarte à la tomme est une pâte garnie d'un appareil de lait caillé, éventuellement de tomme fraîche de cantal, d'œufs, de sucre, au dessus caramélisé.
De Mur-de-Barrez à Aurillac et jusqu'à Vic-sur-Cère, les proportions des ingrédients varient, mais si on veut s'en tenir à la tradition, il importe avant tout de disposer de lait cru de vache et de le faire cailler avec de la présure. Après plusieurs heures d'égouttage, le caillé sera mélangé avec du sucre et des œufs et recouvrira une pâte brisée. La tarte sera placée dans un four chaud jusqu'à caramélisation partielle ou complète. Cette tarte se savoure à la fin d'un repas ou au goûter.

HIST. *Appelée tarte à l'encalat (dans le Carladès) ou tarte de Vic (sur les pentes des Monts du Cantal), la tarte à la tomme est « chantée » dans plusieurs cités : notamment Raulhac (où se déroule une fête en son honneur), Mur-de-Barrez et Vic-sur-Cère. Selon la tradition, cette tarte fromagère, synonyme de convivialité et de partage, se servait le dimanche ou les jours de fête. Elle était accompagnée d'une tarte aux pruneaux de taille plus réduite, destinée aux personnes indisposées par les produits laitiers.*

TARTE AUX PRUNEAUX

(pâtisserie ; Carladez, Châtaigneraie, Monts du Cantal)

Pâtisserie traditionnelle de l'Auvergne méridionale jusqu'au Rouergue, la tarte aux pruneaux se reconnaît à ses croisillons de pâte s'entrecroisant au-dessus de la garniture noir violacé. Les pruneaux (dénoyautés), laissés à infuser dans du thé, seront mixés avec du sucre, quelques gouttes de rhum et d'eau de fleur d'oranger, un peu de cannelle. La préparation obtenue, étalée sur le fond de tarte, se verra garnie de croisillons de pâte (évitant à la garniture de trop se dessécher pendant la cuisson au four et permettant de la conserver plus moelleuse) dorés au jaune d'œuf. Une fois refroidie, cette tarte pruneautière se conservera au frais.
Ce délice nutritif, très frais en bouche, honore de la plus belle des manières une fin de repas ou se savoure au goûter.

HIST. *La recette d'origine se faisait souvent avec une pâte à la graisse de canard ou parfois de la pâte levée (pâte à fouace), parfumée à l'eau de fleur d'oranger... Bien entendu, la tarte aux pruneaux se retrouve ailleurs : dans l'Agenais, en Vendée*.*

**Voir à tarte aux pruneaux de l'île d'Yeu (Pays de la Loire).*

VÉRITÉS DE LAPALISSE

(confiserie ; Montagne bourbonnaise/Forterre)

La « vérité », fierté de Lapalisse, est un bonbon fait d'une coque en sucre croustillante emplie d'un caramel mou aux arômes naturels divers : framboise, myrtille, noisette, café, rhum, caramel.
Ces bonbons sont emballés et rangés dans un sachet transparent ou dans une boîte ronde en métal.

HIST. *Lapalisse, bourgade des bords de la Besbre (marquant les limites de la Forterre) qui s'étend au pied de son château, est à l'origine du mot « lapalissade ». Celui-ci, synonyme de « truisme »,*

Tarte aux pruneaux

fait référence à Jacques II de Chabannes, seigneur de La Palice (1470-1525). Devenu maréchal de François Ier, il trouva la mort au siège de Pavie et ses soldats, pour illustrer son courage, écrivirent une chanson à sa mémoire comportant notamment le quatrain : « Hélas, La Palice est mort/Est mort devant Pavie/Hélas, s'il n'était pas mort/il ferait encore envie ». Son épitaphe aurait repris ces vers : « Ci-gît le Seigneur de La Palice. S'il n'était mort, il ferait encore envie »... Phrase souvent déformée en « Un quart d'heure avant sa mort, il était encore en vie ». Au XVIIIe siècle, Bernard de la Monnoye s'empara de cette chanson populaire ironisant sur ce modèle. Parmi les 51 couplets, se trouvaient des affirmations d'une telle évidence qu'elles en paraissaient ridicules. Cette chanson inspira un confiseur de Lapalisse, Jean Sauvadet, qui, en 1922, nommera ses bonbons les « vérités de Lapalisse ».

• • •

BOURGOGNE

Anis de Flavigny

(confiserie ; Auxois)

L'anis de Flavigny est une sorte de grosse perle blanche dragéifiée parfumée à l'anis, à la texture très dure et lisse.
La fabrication de cette confiserie est entièrement mécanisée. Les graines d'anis vert passent dans une turbine à dragées, afin de subir un enrobage successif de fines couches de sucre aromatisé à l'anis. Le conditionnement se réalise dans ces boîtelettes ovales décorées à l'ancienne représentant un couple de jeunes bergers.
Ces friandises anisées, les premières (avec le chocolat Menier) à être vendues en France dans les distributeurs automatiques, continuent d'apporter leur minuscule touche de plaisir. Aux côtés de l'anis, d'autres parfums ont fait leur apparition : violette, cannelle, fleur d'oranger, menthe, réglisse, café, vanille, jasmin, rose, citron, orange, mandarine, framboise...

HIST. *Près d'Époisses, le charmant village de Flavigny-sur-Ozerain doit sa réputation à l'anis, une plante du Moyen-Orient, d'abord cultivée en Égypte ancienne puis par les Romains.*
Cette plante, apparue en France dès le Haut Moyen Âge, deviendra,

d'épice de luxe, un ingrédient pour l'élaboration de nouveaux produits (boissons, pâtisseries, friandises). Ainsi, les moines de l'abbaye de Flavigny (fondée en 718 par le chef burgond Widerard) se distingueront par la culture de l'anis, fabriquant de ces petites dragées anisées, peut-être inspirées de l'anis de Verdun.
Cependant, le véritable essor du bonbon date de 1632, lorsque les ursulines de Langres et la révérende mère Claude Jacotot investiront les lieux. Après la Révolution et le départ des religieuses, plusieurs maîtres confiseurs reprennent la fabrication. Les petites entreprises finiront par se regrouper en une seule dans l'ancienne abbaye. Depuis 1923, la famille Troubat est à la tête de cette usine. 250 t de bonbons de divers parfums sont produits chaque année, s'exportant dans le monde entier.

BISCUIT DUCHÉ

(pâtisserie ; Auxerrois/Chablisien)
Autre appellation : biscuit de Chablis.

Rectangulaire, léger et croquant, d'un goût sucré vanillé, le biscuit Duché est communément appelé « biscuit de Chablis » du fait de son lieu de production.
À base de farine, sucre, œufs, poudre levante, vanille, la pâte est répartie dans des moules rectangulaires. Après cuisson au four, les biscuits sont étuvés, démoulés, puis, après refroidissement, conditionnés en boîtes ou en sachets.
Ces biscuits se trempent dans un verre de chablis.

HIST. *Une tradition rapporte qu'un pâtissier chablisien, Alfred Duché, aurait oublié dans son four éteint une fournée de biscuits. Ayant constaté leur complet dessèchement, l'idée lui serait venue d'en tremper un dans un verre de vin. Et notre pâtissier de constater que le biscuit prenait un goût subtil !*
La marque Duché (déposée en 1862), connaîtra la notoriété, au point d'être souvent imitée. Elle s'inscrit plus sûrement que sa légende dans la mode des biscuits à tremper qui offraient l'avantage d'une longue conservation.*

**Dont le biscuit rose de Reims (Champagne-Ardenne) est le plus célèbre.*

Brioche aux griaudes

(boulangerie ; Brionnais, Charolais, Dijonnais)
Autres appellations : galette aux griaudes, épogne aux grattons (à Digoin).

La brioche aux griaudes est une brioche en forme de couronne ou de demi-sphère, de formats variables, enrichie de ces petits dés de porcs croustillants appelés « griaudes ».
Ces griaudes résultent de la fonte de la panne de porc lors de la fabrication du saindoux. La matière grasse liquide recueillie, se solidifiant en refroidissant donnera le saindoux lui-même, tandis que l'on récupère au fond du chaudron des parties solides de viande appelées griaudes et, plus couramment, grattons. Quant à la pâte, elle varie selon les lieux et les foyers : il peut s'agir soit d'une brioche salée, à base de farine, de levure, d'œufs, de lait, parfois de sucre, bien levée, soit d'une pâte semblable à celle de la pompe aux grattons (Auvergne), soit d'une pâte à peine levée et assez ferme de type « galette », soit même carrément d'une pâte brisée. Les griaudes s'achètent au détail chez les charcutiers.
Cette brioche se déguste tiède, à l'apéritif, coupée en carrés avec un verre de vin, ou en substitut du pain.

HIST. *Les griaudes prennent d'autres noms selon les lieux : beursaudes (Morvan), grattons (Digoin), grétons (Beaune).*

Cacou

(pâtisserie ; Charolais)

Le cacou est un gâteau aux cerises, plat et circulaire, à la surface dorée par la cuisson.
La pâte s'obtient par le mélange, dans beaucoup de lait, d'œufs, de farine, de sel et de sucre. On y incorpore ensuite une forte proportion de cerises non dénoyautées. La préparation est versée dans un moule à tarte beurré et fariné, placé dans un four préchauffé. Certains préfèrent étaler les cerises au fond du plat et verser ensuite la pâte. Ce délice, proche du clafoutis, se déguste tiède ou froid.

HIST. *Grande spécialité parodienne (de Paray-le-Monial), le cacou doit son existence aux cerisiers ou merisiers (donnant une petite cerise noire et amère) qui se plaisaient en cette partie sud-ouest du Charolais. À noter qu'il existe aussi une liqueur du cacou... et une confrérie des Francs-Cacous.*

CASSISSINE

(confiserie ; Dijonnais)

De forme ovale et de couleur violacée, la cassissine est une pâte de fruits contenant un noyau de liqueur de cassis.
Les confiseurs de Dijon réalisent la pâte de fruits avec de la pulpe de cassis additionnée de pectine (pour permettre la gélification). Lors de sa cuisson, du sucre et du sirop de glucose sont incorporés. En fin de cuisson, de l'arôme de cassis et du jus de citron viendront se rajouter. La pâte est ensuite coulée dans des moules et reçoit une petite coque mince emplie de liqueur de cassis.
Après refroidissement, les cassissines sont enrobées de sucre semoule et conditionnées en sachets, boîtes ou ballotins.
Gourmands et touristes apprécient cette douceur dijonnaise indémodable qui met à l'honneur le cassis*.

HIST. *Cette confiserie fut créée en 1901 par la maison Duthu. Son inventeur, Henri Breuil (maître chocolatier et petit-fils du distillateur Claude Joly) la nomma cassiduthu. Dans les années 1920, le pâtissier Michelin rebaptise la friandise « cassissine ».*

Voir cassis de Bourgogne.

CHARITOIS

(confiserie ; Nivernais)

Le charitois est un caramel tendre aromatisé au chocolat ou au café et enrobé de sucre cuit.
La proportion des ingrédients (sucre, glucose, crème fraîche, beurre, chocolat ou café moulu), de même que le processus

de fabrication restent secrets au sein de la confiserie du Prieuré. La pâte caramélisée, versée sur le marbre et refroidie, sera découpée à l'emporte-pièce en petits rectangles. Après trempage dans un bain de sucre, les caramels seront conditionnés en sachets ou en boîtes.
Cette succulente confiserie ravira les papilles des gourmands.

HIST. *La Charité-sur-Loire a légué son nom à ce caramel dont la ressemblance avec le fameux négus de Nevers est frappante : même brillance marron cuivrée, même texture craquante, goût assez similaire... seule l'ovalité du négus se différenciant de la rectangularité du charitois. Officiellement, le charitois aurait été créé par un confiseur local, M. Lebon, en 1921. Pourtant, selon l'actuel dépositaire de la marque, sa paternité reviendrait à M. Garceau (dont le gendre se trouvait être M. Lebon). Il se dit aussi qu'un ouvrier de chez Garceau aurait travaillé précédemment à la Maison Grelier de Nevers, créatrice du négus.*

CORNIOTTE

(pâtisserie ; Bresse bourguignonne)

Spécialité de la Bresse bourguignonne et de sa capitale, Louhans, la corniotte est un petit chausson triangulaire au fromage, fait d'une pâte brisée garnie de pâte à choux.
Ce simple délice se mange au petit déjeuner ou au goûter, souvent tiède. Salé, il peut apparaître en entrée d'un repas.

HIST. *Le nom de corniotte résulterait d'une déformation du mot « cornette », désignant la coiffe en tricorne des religieuses de l'ordre de Sainte-Marthe, affectées à l'Hôtel-Dieu de Louhans. La pâtisserie est, ainsi, faite d'un morceau de pâte à trois pointes, comme une cornette, replié pour former une poche remplie d'un appareil crémeux. Selon une légende, ces religieuses auraient inventé les corniottes et les vendaient à la sortie de l'Église le jour de l'Ascension pour financer les soins aux malades. Néanmoins, cette pâtisserie ressemble fort à la talmouse, très répandue au Moyen Âge. Dès les premières années du xxe siècle, le jour de l'Ascension* *était sacré à Louhans. Larges, à la beuilla, ou bien au coumeau ou goumeau (fromage blanc, œuf, crème, beurre), tous les boulangers en vendaient.*

Cramaillotte

(confiserie ; Morvan, Avallonnais, Auxois, Dijonnais...)

Gelée de fleurs de pissenlit, la cramaillotte revêt un aspect liquide, translucide, sous une teinte allant du jaunâtre au brunâtre.
Sa fabrication nécessite l'emploi de fleurs de pissenlit sauvage, séchées puis mises à cuire dans un bain d'eau avec quelques quartiers d'orange et de citron. Le tout, filtré, recuira avec un poids égal en sucre, jusqu'à la prise. Délicieuse sur du pain ou de la brioche, ou encore mêlée à du fromage blanc, cette douceur n'est pas sans évoquer le miel.

HIST. *Surnommé le « miel de pissenlit », la cramaillotte bénéficie depuis des siècles de la réputation de guérir les maux de gorge.*
On la retrouve dans plusieurs régions françaises, en particulier en Bourgogne et en Franche-Comté, où elle reste souvent une « affaire » familiale.

Croquets de Donzy

(pâtisserie ; Nivernais)
Variantes : croquet du Bazois, croquet corbigeois (Morvan).

Le croquet de Donzy est un petit four ou biscuit à base d'amandes, de consistance dure.
La fabrication mêle farine, eau, sucre, amandes effilées et fleur d'oranger en des proportions tenues secrètes par le dépositaire de la marque.
Ces succulents « casse-dents » aiment à se déguster avec une boisson chaude (café, thé), ou avec un crémant de Bourgogne, voire, avec une glace, une crème ou une salade de fruits.

HIST. *Le département de la Nièvre possède trois centres de fabrication des croquets, en particulier Donzy, localité postée au nord-ouest du Nivernais, vers la Puisaye. Les autres sont Châtillon-en-Bazois (à l'est) et Corbigny (vers le Morvan).*
La recette originale des croquets de Donzy fut élaborée dans la seconde moitié du XIXe siècle par M. Dion, pâtissier de cette ville. Dans les années 1920, son gendre, M. Bonnin, déposera la marque, même si plusieurs productions locales offrent des alternatives de composition et de dureté.
Toutefois la recette traditionnelle de Bonnin-Dion est de nos jours assurée par le restaurant « Le Grand Monarque ». Les croquets de Châtillon-en-Bazois et de Corbigny furent élaborés plus récemment.

Flamusse aux pommes

(pâtisserie ; Auxerrois, Avallonnais, Nivernais...)

La flamusse, aux pommes le plus souvent, est un gâteau typique des campagnes bourguignonnes tirant sur le flan et le clafoutis.
Plus rares, il existe aussi des flamusses aux poires, aux pêches, aux prunes, aux mûres et, plus inattendues, au potiron ou à la citrouille. Dans sa version la plus commune, la flamusse se compose de pommes sautées au beurre et cuites dans une pâte à base de farine, de sucre, de sel, d'œufs et de lait. Au sortir du four, un peu de sucre semoule est saupoudré.
Plutôt légère, cette pâtisserie peut faire office de goûter gourmand ou de dessert d'un repas, tiède ou froide.

Gaufrette mâconnaise

(pâtisserie ; Mâconnais)

La gaufrette mâconnaise est une gaufre très fine, roulée en cigarette* (une quinzaine de centimètres de long pour un diamètre de 2 à 3 cm), alvéolée, dorée et craquante.
La recette maison consiste à mélanger dans un saladier un tiers de farine, un petit tiers de sucre et un très gros tiers de

crème. D'aucuns ajoutent un peu de vanille en poudre, un zeste de citron. Une fois la crème absorbée, on désépaissit la pâte avec de l'eau, ce qui lui permettra de mieux s'étaler dans le gaufrier. Les plaques de l'appareil huilées et chauffées, la pâte est alors versée. Pour un gaufrier ancien, il convient de presser les deux plaques l'une contre l'autre et de les faire cuire de chaque côté sur la flamme du brûleur. Cuites deux par deux, les gaufres sont décollées, laissées à refroidir, puis roulées autour d'un bâtonnet. Dans le commerce, ces gaufrettes sont conditionnées dans des boîtes (avec un décor de Mâcon), ce qui leur permet de se conserver.
Ces gaufrettes croustillantes, à l'arôme léger de caramel, de vanille ou de citron, se montrent parfaites pour escorter glaces, crèmes dessert, mousses au chocolat et salades de fruits.

HIST. *Descendantes des oublies médiévales, ces gaufrettes mâconnaises faillirent disparaître des étals jusqu'à ce qu'une confrérie de la Gaufrette Mâconnaise en relance la mode... Depuis la fin du Moyen Âge, dans le Mâconnais, à l'instar de la Bresse voisine, l'opulence d'une famille se manifestait au travers de ses fers à gaufres et des gaufres (à base de farine de sarrasin) offertes à l'occasion des fêtes familiales (mariages, en particulier). Progressivement, ces gaufres s'enrichiront de blé, de crème, puis s'affineront en gaufrettes, cylindriques et creuses.*

**Tout comme le curbelet (Midi-Pyrénées).*

GIMBLETTE

(pâtisserie ; Dijonnais)

La gimblette* est un petit pain d'épices aux amandes, mince et très croquant, qui existe sous trois formes : ronde, allongée (toutes deux aux amandes entières) et carrée (aux amandes pilées).
La pâte de pain d'épices, additionnée d'amandes, sera donc soit roulée en boudin et coupée en rondelles, soit abaissée et détaillée à l'emporte-pièce en rectangles ou en carrés.

Les pièces, dorées au jaune d'œuf, cuisent à four moyen. Refroidies, elles sont conditionnées en cartons, boîtes ou sachets.Les gimblettes surprennent par leur craquant, leur saveur épicée, s'accordant nature ou trempées dans une boisson chaude.

HIST. *Autrefois, le nom de « gimblette », désignait un gâteau rond, sec et dur de type échaudé. Les pains d'épiciers dijonnais reprendront cette appellation pour l'accorder à ce produit.*

**À ne pas confondre avec la gimblette d'Albi (Midi-Pyrénées), qui est un échaudé.*

Glacé mince

(pâtisserie ; Dijonnais)

Le glacé mince est un pain d'épices en forme de boudoir plat recouvert d'un glaçage blanc, doré ou brun.
Pour sa fabrication, une pâte à pain d'épices est abaissée au laminoir et détaillée à l'emporte-pièce en bâtonnets oblongs (environ 9 cm de long sur 3 de large et 1 d'épaisseur), cuits sur plaque dans un four très chaud.
Après refroidissement, les bâtonnets seront glacés au pinceau : glace royale (pour les glacés blancs), sirop de sucre vanillé (pour les glacés dorés), sirop de sucre au chocolat (pour les glacés bruns). Une fois séchés, les glacés minces sont vendus par parfum en sachets ou en boîtes.
Ce « doigt » de gourmandise à la texture craquante se déguste à tout moment. Il peut s'utiliser en pâtisserie, dans une charlotte.

HIST. *Cette spécialité dijonnaise s'inscrit, avec la gimblette et la nonnette de Dijon, dans cette gamme de produits originaux « tirés » du pain d'épices*.*
Autrefois, les vignerons de Côte-d'Or appréciaient de tremper dans leur vin ces languettes glacées.

**Voir pain d'épices de Dijon.*

Gougères

GOUGÈRE

(pâtisserie salée ; Auxois, Dijonnais, Avallonnais, Auxerrois, Tonnerrois, Châtillonnais, Chalonnais, Mâconnais...)

La gougère est une bouchée de pâte à chou au fromage, ronde et dorée.
La recette est celle d'une pâte à choux (beurre, eau, sel, farine battus) salée, muscadée et additionnée de comté ou de gruyère râpé.
La pâte est ensuite dressée à la cuillère ou à la poche à douille sur une plaque graissée. Les gougères sont dorées à l'œuf, puis cuites à four chaud jusqu'à prendre une coloration blonde.
Croustillantes à l'extérieur et moelleuses à l'intérieur, les gougères se dégustent tièdes, en entrée, avec une salade. Elles restent aussi les amuse-gueules traditionnels de l'apéritif et du tâtevinage (dégustation de vins). D'aucuns les farcissent même de champignons ou d'escargots.

HIST. *La gougère serait la descendante d'une pâtisserie du XVIIe siècle, le ramequin de Bourgogne, qui connaîtra une notoriété nationale au XIXe siècle.*
La recette actuelle de la gougère remonte à la première moitié du XXe siècle. Initialement couronne de pâte à choux agrémentée de fromage, elle se sert plutôt aujourd'hui en petits choux individuels. Elle est aussi très répandue en Champagne voisine (département de l'Aube).

MIEL DU MORVAN

(miel ; Morvan)

Le miel du Morvan reflète l'exceptionnelle richesse floristique du massif. On relève ainsi des miels aux couleurs et aux goûts variés : le miel d'acacia (doux et délicat), le miel de trèfle (doux), le miel de pissenlit (fort, crémeux), le miel de printemps (de couleur claire, issu d'aubépines pissenlits, merisiers), le miel de fleurs sauvages et de prairies (ambré

à clair, issu de trèfles, ronces, tilleuls), le miel toutes fleurs (doux et parfumé, issu d'arbres fruitiers et autres plantes), le miel de tilleul (clair, très aromatique), le miel de forêt (foncé et très parfumé, issu notamment de miellats d'arbres), le miel de ronce (clair, doux), miel de sapin (très typé), le miel de châtaignier (foncé et fort)...
Ce nectar délicieux fait la joie des amateurs, nature, sur des tartines, pour sucrer des boissons chaudes, des pâtisseries, ou dans des plats salés ou sucrés. Parmi ses dérivés, le pain d'épices.

HIST. *Le miel du Morvan bénéficie depuis longtemps d'une excellente réputation. Les miels bénéficiant de la mention « Parc naturel régional du Morvan » sont conditionnés aussitôt après récolte en pots de verre. Le producteur s'engage à récolter son miel avec des moyens naturels.*

Négus

(confiserie ; Nivernais)

Friandise incontournable de la ville de Nevers, le négus est un caramel mou au chocolat enrobé d'une coque de sucre cuit, de forme rectangulaire, légèrement bombée, et aux bords ovales. Après leur fabrication, ils sont conditionnés en boîtes rondes (parfois mélangés à parts égales avec des abyssins, identiques, mais de teinte plus claire et à l'arôme café) de plusieurs formats différents, en métal vert sombre, sur laquelle se détachent en lettres d'or les noms de la Maison Grelier et de Lyron Successeur.
Ce caramel de couleur marron brillant, dont la dureté extérieure contraste avec un cœur fondant de caramel chocolaté, fait le délice des amateurs et des touristes.

HIST. *Cette merveille de caramel, vendue dans son écrin métallique au graphique suranné, fut inventée par un confiseur de Nevers nommé Grelier, lequel avait pour habitude de créer chaque fin d'année une friandise à laquelle il donnait le nom d'un événement* *ou d'un fait marquant de l'actualité. En 1901, l'empereur d'Abyssinie, Ménélik, appelé Négus, vint en France, où il fut reçu par le président de la République. Cette visite officielle arriva à point nommé pour désigner ce bonbon à base de chocolat qui rappelait le teint de l'auguste visiteur. La marque sera déposée en 1902. Suivra un bonbon similaire, mais au café et plus clair, l'abyssin (du nom de l'Abyssinie, ancien nom de l'Éthiopie). En 1909, la confiserie Lyron succédera à la Maison Grelier, s'attachant à en perpétuer la tradition du négus en cette boutique au décor baroque (fondée en 1893 par M. Randier) de la rue principale de Nevers, regorgeant d'autres douceurs.*

NONNETTE DE DIJON

(pâtisserie ; Dijonnais)

La nonnette, petit gâteau circulaire en pain d'épices fourré de confiture (cassis, myrtille, fraise, pomme, coing, abricot, orange), s'est aussi fait un nom* à Dijon. Pour sa fabrication, la pâte de pain d'épices est abaissée, détaillée à l'emporte-pièce en cercles de 5 à 6 cm. Après une cuisson au four, les nonnettes sont glacées avec du sirop de sucre passé au pinceau, puis incisées en leur milieu et garnies de la confiture choisie, voire, de deux mélangées. D'abord emballées individuellement, elles seront vendues en rouleaux de cellophane de 6 pièces. Dodue, moelleuse et parfumée, la nonnette s'apprécie en coupe-faim gourmand à tout instant de la journée.

HIST. *Spécialité de Reims, la nonnette sera adoptée par les pain-d'épiciers dijonnais au milieu du XIXe siècle, finissant même par ravir la suprématie à la Champagne, tout comme pour le pain d'épices (pain d'épices de Dijon). Malgré une baisse constante de sa production ces dernières décennies, la nonnette continue à faire la fierté de la maison Mulot et Petitjean, ainsi que celle de quelques artisans, et reste le gâteau en pain d'épices favori des amateurs, loin devant la gimblette et le glacé mince.*

**Voir nonnette de Reims (Champagne-Ardenne), nonnette de Remiremont (Lorraine).*

Pain d'épices

Nougatine de Nevers

(confiserie ; Nivernais)

La nougatine de Nevers est un petit palet de sucre cuit aux amandes, enrobé de glace royale de couleur rose orangé. Conditionnée en sachets ou en boîtes de divers calibres, la friandise à la robe fondante en bouche sur un intérieur craquant suscite un plaisir indémodable.

HIST. *Créée dans les années 1850 par un Poitevin installé à Nevers, Louis-Jules Bourumeau, la nougatine* devient l'un des emblèmes gourmands de la ville. Elle connaîtra un engouement inattendu lors d'une visite officielle de Napoléon III à Nevers, en 1862. En effet, l'impératrice Eugénie en passa commande en grande quantité et le fit connaître au tout-Paris.*
Aujourd'hui, la nougatine de Nevers est toujours fabriquée dans la maison de son créateur, ses successeurs s'étant transmis le flambeau.

**Voir nougatine du Poitou (Poitou-Charentes).*

Pain d'épices de Dijon

(pâtisserie ; Dijonnais)

Comptant parmi les trésors gastronomiques (avec la moutarde et le cassis) de la capitale bourguignonne, le pain d'épices de Dijon, à la croûte marron et à la tranche ambrée dorée, se présente en pavé, vendu à la coupe, ou en forme de cake. On le trouve aussi en petits sujets fantaisie, ou encore en nonnette de Dijon, en gimblette ou en glacé mince.
L'appellation « pain d'épices de Dijon » est réservée au pain d'épices dont la farine est majoritairement de blé*. Celle-ci, mélangée avec du miel et/ou du sucre, est d'abord laissée à maturer 1 à 3 semaines à température ambiante. Cette base, dite « pâte-mère », sera additionnée (lors de l'opération appelée « braquage ») de poudres levantes, de jaunes d'œufs et d'épices. Travaillée jusqu'à obtenir la souplesse désirée, elle sera ensuite moulée et cuite au four, ou façonnée en divers sujets ou figurines (saint-nicolas, bonhomme, nounours,

escargot, cochon, poisson, cœur, bouteille, sabot, bûche, etc.), décorés après cuisson d'amandes, de fruits confits ou/et de sucre coloré.
Cette « merveille » visuelle, olfactive et gustative illumine le petit déjeuner, nature ou beurrée, et le goûter, aux côtés d'une boisson chaude. Des chefs cuisiniers l'introduisent dans certaines de leurs compositions sucrées-salées (avec du lapin, du magret de canard, du gibier) ou leurs desserts (crème brûlée, glace). En entrée, des tuiles de pain d'épices, légèrement caramélisées au gril, peuvent aussi s'accorder avec le foie gras.

HIST. *La présence du boichet, pâtisserie à base de farine et de miel, est avérée à Dijon depuis le XIVe siècle, même si Reims règne alors sans partage dans le domaine du pain d'épices. Au début des années 1900, Dijon comptait une dizaine de fabriques spécialisées dans ce type de produit. La Grande Guerre, avec la destruction des sites industriels rémois, fera de Dijon la capitale du pain d'épices.*
Désormais, s'il ne reste qu'une seule fabrique de pain d'épices (Mulot et Petitjean, maison créée en 1796) sur Dijon, de nombreux artisans pain-d'épiciers perpétuent leur savoir-faire. Une confrérie du Pain d'Epices de Dijon veille à la promotion de ce produit ancestral. Tandis que le pain d'épices de Reims (Champagne-Ardenne) contient une proportion de farine de seigle. Autres régions « pain-d'épicières »: l'Alsace (voir pain d'épices alsacien) et le Centre (voir pain d'épices de Pithiviers).

RAISINÉ BOURGUIGNON

(confiserie ; Auxerrois/Chablaisien, Avallonnais...)
Autres appellations : raisiné, raisiné de Bourgogne.

Le raisiné bourguignon est une gelée de raisins noirs ou blancs issus des terroirs viticoles. Ce raisin, très mûr, lavé et égrappé, cuira avec quelques coings et poires pelés et coupés en cubes dans une bassine avec de l'eau, jusqu'à ce que la confiture s'épaississe. Cette gelée raisineuse s'étale sur du pain ou de la brioche au petit déjeuner ou au goûter.

HIST. *Préparation assez voisine du vincuit*, le raisiné est apprécié en Bourgogne probablement depuis le Moyen Âge. Certaines villes du département de l'Yonne se feront une réputation de leur raisiné (Courtenay, Villeneuve-sur-Yonne...).*
De nos jours, sa production reste essentiellement familiale et artisanale. Certains le fabriquent en ajoutant du marc de bourgogne.

**Voir vincuit (Rhône-Alpes).*

Rigodon

(pâtisserie ; pays d'Othe, Auxerrois...)

Le rigodon apparaît comme une sorte de pudding bourguignon fait de la récupération des restes de brioche ou de pain légèrement rassis, émiettés et trempés dans un mélange de lait, sucre et œufs avec, selon la saison, des fruits frais ou secs (noix, noisettes).
La cuisson, au four dans un moule au bain-marie dure 1 h.
Découpé en tranches, le rigodon se déguste froid, saupoudré de sucre glace ou tapissé d'une marmelade.

HIST. *Ce dessert de ménage traditionnel de la Basse-Bourgogne (peu ou prou le département de l'Yonne) se préparait, autrefois, lors de la fabrication du pain de la semaine chez soi, ou bien chez le boulanger. On profitait alors du four encore chaud pour le cuire doucement, de manière à lui laisser de l'onctuosité.*

Tartouillat

(pâtisserie ; Avallonnais, Auxerrois, Morvan)

Hésitant entre flan et clafoutis, le tartouillat met à l'honneur de la plus belle manière les fruits de saison : cerise, pomme, poire...
La pâte (farine, sel, sucre, lait, beurre fondu et œufs, tantôt aromatisée de vanille ou de marc), bien travaillée, doit prendre une consistance lisse et coulante, un peu plus épaisse qu'une pâte à crêpe. Celle-ci sera versée sur une généreuse quantité

de grosses cerises bien rouges (ou de pommes, de poires), lavées et équeutées, réparties au fond d'un moule beurré. Ce dessert rustique se sert tiède parfois saupoudré de sucre glace.

HIST. *Au départ, le tartouillat était une pâte à flan, enrichie de fruits (notamment de grosses cerises noires non dénoyautées), dont on versait des cuillerées dans des feuilles de chou vert, avant de les passer au four. Depuis, le dessert s'est modernisé: le moule à tarte s'est substitué aux feuilles de chou et, quand il s'agit de cerises, celles-ci sont souvent dénoyautées.*

• • •

BRETAGNE

Caramel au beurre salé de Bretagne

(confiserie ; Vannetais)
Autres appellations : C.B.S (marque déposée de la chocolaterie Le Roux), caramel au beurre salé breton, caramel au beurre salé de Quiberon, caramel au beurre salé de Guérande.

En Bretagne, le caramel au beurre salé est une star.
Si chaque artisan garde ses secrets, la fabrication du caramel* reste la même : du sucre mêlé à de l'eau et cuit à feu fort pour obtenir la caramélisation. Ensuite, le beurre salé intervient, comme une évidence... Peut aussi se rajouter de la crème fraîche.
On retrouve le produit sous des formes diverses dont celle, classique, de carrés durcis ou de bonbons, que les fabricants s'ingénient à proposer dans des emballages originaux. Il existe des sucettes au caramel au beurre salé (la niniche de Quiberon se l'est aussi accaparé), et on retrouve ce caramel au beurre salé en crème à tartiner : le salidou.

HIST. *Il semble logique que cette « folie caramélique » soit née en Bretagne, parce que le beurre y est salé et que l'on y fait usage du beurre de manière inconsidérée.*

Voir caramel au beurre salé d'Isigny (Normandie).

Chocard d'Yffiniac

(pâtisserie ; Goëlo)

Yffigniac, en banlieue de Saint-Brieuc, veille sur son chocard : un chausson de pâte feuilletée, farci de pomme reinette finement hachée, macérée dans du sucre, de la cannelle et un zeste de citron, doré à l'œuf et au jus de pomme rendu avant cuisson.
Ce délice se déguste chaud.

✳ **HIST**. *Chaque année, à la saison des pommes, la Fête des chocards revient durant les deux dernières semaines de novembre, période où viennent nicher dans les toits et clochers les choucas (sorte de corneille), lesquels pourraient avoir légué leur nom à ces chaussons pâtissiers. Au départ, les boulangers convertissaient leur restant de pâte à pain en en-cas, incorporant des quartiers de pommes entre deux abaisses. Longtemps associé aux fêtes foraines qui parcouraient les villes et villages, ces chocards s'inscrivent dans la vaste famille du « pommé breton » (pommé rennais).*

Craquelin

(pâtisserie ; pays de Dinan, pays de Rennes)
Variantes : craquelin de La Bouillie, cimereau ou cimeriau (plus petit que le craquelin).

Petit pain creux séché à la légèreté et au craquant élastique inénarrable, le craquelin appartient à la tradition culinaire de Haute-Bretagne et, en particulier, de la région de Saint-Malo. Ces tartines traditionnelles doivent leur rondeur concave (en forme d'écuelle) et leur texture grinçante sous la dent, non pas aux ingrédients basiques qui les composent (farine, eau, œufs), pouvant être améliorés (lait, sel, beurre, sucre), mais au pochage à l'eau.
Cette étape précède un refroidissement, puis le passage au four, où les pièces de pâtes se mettront à gonfler. Cette technique a pour nom l'échaudage. Il existe plusieurs variantes de craquelins, en France. Si certains ne leur trouvent aucun

goût, ces biscottes bretonnes, pauvres en graisse et peu caloriques, s'apprécient nappées de beurre, de confiture, de miel, de fromage blanc. Dans les campagnes, on les déguste natures, en en-cas, trempées dans du cidre.

HIST. *Le craquelin est une survivance des échaudés, considérés, au Moyen Âge, comme des gourmandises. Sa relation privilégiée avec la Bretagne, où on le consomme plus que partout ailleurs, remonte à loin. Les craquelins de Saint-Malo sont mentionnés, dans les comptes de l'hôpital de la ville, dès 1663. La présence de craqueliniers dans le pays malouin résulte du commerce de son port avec les Flandres, rappelant que le mot craquelin provient du néerlandais crakelinc signifiant « biscuit sec, craquant sous la dent ». Cette présence fut permise par les forêts, nombreuses le long de la Rance, car l'alimentation des fours à craquelins réclamait quantité de fagots de bois. Biscuit sec, facile à conserver et à transporter, on le trouvait sur les marchés. Des marchands ambulants, portant de grandes hottes, le vendaient en ville ou dans les fermes.*

Crêpe bretonne

(pâtisserie ; Cornouaille, pays de Lorient, Poher, Léon, Trégor...)

La crêpe participe au rayonnement de l'identité gastronomique bretonne toute entière au travers des deux ou trois milliers de crêperies qui la célèbrent. Elle y revêt l'aspect d'un large disque de pâte cuit sur les deux faces, très fine, d'une teinte jaune clair.

Faites de farine de froment, lait, œufs, beurre fondu, sucre et sel, certaines exhalent des apports de vanille, de cannelle, de fleur d'oranger, de rhum ou de lambig (eau-de-vie de cidre). Il perdure aussi une crêpe de sarrasin, jadis, très répandue en Basse-Bretagne incorporant du blé noir à la farine de froment et sans adjonction de beurre dans la pâte, ce qui la rend croustillante.

Fourrée au sucre, à la confiture, au Nutella, aux pommes confites, arrosée de citron, surmontée d'une boule de glace ou flambée, il existe quantité de façons de magnifier cette crêpe… avec, bien sûr, une bolée de cidre.

HIST. *Dans la tradition paysanne régionale, le repas de crêpes se faisait une fois par semaine, souvent le vendredi. La crêpe s'obtenait en battant longuement la pâte « au poing » et se cuisait, sur les deux faces, sur deux tuiles, pierres ou biligs en fonte.*

CRÊPE DENTELLE

(pâtisserie ; Cornouaille)
Autres appellations : crêpe à dentelle, gavotte (à Dinan).

Des crêpes, de la finesse de la dentelle et d'un craquant subtil, ont parfait la réputation de Quimper, capitale de la crêpe bretonne. Si, depuis plus d'un siècle, le secret de fabrication reste jalousement gardé, les principaux ingrédients sont connus : farine de froment, œufs, sucre, sucre vanillé, beurre demi-sel, lait frais entier. On sait aussi que le maître crêpier-dentellier utilise des plaques de cuisson spéciales, dite « becuwes », pour étaler la pâte de la manière la plus fine possible (un demi millimètre d'épaisseur), qu'il la découpe ensuite en bandes verticales, avant de l'enrouler autour de la lame d'un couteau. Dans son emballage, la délicate et fragile crêpe durcie ressemble à un lingot doré de 10 cm de long, sur 2 de large, de quelques grammes. Sa friabilité en bouche explose autant que sa saveur sucrée-beurrée.
Cependant, cette véritable crêpe dentelle artisanale n´est pas connue du grand public. Fabriquée en minuscule quantité, elle ne connaît aucun réseau de commercialisation. Sa recette se trouve même scellée aux archives de Quimper. Non, les crêpes dentelles que nous connaissons sont celles des biscuiteries industrielles : natures ou enrobées de chocolat, vendues en boîtes.

HIST. *C'est en 1886 que Marie-Catherine Cornic, plus connue sous le nom de Mme Katell, aurait mis au point la recette* *de crêpes extrêmement fines, enroulées chaudes au couteau. Le succès qui s'ensuivit donnera des idées à d'autres biscuitiers. Ainsi, l'année suivante, Mme Tanguy, dirigeante de la société « Les Délicieuses », mis au point un fourneau spécial au gaz, lançant un commerce florissant. Ces friandises s'exportaient en Angleterre, en Russie, grâce à leur excellente conservation.*

FAR BRETON

(pâtisserie ; Cornouaille, Léon, pays de Lorient, Trégor, Poher, Vannetais, pays de Redon, pays de Dinan, Penthièvre, Goëlo, Porhoët, pays de Rennes, pays de Vitré, pays de Fougères)

Dessert vedette de Basse comme de Haute-Bretagne, le far breton est une sorte de flan (en moins ferme), de couleur jaune-blanchâtre à l'intérieur, couvert par un dessus marron foncé formant une pellicule moelleuse. Il se débite en parts, en boulangerie ou en pâtisserie comme chez le traiteur. Très nourrissant, il se compose d'une solide base de farine et de sucre, délayée d'œufs et de lait. On le propose nature, ou enrichi de beurre, aromatisé de cannelle ou de vanille, avec des pruneaux et des raisins, ou les deux. « Divin » lorsque réalisé par une main experte, le far allie à la densité de sa pâte une fraîcheur en bouche portée par la saveur du pruneau lorsqu'il s'y mêle...

HIST. *Le far breton puise son origine dans les gruaux salés qui autrefois constituaient la nourriture quasi quotidienne de bien des Bretons. En effet, si le tout à chacun pense spontanément au far aux pruneaux, le terme de « far », en Bretagne, recouvre une pléiade de préparations à base de farine, pochées à l'eau dans une marmite (fars pod), cuites à la poêle (fars bilig) ou au four (fars forn), souvent salées (kig-ha-fars, farz gwad*), dont beaucoup ont fini par devenir des desserts (pouloud, farz buan, farz poch, fars forn au pruneaux). Longtemps, le far sucré est resté une recette de ménage associée aux fêtes religieuses qui rythmaient la vie des populations locales. Les femmes s'ingéniaient à améliorer sa composition, avant de le porter à cuire au four du boulanger.*

**Originaire de l'île d'Ouessant, il se faisait lui avec du sang de cochon.*

GALETTE BRETONNE

(pâtisserie ; Cornouaille, pays de Lorient, Vannetais, Léon, Trégor, Poher, Penthièvre, Goëlo, pays de Dinan, pays de Rennes, Porhoët)

Galettes de Pont-Aven, galettes de Pleyben, etc. ces biscuits typiquement bretons qui ont fait le tour du monde dans leurs boîtes décorées, offrent l'apparence de petites galettes rondes (d'une dizaine de centimètres de diamètre), fines et dentelées, à la teinte dorée, plus ou moins foncée et brillante, souvent estampillées sur le dessus de lettres ou d'un dessin. La texture serrée, croquante, sableuse, laisse au palais un goût de beurre salé.
La farine représente peu ou prou la moitié du poids total des ingrédients, le beurre près du quart, le sucre le cinquième. Le reste se réparti entre œufs, sel et aromatiques (vanille, bergamote...).
Les galettes bretonnes se grignotent au dessert, au goûter, ou en petit en-cas. On peut s'en régaler trempées dans du cidre.

HIST. *Pâtisseries de ménage issues d'une tradition ancestrale, rien n'aurait pu laisser imaginer la vogue que ces petites galettes rencontreraient, au point de devenir un produit-phare de la Bretagne que le touriste se doit d'acquérir, dans sa boîte décorée, en carton, en métal, cylindrique ou rectangulaire.*

GALETTE DE BLÉ NOIR

(boulangerie/farine ; pays de Rennes, pays de Vitré, pays de Fougères, pays de Redon, pays de Dinan, Porhoêt, Penthièvre, Goêlo, Trégor, Vannetais)
Autre appellation : galette de sarrasin.

La galette de blé noir ou de sarrasin est devenue, au cours du dernier demi-siècle, une spécialité à part entière de Haute-Bretagne, au point qu'on parle parfois de « galette rennaise ». Des myriades de crêperies y célèbrent ce large disque de farine de blé noir, d'eau et de sel, de couleur plus ou moins grise, à la texture alvéolée, souple et humide, et au goût aigrelet. On distingue cette galette de la crêpe de Basse-Bretagne (crêpe bretonne), au froment, d'apparence blonde, fine et croustillante.

Cependant, galette ou crêpe relèvent de la même technique (farine et sel mélangés avec de l'eau, jusqu'à obtenir une pâte consistante et fluide, longuement battue pour l'aérer), des mêmes outils : toutes deux réclament pour leur cuisson une galettière (« tuile » pour les Gallos de Haute-Bretagne, « billig » pour les bretonnants de Basse-Bretagne), chauffée et graissée entre chaque louche. Un râteau de bois (« rouable » en Haute-Bretagne, « rozell » en Basse) permet d'étendre la pâte, que l'on retourne avec une spatule (le « viroué » gallo, le « spanell » bretonnant).

Cette galette, roulée ou pliée, fourrée de délices variés qui en font un repas à elle seule, s'accompagne d'une bolée de cidre breton ou de lait ribot.

Si les crêperies rivalisent en audace, certaines galettes traditionnelles se maintiennent à l'affiche des menus : la complète (œuf-jambon-fromage), la galette-saucisse, la Soubise (oignons roussis au beurre), la forestière (champignons), la nordique (saumon fumé, crème), la montagnarde...

* **HIST.** *Jadis, les crêpes au blé noir composaient l'alimentation de base de la semaine. Elles se cuisaient à la poêle dans la cheminée, sur une seule face.*

On les coupait en fines lanières pour agrémenter les soupes, ou on les beurrait simplement, ou on les trempait dans du lait ribot. On les mangeait surtout le vendredi.

Dans la rue, les marchandes de galette appartenaient au folklore. Lors des fêtes, on s'en régalait, comme c'est toujours le cas lors des festoù-noz, pardons, foires, kermesses.

GALETTE DE FOUR

(boulangerie ; Penthièvre)
Autres appellations : galette de pain, tanviole, tourtiau, tourté.

Très appréciée dans la région de Lamballe, mais devenue confidentielle du fait de la disparition des fours traditionnels, la galette de pain est un produit rond dont l'épaisseur varie et dont le diamètre peut atteindre 30 cm.
Sa croûte mince, pleine de trous, molle et jaune clair, renferme une mie moelleuse au goût fort agréable.

HIST. *À l'instar du sous flamme charentais, la galette de four était, à l'origine, une mince pièce de pâte introduite dans le four, une fois le bois consumé, pour servir d'indicateur de température. Sa « mission » accomplie, la galette de pain, tartinée d'une couche de beurre, se muait en en-cas délicieux.*
Dans les fermes, au XIXe siècle, cette tradition bien ancrée de la galette de four, dite « tourtiau » ou « tourté », se traduisait par de petits pains ronds, faits de restes de pâte cuits avant la fournée.

GÂTEAU BRETON

(pâtisserie ; pays de Lorient, Cornouaille, Léon, Poher, Trégor, Porhoët, Vannetais, pays de Dinan, Penthièvre, Goëlo...)

Pâtisserie bretonne incontournable, le gâteau breton est une sorte de biscuit rond, très dense, d'un diamètre souvent d'une vingtaine de centimètres (pour 3 à 4 d'épaisseur), à la croûte dorée, striée de croisillons.
Sa texture jaune, friable et granuleuse, participe à sa typicité autant que son goût qui lui vient du beurre de baratte demi-sel mélangé au sucre, à la farine et au jaune d'œuf.
La pâte est frottée entre les paumes pour la rendre sableuse, avant d'être étalée dans un moule beurré, dorée au jaune d'œuf, lacérée à la fourchette de motifs, puis placée au four.
Certains incorporent à la pâte du rhum, de la bergamote ou de la poudre d'amande, d'autres des fruits secs, de la crème de pruneaux, de framboise, de la pomme.

Au moment du café ou thé, il convient de le découper en portions triangulaires.

HIST. *L'origine de ce gâteau de ménage reste obscure. Ses liens avec le palet breton semblent évidents par la texture et le goût.*

Gâteau de pâte

(boulangerie ; Cornouaille)
Autre appellation : bourgueu.

Confectionné à partir d'un morceau de pâte à pain (d'où son nom), laissé à fermenter, puis enrichi de beurre, lait, sucre, œufs et levure, le gâteau de pâte présente une forme ronde (pas plus d'une trentaine de centimètres de diamètre) sous une croûte marron luisante. À la découpe, la mie jaune, aérée de mini-alvéoles, oppose sous la dent une texture relativement moelleuse et un goût rustique agréable. Ce gâteau peut se conserver plusieurs jours.
De nos jours, seuls de rares artisans de la presqu'île de Crozon le proposent. Les anciens continuent de l'apprécier avec un café.

HIST. *Ce pain, l'une des « mémoires vivantes » de la Cornouaille (au même titre que le pain doux bigouden, le gotchial, la fouesse et le pastéchou), appartient à cette famille des « pains des gras », préparés au Carême et consommés jusqu'au Mardi gras. Localement, le bourgueu était associé à plusieurs coutumes de la province. Ainsi, il scellait l'union entre jeunes gens et jeunes filles lors des foires de connaissance, à Crozon.*

Gotchial

(boulangerie ; Vannetais)
Autres appellations : gostial, cochetial, goth.

De la forme d'une miche, ronde et galbée, le gotchial est une sorte de pain brioché propre à la presque-île de Rhuys,

Kouign-Amann

que l'on peut acheter sur le pourtour du golfe du Morbihan. Véritable délice, sa croûte brillante, marron clair et plutôt épaisse, protège une mie de couleur crème à la texture particulièrement dense qui le protège du rassissement.

Chaque artisan appose sa « touche » à une recette jalousement gardée, mais dont on connaît la composition : farine de blé, pâte à pain fermentée, lait frais, beurre, sucre, œufs, levure, sel. Le savoir-faire s'appuie surtout sur une double-fermentation et une cuisson dans un four traditionnel.

HIST. *Né au XIXe siècle dans une boulangerie du Hézo, le gotchial se rattache à cette tradition des pains-brioche, à connotation festive, propres à la Bretagne : pain doux bigouden, pastéchou, fouesse de Binic, gâteau de pâte etc. De nombreux boulangers imiteront sa fabrication. Au siècle précédent, le gotchial se vendait le 22 janvier, à l'occasion de la Saint-Vincent.*

Kouign-amann

(pâtisserie ; Cornouaille, Poher, Léon, Trégor, Goëlo, Porhoët, pays de Lorient, Vannetais, pays de Rennes...)

Subtil délice, né du mariage dégoulinant entre le beurre et le sucre, le kouign amann (de kouign « gâteau » et d'amann « beurre ») ressemble à une galette épaisse. Son goût caramélisé s'allie à une texture, dense, craquante et fondante. La pâtisserie se compose de pâte à pain feuilletée en minces lamelles, plaquées d'onctueuses couches beurrées et sucrées. Tout l'art de l'artisan transparaît dans le pliage de la pâte.

Encore meilleur légèrement tiédi, un kouign amann appelle une bolée de cidre. On le trouve aussi en format individuel dit « kouignette ».

HIST. *La paternité de ce chef-d'œuvre pâtissier reste controversée. Si le « canal officiel » l'attribue à un boulanger de Douarnenez (Yves René Scordia, qui l'aurait inventé en 1865, à une époque où la farine manquait, alors que le beurre se trouvait en abondance), moult réalisations culinaires bretonnes reposaient* *déjà sur une pâte à pain fermentée, beurrée et repliée façon pâte feuilletée...*

MIEL DE SARRASIN

(miel ; Cornouaille, Poher, Léon)

Le miel de sarrasin se caractérise par une consistance épaisse, une couleur très foncée, une odeur rappelant le caroube ou le pain d'épices et un goût prononcé, décrit comme « malté ».
La production de ce miel implique le transport des ruches près d'un environnement de champs de blé noir. Or, cette culture, autrefois dominante en Bretagne, n'occupe plus que des surfaces réduites. La floraison du sarrasin intervenant au début juillet et se terminant en août, c'est durant cette période que les abeilles butinent le nectar que contiennent les fleurs, réputées mellifères. L'apiculteur doit alors opérer sa récolte à l'intérieur des ruches et la mettre à décanter dans un récipient appelé « maturateur ». Ensuite le miel est mis en pots et se conserve plusieurs années.
Malgré sa rareté, le miel de sarrasin entre encore parfois dans la composition du chouchen. On l'utilise dans une boisson chaude ou en cuisine (volaille, foie gras, viande de porc ou de bœuf, sauces et dans les desserts), mais il reste un pur régal dans sa simplicité, tartiné sur une tranche de pain.

✱ **HIST**. *Jadis produit emblématique de la Bretagne, le miel de sarrasin ne tient plus, aujourd'hui, qu'un rôle mineur.*
Au Moyen Âge, le miel constituait l'une des ressources de la région (celui de Cornouaille jouissant de la meilleure réputation), suscitant un commerce florissant au XVIIe siècle.

NINICHE DE QUIBERON

(confiserie ; presqu'île de Quiberon/Vannetais)

Véritable institution gourmande à Quiberon, la niniche est une petite sucette cylindrique, d'une dureté de porcelaine, déclinée selon une cinquantaine de parfums différents. Le

mince cylindre d'à peu près une dizaine de centimètres, au bout d'un bâtonnet, épouse la couleur (peu marquée) du parfum qu'il représente. Enveloppé de cellophane colorée, il est conditionné en boîte ou en sachets transparents.
Cette sucette caramel pur beurre, dans sa version épurée, demeure un vrai bonheur, pour peu qu'on en déniche une dans une épicerie ou dans une fête foraine.

HIST. *Ces sucettes, inventées à Quiberon, en 1946, par Raymond Audebert se dégustaient à l'origine chaudes. Le jeu consistait à leur donner une forme avant qu'elles ne durcissent. Cette sucette semble s'inspirer d'une friandise bretonne disparue : le caramollet (un bâtonnet de sucre pilé et tordu vendu dans les rues de Dinan et de Saint-Brieuc, dans la seconde moitié du XIXe siècle et au début du XXe siècle). Quoiqu'il en soit, la niniche régale tous les vacanciers depuis plus de soixante ans.*

PAIN CHAPEAU

(boulangerie ; Poher)
Autres appellations : « pain coiffé », « chapeau breton ».

Pain du centre de la Bretagne, le pain chapeau doit son nom à sa forme originale rassemblant deux miches superposées (évocation du célèbre chapeau rond des Bretons).
Obtenu par la superposition de deux boules de pâte, dont la petite du dessus est souvent farinée, ce pain à la mie dense se caractérise aussi par une croûte épaisse résultant d'une cuisson prolongée. Les artisans le fabriquent à partir de farine de blé, levain et levure, eau, sel. La fermentation joue un rôle capital.

HIST. *Le pain chapeau ressemble au pain plié par sa structure. Ce pain de ménage très répandu, dont on fabriquait la pâte chez soi avant de la porter au boulanger, garde ses inconditionnels.*

PAIN DE SEIGLE BRETON

(boulangerie ; Cornouaille, pays de Lorient, Porhoët, Vannetais)
Autres appellations : bara segal, tourte, pains gris.

En Bretagne, le pain de seigle est souvent proposé en tourte, pesant jusqu'au kilo. Sa croûte, farinée ou non, estafiladée sur le dessus, d'une couleur marron foncée, apparaît très épaisse à la découpe. Sa mie, dense, grise, révèle une pointe d'acidité propre à cette céréale.
Ce pain typé, qui nécessite une cuisson plus longue qu'un pain identique à la farine de blé, s'apprécie en larges tranches, tartinées de beurre ou en casse-croute. Jadis, on insérait du lard entre deux tranches, on les coupait dans la soupe ou on en garnissait le fond de l'assiette recevant le bouillon de la potée.

HIST. *Le pain de seigle, pain de longue garde, participe à la gastronomie bretonne depuis probablement le Haut Moyen Âge. Au XVIIIe siècle, quelques localités s'étaient faites une spécialité de sa fabrication, certaines y mêlant de l'orge. De nos jours, en Bretagne, on le mélange encore souvent avec du froment. Mais le « pur seigle » se trouve aussi sur les étals de boulangers « irréductibles », soucieux de faire survivre cette tradition. Sur la côte, les restaurateurs le servent souvent, accompagné de beurre, avec leurs plateaux de fruits de mer.*

**Contrairement au pain noir dont le levain est de seigle.*

PAIN DOUX BIGOUDEN

(boulangerie ; Cornouaille)
Autres appellations : pain doux, pain doux des Gras, kouign des Gras...

Régal inégalable... les éloges se bousculent pour exprimer le bonheur que suscite la dégustation d'un pain doux* bigouden, un pain qui tire sur la brioche, ou plutôt une brioche légèrement panifiée : la douce incertitude prenant une mie jaune, dense et résistante, qui s'arrache sous la dent, tout en restant moelleuse, et dont le fondant délivre une saveur sucrée et douce.

Il existe autant de pains doux ou presque que de boulangers qui le fabriquent. Chacun garde secrètes sa technique de pétrissage et la proportion des ingrédients (farine, sucre semoule, beurre et œufs frais, sel, eau, levure). Certains adjoignent du lait, d'autres des raisins secs, d'autres encore du rhum, de la cannelle.

En Pays bigouden et au Cap Sizun, ce « pain » revêt une forme ronde, alors qu'ailleurs il prend souvent une apparence rectangulaire. S'il se suffit à lui-même, on peut déguster le pain doux avec du beurre, de la confiture, du fromage.

HIST. *Gâteau des Gras par excellence, au même titre que le bourgueu (gâteau de pâte) de la presqu'île de Crozon, le pastéchou du Léon, le gotchial de la presqu'île de Rhuys et la fouesse du Goëlo, le pain doux bigouden, localement appelé « kouign », fait revivre cet usage selon lequel on préparait ces pains festifs (« briochant » grâce à l'apport d'œufs, technique qui allège la pâte) le dimanche précédant le Carême. Ceux-ci faisaient la joie de la maisonnée jusqu'au Mardi gras. D'une excellente conservation, ils pouvaient servir de cadeau entre familles.*

S'il demeure attaché au Pays bigouden, au Cap Sizun et au pays de Quimper (Basse-Cornouaille), on trouve du pain doux un peu partout en Bretagne, et même autour de Rennes, en plein pays gallo. Les Bretons y sont si attachés que beaucoup d'artisans proposent « leur » pain doux à longueur d'année, même si sa production enfle en février et en mars... Toutefois, « l'épicentre » de la fabrication du pain doux se situe bien en Pays bigouden, terre austère et douce à la fois, baignée de traditions et de religion. En cette Bigoudénie, on servait les tranches de pain doux en accompagnement du porc rôti au four (lard, chotten, etc.).

**À ne pas confondre avec le pain doux créole, appelé aussi pain fouetté.*

PAIN MIRAU

(boulangerie ; Goëlo)
Autres appellation : pain mirod, mirault, pain de Carestiemble.

Le pain mirau, qui se présente soit en boule, soit en bande de huit petites boules achetables à l'unité, recouvre, sous sa croûte blonde, croustillante, une mie de couleur crème au goût relativement neutre, à peine sucrée.
Outre un façonnage particulier, il contiendrait un faible pourcentage de farine de seigle qui lui donne une certaine fraîcheur, de la poudre de lait dans l'eau servant à sa préparation et la fermentation de la pâte se fait avec de la levure de bière.
D'une excellente conservation, ce pain élaboré remplace avantageusement les baguettes, flûtes et autres pains de ménage.

HIST. *Né à Carestiemble (au sud-ouest du Goëlo), le pain mirau aurait été inventé par un nommé Mirault, installé ici en des temps lointains. Qui croirait que ce hameau d'à peine 150 âmes fut, jadis, le siège d'une intense activité boulangère liée à la fabrication de ce « pain de luxe », confectionné avec de la farine de blé et de la levure de bière (et non pas le levain habituel)? Sous la Révolution, le hameau comptait pas moins de 29 boulangers qui exportaient ce pain mirau jusqu'à Saint-Brieuc.*
Au début du XIXe siècle, la mode du pain mirau connaîtra un déclin. En 1980, à sa retraite, le dernier boulanger détenant le secret de sa fabrication le transmet à ses pairs...

PAIN NOIR

(boulangerie ; Cornouaille...)

Rond et bombé, entouré d'une croûte épaisse marron clair, décorée de motifs, le pain noir offre une mie très consistante de couleur marron foncée, légèrement collante sur la langue (un caractère inhérent au seigle). En Bretagne, le « pain noir » désigne le pain pur seigle. Sa composition intègre pour moitié

de la farine de seigle, environ 15 % de levain de seigle (alors que le pain de seigle breton utilise un levain à base de farine de blé) et le reste d'eau, de sel et de levure.
L'extrême densité de sa mie lui permet de se conserver longtemps sans sécher. L'acidité du levain de seigle, liée à la douceur de la farine se marie avec du beurre, de la cochonnaille, en accompagnement de fruits de mer, ou au fond de l'assiette pour épaissir une soupe, un bouillon.

HIST. *La fabrication de ce pain, nécessitant des manipulations contraignantes, ainsi que des temps de fermentation et de cuisson très longs, le rendent aujourd'hui « confidentiel ». Toutefois, il a survécu en Bretagne, en particulier, au sud de la Cornouaille.*

Pain plié

(boulangerie ; Trégor, Goëlo... nord-Poher)
Variante : pain de Morlaix.

Le pain plié est un pain ordinaire... Extraordinaire !
Si sa pâte se confectionne à la façon de celle d'un pain de campagne de tradition, au pur blé et au levain, toute la subtilité réside dans son pétrissage, sans excès, et, surtout, la forme qu'on lui applique : on replie le pâton sur lui-même, en portefeuille, puis on l'enfourne (durant la cuisson, le pli supérieur se détache de la partie la plus volumineuse)... Le pain qui en ressort, plus ou moins ovale, présente l'aspect de deux miches soudées quasiment à angle droit. Outre le côté visuel, ce pliage a pour conséquence de serrer davantage la mie, d'où une meilleure conservation. Ce pain, fariné ou non, avec sa croûte épaisse, sa mie dense, demeure un régal.

HIST. *Depuis des générations, dans le Trégor, de Morlaix à Tréguier jusqu'à Paimpol (nord du Goëlo) et de Guingamp à Callac (confins du Poher), se perpétue la fabrication du pain plié*. On lui trouve certaine parenté avec le pain de Morlaix, plus carré ou rectangulaire, ou encore le pain chapeau.*
Équivalent du pain Napoléon (Normandie).

Pain sucré

(boulangerie ; pays de Redon)

Ni pain au lait, ni pain brioché, le pain sucré fait revivre une vieille tradition : il s'agit d'une espèce de pain rond d'une vingtaine de centimètres de diamètre (pour une douzaine de centimètres de haut), incisé sur la croûte supérieure, légèrement terne avec une mie fortement sucrée de couleur crème. Sa mie, plus dense que celle d'une brioche, augmente sa conservation.

HIST. *Issu d'une tradition rurale ancienne, répandue des Côtes-d'Armor au Morbihan, le pain sucré était une gourmandise prisée de toute la famille, surtout vers Noël.*
Lors de la confection du pain, on prélevait une partie de la pâte que l'on malaxait avec une bonne dose de sucre. On enfournait ces sortes de brioche en pain en même temps que les pains (contrairement à la galette de four, cuite, elle, avant les pains). Quasi disparue à l'aube des années 1950, cette fabrication fut reprise par un boulanger de Penestin. D'autres boulangers l'imiteront à leur tour.

Palet breton

(pâtisserie ; Cornouaille, pays de Lorient, Vannetais, Léon, Poher, Trégor, Penthièvre, Goëlo, pays de Dinan, pays de Rennes, Porhoët)

Le palet breton ressemble à une galette bretonne, mais épaisse, plate et sans dentelure. Il doit son caractère à sa friabilité en bouche, suivie d'un fondant qui fait ressortir l'exquisité liquide du beurre. À ce titre, le palet breton s'inspire directement du gâteau breton... en miniature.
Il se déguste au petit déjeuner, en fin de repas au moment du café, au goûter ou à l'heure du thé.

HIST. *Le palet breton fut inventé dans la dernière décennie du XIXe siècle par des biscuitiers. Son apparence décidera de son nom : celui de l'élément métallique du jeu de palet.*

Pastéchou

(boulangerie ; Léon)

Pain brioché, tantôt enrichi de pruneaux ou de raisins secs, le pastéchou se distingue par son façonnage (quasi unique pour une viennoiserie) en forme de chausson ou de pain plié. Sa croûte marron clair, brillante, révèle à la découpe une mie moelleuse, de couleur jaune bistre à crème.
Si sa composition ne varie pas (farine de blé, sucre, lait, beurre, œufs, levure, sel, et, sans obligation, raisins secs ou pruneaux, fleur d'oranger ou rhum), les proportions et le procédé restent le secret de l'artisan. Le pliage du pâton, densifiant la mie en réduisant ses alvéoles d'air, a pour double-effet de générer une texture plus résistante et une meilleure conservation du produit.
Ce pain-brioche, doux, sucré, où se glisse l'onctuosité du beurre frais, est un régal des papilles.

HIST. *Spécialité léonarde depuis un siècle, le pastéchou s'inscrit dans cette catégorie de « gâteaux des Gras* » (avec le pain doux bigouden, le gâteau de pâte de Cornouaille, le gotchial du golfe du Morbihan et, devenue une rareté, la fouesse du Goëlo) qu'attendaient avec impatience chaque année les familles. Les ménagères, mettaient leur honneur à réussir ce pain de fête tirant sur la brioche (qu'elles portaient chez le fournier pour la cuisson) que venaient goûter la famille et l'entourage (amis, voisins).*

**Préparés le dimanche précédant le Carême et consommés jusqu'au Mardi Gras.*

Patate de Saint-Malo

(confiserie ; pays de Dinan)

La patate de Saint-Malo est un bonbon à base d'amandes pilées, de liqueur de kirsch et de cacao, de l'aspect d'une petite boule irrégulière, de la couleur terreuse de la pomme de terre.

Voisinant avec les malouinettes, œufs de mouettes et autres sardines en chocolat, cette friandise, vendue en sachet, fait le bonheur des touristes qui déferlent sur la cité corsaire.

HIST. *La création de cette friandise, par un confiseur anonyme, date des années 1920. Elle s'inspire de la culture de la pomme de terre primeur bretonne qui connut un développement très important au début du XIXe siècle autour de Saint-Malo.*

POMMÉ

(confiserie ; pays de Fougères, pays de Rennes, pays de Dinan...)

Le pommé* (ou pommée), sorte de sirop ou de gelée épaisse d'un aspect rouge sombre, au goût caramélisé, résulte de la cuisson de pommes durant une journée dans du cidre.
Cette spécialité rustique, conditionnée en pots de verre, propre aux pays gallos (Haute-Bretagne) et à la Normandie, s'utilise en confiture, pour tartiner du pain, une galette ou une crêpe.

HIST. *À l'origine, le terme de pommé désignait le cidre issu de la pomme, par distinction avec le poiré, issu de la poire. Ça n'est que plus tard qu'il désignera cette « confiture » qui remplaçait le beurre dans les familles pauvres. Pendant la dernière guerre, les « ramaougeries de pommé » connurent un grand succès. Celles-ci se déroulaient de ferme en ferme pendant tout l'hiver. Les gens dansaient autour de la pellée de pommé au son de l'accordéon.*

**Pendant du raisiné. Voir raisiné bourguignon (Bourgogne).*

POMMÉ RENNAIS

(pâtisserie ; pays de Rennes)
Autre appellation : pommé breton.

Le pommé* rennais est une pâtisserie typique de Rennes et de sa région qui se présente, tantôt comme une sorte de chausson aux pommes rectangulaire, tantôt comme une

tarte recouverte d'un treillis de feuilletage laissant entrevoir le fourrage.
Son goût étonne par son petit côté acidulé, résultant des variétés de pommes utilisées. Les fins dés de pomme caramélisés utilisés pour fourrer le pommé révèlent aussi l'apport de cannelle et de citron.

HIST. *Cette pâtisserie (longtemps associée aux fêtes foraines), que l'on retrouve en d'autres localités du pays gallo, devrait son identification à la capitale bretonne à une madame Bamas qui le vendait à l'enseigne « Au pommé rennais ». Celle-ci rencontrait un franc-succès, notamment à l'occasion de la « fête du mail ».*

**Terme repris de celui du pommé, cette « confiture » épaisse de pommes cuites au cidre.*

POULOUD

(pâtisserie ; Léon)

Vieille recette léonarde, le pouloud compte parmi les innombrables déclinaisons du far ou farz (voir à far breton). Ce plat rustique, d'une humilité extrême, met en scène le blé noir dans sa prime expression. La farine est cuite avec du lait coupé d'eau, éventuellement un œuf et une pincée de sel.
Le mélange est battu, avant que de petites quenelles n'en soient prélevées à la cuiller et jetées dans du lait bouilli. Cuites, les boulettes remontent à la surface.
Elles sont alors extraites et disposées dans des bols, parsemées de beurre et mouillées de leur lait de cuisson.

HIST. *Le mot pouloud, signifiant en breton, « grumeau », « motte », « caillot », pourrait se traduire ici par « boules de pâte cuites dans un liquide ». Certains l'embourgeoisent de crème, d'œufs, de rhum.*

Quatre-quarts

(pâtisserie ; Cornouaille, Léon, pays de Lorient, Trégor, Poher, Porhoët, Vannetais, pays de Redon, pays de Dinan, Penthièvre, Goëlo, pays de Rennes)

Barre pâtissière au dessus doré par la cuisson au four, le quatre-quarts tire son appellation de ses 4 ingrédients, farine, sucre, beurre et œufs, entrant dans sa composition à parts égales.
Ce gâteau de ménagère peut s'améliorer de rhum, d'un zeste de citron ou d'orange, d'un sachet de sucre vanillé ou de fleur d'oranger.
Sa texture oppose sous la dent une résistance moelleuse, fondante, où sue le sirop exquis du pur beurre.

* **HIST**. *Tellement distribué en grande surface à un rapport quantité-prix défiant toute concurrence et tellement galvaudé (marbrés au chocolat) sous son emballage cellophane qu'on en oublierait que le quatre-quarts puise ses racines en Bretagne.*

• • •

CENTRE

Beugnon

(pâtisserie ; Champagne berrichonne, Pays Fort, Sologne...)

Le beugnon, un savoureux beignet, nature ou aux fruits, appartient à la tradition gastronomique du Berry.

Souvent aux pommes, ces beignets, faciles à réaliser : les rondelles de fruit sont roulées dans du sucre, puis dans une pâte faite de farine, de sel, d'œufs, de lait et d'huile, avant d'être plongées dans la friture. Lors de la confection de la pâte, les jaunes d'œufs peuvent être séparés des blancs, lesquels étant incorporés une fois montés en neige. Les beugnons nature se font généralement avec une pâte levée.

Délice du Mardi gras, ces beignets font la joie du goûter.

Cochelin

(pâtisserie ; Beauce)

Le cochelin est un petit bonhomme en pâte feuilletée, glacé sur le dessus.

Nature, parfumé à la vanille ou fourré de chocolat, de framboise, de pâte d'amande ou encore de compote de pomme, il est couvert d'un glaçage brillant. Des yeux et des boutons en pépite de chocolat, des lèvres rouges décorent la pâte dorée.

HIST. *La création du cochelin* remonterait à l'époque médiévale, même si certains avancent qu'il aurait été conçu en 1808, lors du passage sur la commune de Courville (vers Chartres) de l'Empereur. Cette figurine en pâte feuilletée ou briochée s'offrait au Nouvel An, faisant la joie des enfants, ou lors de mariages...*

**Lequel n'est pas sans évoquer la mariotte de Montbard (ville du nord de l'Auxois, en Bourgogne).*

COTIGNAC

(confiserie ; Val de Loire orléanais)

Le cotignac est une gelée de coing épaisse, légèrement rosée, molle et fondante, enfermée dans une mince boîte ronde en épicéa frappée de l'effigie de Jeanne d'Arc.
La légère teinte rosâtre résulte de l'oxydation de cette gelée-pâte de fruit, car on la laisse à sécher à l'air libre après sa cuisson.
Des générations d'enfants ont raffolé de cette friandise. Contrairement au roudoudou*, dans lequel il faut plonger la langue, il convenait de déguster le cotignac en cassant dans le couvercle un copeau de bois qui, tout en servant de cuillère, apportait de son parfum résineux à la pâte.

HIST. *La gravure sur le couvercle de la boîte du cotignac rappelle que la Pucelle d'Orléans délivra la ville des Anglais. Cette douceur indémodable, déjà citée sous Louis XI et adorée de François Ier, figurait parmi les présents offerts par la ville d'Orléans aux monarques. Signe de son raffinement, Louis XIV et Louis XV prendront l'habitude d'offrir des cotignacs d'Orléans aux ambassadeurs et autres invités de marque. Toutefois, l'origine de cette sucrerie est à rechercher à Cotignac (village varois proche de Brignolles) où, au Moyen Âge, un confiseur l'aurait mise au point, avant de migrer sur les bords de la Loire. De nos jours, il ne subsiste plus qu'un seul fabricant.*

**Confiserie en sucre cuit, coulée dans une coquille en plastique imitant un coquillage (dans les années 1960-1970, dans une « vraie », de praire).*

Croquet de Chârost

(pâtisserie ; Champagne berrichonne)
Autre appellation : croquet du Berry.

Le croquet de Chârost est un biscuit sucré à tremper : sec, dur et craquant, de couleur dorée, en forme de bâtonnet aplati aux bords vaguement dentés, il restitue un léger goût d'amande. À base de farine de blé, levure, sel, sucre en poudre, œufs frais entiers et blancs d'œufs, huile, poudre d'amande et arômes (vanille, fleur d'oranger...), ces croquets se conservent dans une boîte métallique ou en sachet plastifié. Le côté « cassant » de ce biscuit est très agréable en bouche.

HIST. *La bourgade de Chârost, au cœur de la Champagne berrichonne (entre Issoudun et Bourges), a apposé son nom à ces croquets, des biscuits durs que l'on retrouve dans la région Centre (à Baugy, Sancerre, Sully) et sous des noms divers en d'autres régions françaises. Il existe aussi des croquets du Berry aux noisettes, aux noix.*

Échaudé de la Brenne

(pâtisserie ; Brenne)

L'échaudé de la Brenne est un petit gâteau triangulaire, gonflé et plus ou moins doré, dont la saveur peut dévoiler un apport d'anis.
Sa fabrication repose sur le mélange d'une solide dose de farine de blé avec du sel, de la levure, du sucre semoule, du beurre, des œufs et souvent de l'anis en grain. La pâte, consistante, étalée en rectangle, est découpée en bandes assez larges. Ces bandes seront coupées à leur tour en triangles, plongés dans de l'eau bouillante. À leur remontée en surface, les échaudés sont retirés du bain, mis à égoutter sur un torchon, puis recuits longuement au four.
Ce biscuit, qui se conserve de nombreuses semaines dans un contenant hermétique, gardant ainsi sa saveur et son arôme, se déguste autant à l'apéritif (trempé dans un crémant) qu'au dessert.

HIST. *L'échaudé appartient à cette famille de pâtisseries ébouillantées à l'eau* (d'où le nom) et recuites au four connue depuis le tout début du XIIIe siècle. Les Croisés en auraient emporté jusqu'en Palestine dans leur besace.*
Mézières-en-Brenne a remis l'échaudé au goût du jour lors d'une foire annuelle animée.

**À laquelle appartiennent le craquelin (Bretagne) et le cartelin (Poitou-Charentes).*

Forestine de Bourges

(confiserie ; Champagne berrichonne)

La forestine de Bourges est un bonbon en forme de petit rectangle allongé, mince et renflé, de diverses couleurs nacrées, fourré d'un intérieur moelleux (mélange de chocolat, de noisettes et d'amandes), enrobé d'une coque de sucre satiné et croustillant.
Vertes, roses ou blanches, ces forestines sont vendues dans des boîtes métalliques ou en carton « à l'ancienne ». Leur technique de fabrication requiert un savoir-faire accompli. Le sucre en fusion doit être versé à un moment précis sur une table de métal huilé, puis refroidi sous un courant d'eau. La pâte, devenue malléable, sera longuement battue, afin d'emprisonner des myriades de bulles d'air microscopiques. Étalée, elle viendra se refermer sur un coussin de praliné. L'ensemble sera ensuite étiré en un long boudin qui sera coupé en mini portions.
Ces douceurs sont toujours vendues à la « Maison des Forestines ».

HIST. *La friandise berruyère porte le nom de son créateur, Georges Forest, confiseur inventif qui, en 1879, dépose le brevet du premier bonbon fourré de l'Histoire. Le succès est éclatant, les forestines raflant des médailles à l'Exposition Universelle de Paris (en 1889 et en 1900) puis à l'Exposition Coloniale de 1931. En 1884, la fabrique et le magasin s'installent dans un immeuble* *de style haussmannien, situé à l'angle de la rue Moyenne et de la place Cujas. Sera ainsi créée la « Maison des Forestines ». Dans la décoration du magasin apparaissent des sculptures avec le nom et la date des autres friandises qui suivront. En 1896, Georges Tavernier rachète cette activité. Sa famille continue à fabriquer des forestines.*

FOUACE DE TOURAINE

(boulangerie ; Val de Loire tourangeau, plateau de Sainte-Maure)
Variante : fouée.

La fouace de Touraine est une sorte de pain enrichi assez plat, en forme de galette, plus ou moins bombée selon les artisans. Sa composition intègre à une base de farine et de levain délayé dans du lait tiède sel, beurre, miel, œufs, noix ou noisettes hachées.
Cette fouace se mange nature ou couverte de fromage de chèvre ou de rillettes de porc... tout près d'un verre de vin rouge de Chinon. Il ne faut pas la confondre avec les fouées[1], gonflées comme un pain sans mie, et que l'on ouvre encore chaudes pour y fourrer du beurre demi-sel, des rillettes, des haricots blancs ou une ratatouille de légumes.

HIST. *Fouaces[2] et fouées nous viennent de l'époque gallo-romaine. Leur nom émane du latin focus (le « foyer », car cuites sous la cendre de la cheminée), qui donnera aussi « fouasse » et « fougasse »). Leur rondeur symbolisait le soleil. Au Moyen Âge, les fouaces, de simples galettes de froment piquées pour en éviter la levée et servant d'écuelle à une nourriture bon marché avec laquelle elle était goulûment avalée, évoluera vers un pain de luxe, enrichi de matières grasses et d'épices, associé aux fêtes. À partir du XVIe siècle, le village de Lerné en fera grand commerce. Rabelais, dans Gargantua, immortalisera cette production dans l'épisode de la guerre Picrocholine (ou guerre des fouaces).*
Tombée en désuétude après la Grande Guerre, les artisans-boulangers la font renaître lors de foires et de fêtes locales.

1 Voir à fouée (Pays de la Loire).
2 Voir à fouace nantaise (Pays de la Loire).

Macaron de Cormery

(pâtisserie ; plateau de Sainte-Maure)

Le macaron de Cormery se présente sous la forme inédite d'un anneau de couleur beige doré, recouvert de sucre glace, à la texture fondante, craquante sur le dessus, moelleuse à l'intérieur.
Dérivé de la meringue, ce gâteau est fabriqué à partir de poudre d'amande, de sucre glace, de sucre et de blancs d'œufs. La pâte est installée au pochoir, en cercles de 3 à 5 cm de diamètre, et cuite au four.
Ce macaron exquis se déguste souvent au moment du café.

HIST. *Le macaron est connu en Europe, en particulier, à Venise, depuis le Moyen Âge. Cette gourmandise (appelée maccherone en italien, ce qui signifie « pâte fine »), capable de se conserver plusieurs semaines, était emportée par les marins, ce qui favorisera sa diffusion. Plusieurs villes de France* l'adopteront. Le macaron de Cormery aurait été inventé par les moines de Cormery.*
Des légendes circulent sur sa forme censée représenter le nombril de l'un d'eux. Depuis 1950, une confrérie du Macaron de Cormery veille sur ce produit unique.

**Autres macarons à l'ancienne : macaron de Nancy et macaron de Boulay (Lorraine), macaron de Montmorillon (Poitou-Charentes), macaron de Saint-Émilion (Aquitaine)...*

Massepain d'Issoudun

(pâtisserie ; Champagne berrichonne)

Pâtisserie faite d'amandes glacées au sucre, tendre et moelleuse sous son glacis blanc, le massepain d'Issoudun nous replonge dans l'atmosphère balzacienne du siècle romantique...
La recette consiste à mélanger à poids égaux de la poudre d'amande, du sucre semoule et des blancs d'œufs. La pâte obtenue, assez consistante, sera rehaussée de fleur d'oranger,

puis répartie dans des moules (ronds ou carrés, d'une hauteur de 4 cm environ). Après une cuisson à 150 °C durant une demi-heure, le massepain sera nappé d'une pellicule de glace royale (sucre semoule et blanc d'œuf), puis renvoyé au four une dizaine de minutes à 100 °C.
Une fois démoulé, le massepain se sert au café, ou bien au dessert, entouré sur l'assiette par une salade d'agrumes et/ou une crème anglaise, voire une boule de glace vanille.

HIST. *Issoudun, paisible agglomération du cœur de la Champagne berrichonne, est l'un des lieux de mémoire culinaire où fleurit le nom d'Honoré de Balzac. Lors de ses visites, chez son amie Zulma Carraud (entre 1835 et 1838), l'écrivain fréquentait l'auberge de la Mère Cognet, où il adorait accompagner son café de massepain.*
Ce fleuron de la gastronomie locale apparut en 1790, année où les Ursulines ouvrirent une pâtisserie dans l'actuelle rue Danièle-Casanova. La tradition perdurera jusqu'en 1960, avec une recette gardée secrète par le dernier patron de la pâtisserie, un certain Dujardin. Puis, le gâteau disparaît durant trente ans, avant que Jacques Guyard ne le réhabilite. Désormais, le massepain est fabriqué au restaurant de La Cognette et à la pâtisserie Lavenu.

MENTCHIKOFF

(confiserie, Beauce)

À Chartres, le mentchikoff est une blanche friandise, faite d'un praliné enrobé d'une fine enveloppe en sucre glace à la vanille, dite « meringue suisse ».
Ces petits joyaux à l'ancienne sont roulés à la main. On confectionne dans un premier temps le noyau de chocolat, savant mélange de praliné aux noisettes, de beurre et de cacao. Ces sortes de mini palets blancs seront ensuite emballés en sachets ou en de jolies boîtes qui conservent la gravure originale de la cathédrale de Chartres.
La friandise à la consonance mystérieuse reste un ravissement des papilles.

HIST. *Les mentchikoffs furent créés à Chartres, en 1893, par le confiseur Daumesnil, en pleine euphorie de l'alliance franco-russe (accord de coopération militaire signé entre les deux puissances pour contrebalancer la Triple Alliance). Tout était alors prétexte à inventer des produits nouveaux célébrant l'amitié entre les deux peuples. Daumesnil baptisera ainsi sa friandise du nom d'Alexandre Danilovitch, prince Mentchikov. Ce fils d'un modeste cuisinier, né à Moscou en 1673, connaîtra une ascension dans les plus hautes sphères de la société, devenant le confident du tsar Pierre le Grand, qui en fera son ministre. Élevé à la dignité de Prince de l'Empire, il sera, plus tard, exilé en Sibérie et mourra à Berezovo en 1729.*

MIEL DE SOLOGNE

(miel ; Sologne)

Valeur sûre des produits du terroir, le miel de Sologne restitue tout l'aspect sauvage des bois, des landes et des étangs, ainsi que la douceur des prairies et des vergers de cette vaste contrée.

Les abeilles locales butinent ainsi, au rythme des saisons, fleurs de châtaignier, bruyères, ronces (qui donneront une couleur plus foncée et un goût plus prononcé), tilleul, fleurs sauvages, fleurs de fruitiers (qui donneront une couleur plus claire et une consistance plus crémeuse). Récolté à froid et sans avoir été réchauffé, ce miel sera ensuite conditionné en pots.

Il se tartine au petit déjeuner, aromatise les boissons chaudes, participe à l'élaboration de plats, de desserts, de pâtisseries (dont le pain d'épices), de confiseries (bonbons).

HIST. *Le miel en Sologne est, comme dans le Gâtinais proche, une tradition très ancienne.*

MIEL DU GÂTINAIS

Traité en région Île-de-France.

NOUGAT DE TOURS

(pâtisserie ; Val de Loire tourangeau)

Le nougat de Tours est une sorte de tarte épaisse, faite d'une pâte tapissée d'une mince épaisseur de marmelade d'abricot et d'un lit de dés de fruits confits sur lequel vient se coucher une macaronade d'amandes, elle-même saupoudrée d'un voile blanc de sucre glace.
Ce délice d'un autre temps conclura un repas près d'une tasse de café, où s'invitera au tea-time.

HIST. *Ce gâteau, inhabituel pour les contemporains que nous sommes, aurait vu le jour en Touraine à la fin du Moyen Âge, à l'époque de Léonard de Vinci, grand amateur d'amandes et de fruits confits. Ces derniers, appelés alors « épices de chambre », se trouvaient on ne peut plus appréciés à la Renaissance. Prunes, alberges, pistaches, pignons et avelines (de grosses noisettes) étaient alors les fruits les plus couramment destinés au confisage, Le nougat de Tours, très apprécié dans la ville éponyme au XIXe siècle, se fit oublier ensuite pendant près de cent ans avant de réapparaître en 1992. Sa confrérie en assure la promotion.*

PAIN D'ÉPICES DE PITHIVIERS

(pâtisserie ; Beauce, Gâtinais)

Pâtisserie millénaire, le pain d'épices de Pithiviers se présente sous l'aspect classique d'un cake ambré exhalant la douce saveur du blé de la Beauce et du miel du Gâtinais.
Il se compose de farine, de levure, de miel (avec parfois l'apport de sucre semoule), de lait, d'épices (cannelle), tantôt de fruits confits, le tout, soigneusement mélangé, pétri et cuit au four. Ce délice du petit déjeuner, du goûter ou de tout autre instant de la journée s'accommode bien d'une tasse de café ou de thé.

HIST. *Ville commerçante, placée aux confins de la Beauce et du Gâtinais, carrefour de routes gauloises, puis romaines, Pithiviers*

a su tirer profit des riches étendues céréalières qui l'environnent pour se poser comme une cité boulangère et pâtissière dont les fleurons restent le pithiviers et le pain d'épices.
Ce dernier, qui remonte aux toutes premières années du xᵉ siècle, doit son origine à la présence d'un ermite arménien, réfugié dans une grotte de la région de Pithiviers, qui confectionnait ce gâteau de miel et d'épices.*
La tradition perdurera, car il semble bien qu'il existera à Pithiviers une corporation de « boulangers en pain d'épices » ou « pain-épiciers » qui préparaient cette recette transmise par saint Grégoire l'Arménien. De nos jours, la confrérie du Pain d'Épices de Saint-Grégoire de Nicopolis se veut la gardienne de cette mémoire et de ce trésor culinaire.

**Bien antérieur à ceux d'autres régions françaises. Voir pain d'épices de Dijon (Bourgogne), pain d'épices de Reims (Champagne-Ardenne), pain d'épices alsacien (Alsace).*

PITHIVIERS

(pâtisserie ; Gâtinais, Beauce)

Le pithiviers, un gâteau de pâte feuilletée garnie d'une crème d'amandes, existe aussi en version glacée, appelé « pithiviers fondant », recouvert d'une pâte glacée et décoré de fruits confits.
Le pithiviers feuilleté, le plus connu, s'apparente un peu à la galette des rois. Sa fabrication requiert deux abaisses rondes de pâte feuilletée, entre lesquelles prendra place une garniture faite d'un mélange d'amandes finement broyées, de sucre semoule, de beurre ramolli, d'œufs, de vanille en poudre et de rhum. Une fois les deux abaisses de pâte soudées entre elles, le dessus doré à l'œuf et rayé au couteau, le gâteau cuira au four. Le pithiviers fondant, le plus ancien, nécessite les mêmes ingrédients (mais le double en œufs) et la même cuisson. À l'issue de celle-ci, du fondant blanc est étalé sur le dessus et des fruits confits (cerise et angélique) sont rajoutés. Ce gâteau délicieux n'est jamais aussi bon que servi tiède.

HIST. *La recette du pithiviers fondant rappelle que la ville du Loiret qui lui a donné son nom (située aux confins de la Beauce et du Gâtinais bien que se sentant davantage gâtinaise) fut, dès sa création, un carrefour important, point de commerce et de stockage des céréales destinées aux pays de l'est de la Gaule. Grâce aux échanges commerciaux, la primitive galette carnute s'enrichira des amandes laissées par les commerçants romains, donnant naissance à l'ancêtre du pithiviers fondant. Au* XVIIIe *siècle, l'invention du feuilletage engendrera un pithiviers feuilleté.*
Une confrérie du Pithiviers veille à la promotion de ce gâteau.

Pithiviers

POIRAT

(pâtisserie ; Champagne berrichonne, Boischaut-Sud, Brenne...)

Pâtisserie berrichonne, le poirat est une tourte aux poires au dessus joliment doré.
Les poires sauvages ou les poires du curé, de préférence, peuvent être remplacées par les variétés conférence, louise-bonne ou passe-crassane.
Épluchées, épépinées, taillées en dés, elles macéreront au frais avec du sucre, un peu de poivre et de l'eau-de-vie, le temps d'exécuter une pâte brisée. La boule sera partagée en deux abaisses, rondes ou rectangulaires. Les poires macérées seront disposées sur la première. La seconde abaisse servira de chapeau, et une cheminée sera pratiquée au milieu pour permettre à la vapeur de s'échapper. La tourte cuira à four chaud.
Ce dessert d'automne, à déguster tiède de préférence, avec la pâte qui croustille sur les poires fondantes, reste un délice suprême accompagné d'un ramequin de crème.

POIRE TAPÉE

(confiserie ; Val de Loire tourangeau)
Variante : pomme tapée (Pays de la Loire).

La poire tapée, toute brunie et racornie, ne demande qu'à renaître après cuisson dans un sirop de sucre ou un verre de vin, offrant aux papilles la candeur de ses sucs concentrés.
Le principe de son élaboration est simple : une poire (issue d'une dizaine de variétés, durant la saison : williams jaune et rouges, conférence, curé, beurré hardy, passe-crassane, général leclerc, colmar, legipont...), épluchée et déposée sur claies, séchée dans un four à bois à douce température, puis aplatie à l'aide d'une platissoire (maillet) pour en expulser l'air resté au niveau du cœur, avant son conditionnement en boîte.
Les poires tapées se dégustent natures, comme une friandise, soit réhydratées dans du vin ou du thé, s'utilisant en garniture

originale pour divers mets (magret, foie gras de canard, gibier, viande de bœuf, filet de poisson), ou desserts (glace, sorbet).

✱ **HIST**. *Les paysans ligériens, commerçant avec les marins, créèrent une méthode de conservation révolutionnaire en séchant les fruits au soleil ou à four doux, puis en les aplatissant (opération dite du « platissage »). C'est ainsi qu'apparut dans le Val de Loire, côté Touraine comme côté Anjou, la tradition des fruits tapés (pommes, poires, pruneaux). Ces fruits représentaient une source nutritive pour les longs voyages en bateau.*
Rivarennes, environnée de vergers, deviendra la capitale de la poire tapée. Au milieu du XIXe siècle, sa production annuelle atteindra les 150 t. Concurrencés par les nouvelles méthodes de conservation, les fruits tapés manquèrent de disparaître... Réhabilitée, cette production séduit restaurateurs et touristes.

PRALINE DE MONTARGIS

(confiserie ; Gâtinais/Gâtinais orléanais)
Variantes : praline d'Aigueperse (Auvergne).

La praline (ou prasline) de Montargis présente l'apparence d'une petite coque biscornue et granuleuse de couleur marron foncé enveloppant une amande grillée.
Sa fabrication implique une amande, vernie de gomme arabique. Les amandes sont plongées dans un sirop monté à une température proche de 150 °C. Sous l'effet de la chaleur, le sucre adhère à la surface des amandes et les cristaux de sucre, inégalement répartis, forment des sortes de mini cratères. Une fois refroidies, les pralines seront conditionnées dans des boîtes métalliques de différents formats au charmant décor à l'ancienne sur fond d'or.
Ces délicieuses friandises constituent un souvenir inoubliable que l'on peut rapporter de Montargis, la « Venise du Gâtinais ».

HIST. *C'est en 1636 qu'un certain Clément Jaluzot, officier de bouche du Comte de Plessis-Praslin (Maréchal et Pair de France),*

en faisant griller des amandes dans du sucre en fusion, inventa cette douceur. Quelques années plus tard, il fonda une confiserie à Montargis, commercialisant ses pralines. En 1903, Léon Mazet rachète la recette de la praline détenue par la boutique « Au Duc de Praslin » et en fixe le standard.
Concassée, la praline donne le pralin, utilisé en pâtisserie. Écrasée et mélangée avec du chocolat, elle devient le praliné... Il existe aussi une autre praline, rose, adulée dans le Lyonnais et le Dauphiné.*

**Voir à pogne de Saint-Genix, brioche de Bourgoin, tarte aux pralines (Rhône-Alpes).*

PRUNEAU DE TOURS

(confiserie ; Val de Loire tourangeau)
Autre appellation : pruneau de Touraine.

Le pruneau de Tours est une prune de couleur noire ratatinée et fripée. Celle-ci peut aussi se muer en une confiserie à la peau luisante, fourrée d'une marmelade abricotée, parfois mêlées à de la compote de pomme flambée au rhum, où des éclats d'amandes.
Ces sortes de fruits déguisés (la pâte d'amandes en moins) ne sont que l'adaptation d'un produit ancestral, devenu rare. Car le « vrai » pruneau de Tours résulte de la cuisson au four d'une prune d'ente (autrefois, une prune de Sainte-Catherine), donnant ce fruit racorni, à la chair vidée de son humidité, mais d'une douceur acidulée.
En gourmandise fourrée à acheter dans les chocolateries, ou en fruit sec, à déguster seul pour les petits « creux » de la journée.... à chacun son choix. À noter que les pruneaux secs peuvent se déguster à l'apéritif, sur des toasts avec du fromage de chèvre, ou bien s'utiliser en pâtisserie (tarte aux pruneaux) ou en garniture de mets (noisettes de porc aux pruneaux de Tours).

HIST. *Moins connus et plus rares que ceux d'Agen*, les pruneaux de Tours existent depuis longtemps dans les campagnes*

tourangelles. L'hiver, dans les fermes, on faisait sécher au four sur des claies les prunes de Sainte-Catherine, récoltées dans les vergers. Cette production, mentionnée par Rabelais au XVIe *siècle, acquerra une renommée jusqu'à Paris au* XVIIe *siècle.*
Aux siècles suivants, ces fruits, vendus à Tours, s'exportaient même à l'étranger grâce à la batellerie sur la Loire. La Grande Guerre en marquera le déclin quasi total. Vers 1930, Huismes (où subsistent des vestiges de fours à pruneaux) restait l'une des dernières communes où l'on préparait les pruneaux.
De nos jours, dans le Val de Loire, alors que les pruniers sont devenus rares, le pruneau de Tours survit surtout à l'état de confiserie fourrée (la plupart des prunes viennent de Californie).

**Pruneau d'Agen (Aquitaine). Il existe aussi le pruneau de Vitteaux (Bourgogne).*

Rondiau

(pâtisserie ; Sologne, Blésois)
Autre appellation : rousselette (en Beauce).

Les rondiaux sont des beignets dorés poudrés de sucre, moelleux à l'intérieur et légèrement craquants sur le dessus. Faite de farine, levure, sel, œufs, beurre, parfois crème fraîche, voire, marc, la pâte est laissée à lever, avant d'être aplatie et détaillée en ronds ou en losanges, plongés dans l'huile bouillante.
Ils se dégustent au goûter où lors de diverses manifestations.

HIST. *Les beignets carnavaleux présentent des appellations diverses selon les régions. Et si leur forme varie, il s'agit toujours d'une sorte de pâte à crêpe épaisse parfumée, avec ou sans levure, craquante ou briochée selon les cas, qui permettait, naguère, de déguster quelque chose de bon en période du carême, car la période allant du mercredi des Cendres au dimanche des Rameaux se devait d'être maigre.*

SABLÉ DE NANÇAY

(pâtisserie ; Sologne)

Le sablé de Nançay présente l'aspect d'un palet doré, à la texture croquante, friable et fondante.
La recette (brevetée) fait état des ingrédients suivants : farine de blé, beurre, sucre, œufs, arômes naturels, colorant béta-carotène, poudre à lever. Vendu en sachet ou en boîtes métalliques, ce sablé existe nature, mais aussi aux pépites de chocolat.
Il s'apprécie seul, avec un café ou un thé, avec un vin blanc ou un crémant de Loire, ou encore en accompagnement d'une crème ou d'une glace.

HIST. *À Nançay, village du sud-est de la Sologne (Sologne berrichonne), en 1953, un apprenti boulanger, Jacques Fleurier, commit une erreur dans la composition d'une recette que son père lui avait demandé de préparer. Pour éviter de gaspiller la marchandise, sa mère garda la pâte au frais jusqu'au lendemain matin. Après cuisson et dégustation, les premiers clients de la boulangerie plébiscitèrent ce sablé... baptisé du nom de sa localité.*

SANCIAU

(pâtisserie ; Boischaut-Sud, Champagne berrichonne, Sologne...)

Le sanciau est une sorte de crêpe épaisse, généralement aux pommes, sucrée ou miellée.
Typique du Berry, quoique répandue dans le Bourbonnais, voici une préparation des plus sommaires : un peu de farine, de lait, des œufs et des fruits, souvent des pommes (en lamelles revenues au beurre). De la crème fraîche peut venir enrichir la pâte. Celle-ci, versée dans une poêle grasse, cuira sur les deux faces.
Cette crêpe épaisse et roborative, se déguste chaude, poudrée de sucre.

HIST. *Dans les campagnes berrichonnes, le sanciau (chanciau ou « omelette à la farine »), salé ou sucré (parfois additionné d'un peu d'alcool), constituait un plat économique que les ouvriers mangeaient, en général, le matin, après la soupe. L'on en préparait, bien sûr, pour le Mardi gras.*

SUCRE D'ORGE DE TOURS

(confiserie ; Val de Loire tourangeau)

Confiserie ancienne, le sucre d'orge de Tours, aromatisé soit à la fleur de sureau, soit à la vanille[1], se présente en pastilles translucides assez épaisses aux couleurs acidulées (rouge et jaune tacheté de grains de vanille).
Sa fabrication, traditionnelle, reprend une technique proche de celle du sucre d'orge de Moret[2] : le sucre est cuit à 140 °C dans une marmite en fonte, puis mis en forme et refroidi dans de l'amidon.Ces bonbons sont vendus en de jolies boîtes rondes.

HIST. *Le sucre d'orge, connu le plus souvent en forme de bâtonnet cylindrique multicolore, reposait, à l'origine, sur un mélange de sirop de sucre de canne chaud et une décoction d'orge perlé pour la coloration. De nos jours c'est un bonbon de sucre cuit sans orge.*
Si le sucre d'orge le plus célèbre reste celui de Moret-sur-Loing, d'autres villes, avec Tours, s'en feront une réputation, en particulier, les cités thermales : Vichy, Évian, Plombières et Cauterets.

TARTE TATIN

(pâtisserie ; Sologne)

Née d'un hasard heureux, la tarte Tatin est une tarte aux pommes renversée, au dessus moelleux et caramélisé. Il ne s'agit, ni plus, ni moins, que d'une tarte aux pommes montée

1 Ils étaient autrefois à la pomme et à la cerise.
2 Voir à sucre d'orge des religieuses de Moret (Île-de-France).

à l'envers : épluchées, détrognonées et taillées en quartiers, les pommes (de préférence, des reinettes ou des clochardes, qui tiennent mieux la cuisson) caraméliseront dans un moule beurré et sucré posé sur le feu. Une fois refroidies, un disque de pâte brisée les couvrira. Après une cuisson au four, la tarte sera démoulée et replacée à l'endroit !
Cette pâtisserie « mythique », alliant la texture sablée de la pâte au bon goût de beurre et le fondant inénarrable des pommes caramélisées, a fait le tour du monde. Servie tiède, escortée d'un ramequin de crème fraîche, elle illumine le dessert.

HIST. *La tarte Tatin fut inventée par les sœurs du même nom, Stéphanie (1838-1917) et Caroline (1847-1911), qui tenaient un restaurant à Lamotte-Beuvron... celui-ci arborant toujours fièrement son enseigne sur le bord de la nationale 7, sortie sud. Selon la légende, l'une des deux sœurs Tatin, ayant « oublié » sa tarte aux pommes, préparée à l'occasion d'un repas de chasseurs, aurait eu l'idée de replacer de la pâte et de réenfourner le tout...*
Les pommes, cuites comme à l'étouffée, et la pâte, bien croustillante, plurent à ces messieurs. L'histoire était en marche... En 1926, à Paris, Curnonsky présentera ce dessert sous le nom de « tarte des demoiselles Tatin ».
Depuis, les Lichonneux de la Tarte Tatin de Lamotte-Beuvron ont créé leur confrérie afin de promouvoir et de protéger ce « classique » de notre gastronomie nationale.

• • •

CHAMPAGNE-ARDENNE

BISCUIT ROSE DE REIMS

(pâtisserie ; Champagne crayeuse)
Variante : croquets de Bar-sur-Aube.

Le biscuit rose de Reims, complice désigné du champagne et symbole du luxe gastronomique raffiné qui préside en cette ville, se caractérise par une forme de bâtonnet rectangulaire et trapu, ainsi que par une couleur rose.
Ce fleuron de la pâtisserie rémoise tire son affriolante couleur rose de l'addition de colorant à la pâte. Cette dernière résulte d'un mélange de farine, levure, sucre, œufs et vanille. Les éléments, bien battus, aboutissent à cette pâte que l'on coule dans des plaques, passées au four dix minutes à haute température (plus de 150 °C). Puis les plaques sont placées dans une étuve pour que les biscuits, en séchant, acquièrent cette texture inimitable, craquante et fondante. Comptant parmi les rares pâtisseries cuites deux fois (d'où « bis-cuit »), ce biscuit rose de Reims réclame un savoir-faire abouti pour permettre la bonne tenue du sucre glace qui le nappe. Sa fragilité nécessite un conditionnement manuel.
Ce biscuit se trempe dans des liquides sans se désagréger, officiant auprès d'un champagne, d'un vin rouge, d'un apéritif de type porto, voire, d'une boisson chaude. Il remplace le

boudoir dans certaines pâtisseries (charlotte), et même la farine dans le gâteau de Reims.

HIST. *Ce biscuit, l'un plus anciens de France, remonterait à 1691, certains boulangers rémois ayant eu l'idée de réutiliser la chaleur de leur four après défournage. Ils conçurent une pâte capable, après avoir subi une première cuisson, d'être laissée dans le four à pain pour finir de sécher. De là vient le mot « bis-cuit », cuit deux fois. Au départ, le biscuit était blanc. Du colorant rouge naturel* sera ajouté plus tard, afin de masquer les particules noires laissées par la gousse de vanille.*
La maison Fossier, successeur de la maison Houzeau en 1845, est l'héritière d'un savoir-faire unique, assurant la moitié de la production.

**Du carmin, une substance rouge vif tirée de la cochenille, employée pour colorer des produits alimentaires.*

BOUCHON AU MARC DE CHAMPAGNE

(confiserie ; Champagne crayeuse, Perthois)

Douceur rémoise incontournable, le bouchon au marc de champagne est un chocolat noir en forme de bouchon de bouteille de champagne, emprisonnant à l'intérieur du marc de Champagne. Une fine pellicule d'aluminium l'enveloppe, imitant la couleur d'un bouchon en liège.
Le produit se compose de sucre, pâte de cacao, beurre de cacao, marc de champagne, alcool, sucre inverti, émulsifiant (lécithine de soja, vanilline). Étape initiale : la réalisation d'une coque en sucre cristallisé qui contiendra le marc. Cette coque pleine d'eau-de-vie est enrobée de chocolat fondu. Puis le bouchon est refroidi, afin qu'il durcisse.
Lorsqu'il fond sur la langue ou que la dent le croque, ce chocolat libère le marc de champagne pour le plus grand plaisir des gourmands.

HIST. *Ce chocolat fut créé en 1956 par Gilbert Broisson, fondateur de la société Chocogil (à Saint-Dizier). Aujourd'hui,* *l'entreprise « La Petite Friande », à Reims, en est le principal producteur.*

CAISSE DE WASSY

(pâtisserie ; Perthois)
Autres appellations : caisse de Joinville, caisse de Langres.

La caisse de Wassy est une petite meringue aux amandes (d'une demi-douzaine de centimètres de long sur deux de large), légèrement blonde. Ces meringues sont alignées dans des emballages en papier ressemblant à des caissettes et portant le nom du pâtissier.
Leur composition réclame sucre, blanc d'œufs, amandes et extrait de vanille. Les amandes, tout juste grillées et broyées, sont incorporées à la pâte, laquelle est dressée en bâtonnets à l'aide d'une poche à douille. La cuisson, à feu doux durant une heure, permet de faire gonfler la meringue, qui devient creuse intérieurement.
Sucrées et légères, elles se croquent à tout moment de la journée et s'acoquinent très bien avec une glace ou un café en fin de repas.

HIST. *Il se dit que la reine Marie Stuart appréciait ces sortes de petits bâtons meringués dont l'origine semble revenir à Wassy (localité du sud du Perthois, aux confins du Vallage). Plusieurs pâtissiers du département de la Haute-Marne, de Joinville à Langres via Wassy et Saint-Dizier et en passant par Montier-en-Der, la produisent.*

CROQUIGNOLE DE REIMS

(pâtisserie ; Champagne crayeuse)
Variantes : croquignole d'Uzès (Languedoc-Roussillon), croquignole de Navarrenx (Aquitaine).

La croquignole est un biscuit allongé en bâtonnet ou rond, de couleur crème ou rose, dont le croquant assure d'agréables sensations.

Nature, aux amandes, à la framboise (parfois au chocolat), sa base repose sur un mélange de sucre glace, de farine, de blancs d'œufs, de vanille ou de fleur d'oranger.
Dressés à l'aide d'une poche à douille sur une plaque beurrée, les biscuits sont enfournés à température moyenne.
D'une texture sèche et croquante, peu sucrée, ce biscuit fait la joie des enfants au goûter, autant que celle des adultes, au café ou au thé. Il sert aussi de décor aux desserts, glaces, mousses, salade de fruits...

HIST. *L'origine de ces biscuits remonterait au Moyen Âge. Au XIXe siècle, on trouve des croquignoles à Paris, Pithiviers, Chartres, Troyes... Dans les années 1930, c'est au tour de Reims d'assurer la réputation des croquignoles. La maison Fossier en poursuit la tradition.*

GALETTE AU SUCRE

(pâtisserie ; Ardenne, Argonne, Porcien)
Variantes : galette bressane (Rhône-Alpes), tarte au sucre (Nord-Pas-de-Calais).

Gourmandise de pâte briochée gorgée de sucre et de beurre, la galette au sucre se présente comme un disque (de différents formats) légèrement boursouflé, doré et croustillant sur le dessus. Farine, levure, beurre, œufs battus, lait et sel permettent la réalisation de la pâte. Celle-ci, pétrie jusqu'à acquérir une texture souple, se verra mise à lever une heure, avant d'être déposée dans un moule en tôle beurré et fariné. La surface de la galette est alors saupoudrée de sucre cristal (ou de cassonade) et parsemée de force noisettes de beurre (ou de crème fraîche), avant la cuisson à four très chaud. Servi chaud ou tiède, ce dessert n'est réussi que lorsque les glauilles (« petits puits » en patois) se sont formés à sa surface, dans lesquels sucre et beurre ont fondu ensemble.

HIST. *La galette au sucre, dite « tarte au sucre » dans le nord et le nord-est de la France, reste une véritable institution dans* *les Ardennes (où elle est appelée « galette à suc' »), au même titre que le gâteau mollet. Aux siècles passés, le sucre de canne étant rare, cette pâtisserie était réservée aux fêtes. Au XIXe siècle, l'essor de la betterave sucrière abaissera considérablement le coût du sucre... et la galette au sucre, de pâtisserie de luxe deviendra bon marché et populaire. Il en existe moult versions, chaque village ardennais « défendant » un peu la sienne. La confrérie de la Galette à suc' et du Gâteau mollet se fait l'écho de ces deux spécialités traditionnelles.*

GÂTEAU MOLLET

(pâtisserie ; Ardenne, Argonne, Porcien, Champagne crayeuse)
Variante : gâteau battu (Picardie).

Fait d'une pâte levée briochée, le gâteau mollet présente l'apparence d'un cône tronqué aux bords à côtes torsadées et/ou obliques. Évoquant un kouglopf*, il n'en possède pas (si cuit dans le moule approprié, en terre) le trou central, et sa texture, gorgée de beurre, est plus molle.
Cette particularité provient du fait que la brioche contient lors de sa fabrication presque autant de liquides (beurre ramolli, œufs, eau, voire lait) que de solides (farine, levure, sucre, sel). Tous ces ingrédients permettent de confectionner une pâte briochée souple et élastique, mise longuement à lever avant d'être placée dans un moule à côtes trapues, puis cuite une demi-heure dans un four à température assez élevée.
Le gâteau mollet reste le dessert ou le goûter des dimanches familiaux et des jours fériés. Il s'accompagne d'une tasse de café ou de thé, voire d'une boule de glace vanille. Dans les Ardennes, on le sert aussi avec des fruits pochés ou en compote, une crème ou une mousse au chocolat.

✱ **HIST**. *Champagne et Ardennes se disputent la paternité de cette sorte de grosse brioche moelleuse, autrefois appelée « gâteau à la royale », dont on ignore l'époque d'apparition (probablement après 1870, suite à l'exil d'Alsaciens fuyant l'intégration à la Prusse et ayant emporté avec eux cette recette). Cependant ce sont les Ardennes qui honorent le mieux cette pâtisserie, au point qu'on* *parle de « gâteau mollet ardennais » et qu'il existe une confrérie de la Galette au sucre et du Gâteau mollet. Ce gâteau trônait lors des fêtes villageoises, des mariages, baptèmes, aux côtés de la galette au sucre et des flans aux fruits.*

**Kouglopf (Alsace).*

GÂTEAU DE REIMS

(pâtisserie ; Champagne crayeuse)

Le gâteau de Reims est une pâtisserie de ménage remise au goût du jour.
Sa couleur rosâtre atteste de l'utilisation de poudre de biscuit rose de Reims (en remplacement de la farine), laquelle sera mélangée à du sucre, du beurre, des œufs, de la vanille et de la poudre d'amandes. La cuisson s'effectue en général dans un moule à génoise.
Facile à exécuter, il sera plaisant à déguster : au dessert (avec un sorbet au champagne, une salade de fruits) ou au goûter.

MASSEPAIN DE REIMS

(pâtisserie ; Champagne crayeuse)

Reims a ajouté à la longue liste de ses spécialités pâtissières le massepain : une espèce de macaron à l'ancienne de teinte brun clair, qui se distingue par un trou conique en son centre bombé.
Comportant plus de la moitié d'amande en poudre, sa pâte y mêle sucre, blancs d'œufs et arômes. Elle est dressée à la poche à douille sur plaque. Chaque noix de pâte est enfoncée d'un trou avec un bout de bois trempé dans du sucre, avant le passage au four à douce température.
Ce biscuit rondouillard à la texture granuleuse et moelleuse, se grignote à toute heure, au goûter comme au dessert, avec une glace, une mousse chocolatée, une salade de fruits...

HIST. *Bien que non champenois, le massepain* se retrouve dans les Ardennes dès la fin du* XVIII*e siècle, avant de migrer en*

Champagne, région dans laquelle il acquerra une grande notoriété. La célèbre maison Fossier, à Reims, s'enorgueillit d'en être le dernier fabricant.

**Voir massepain de Saint-Léonard (Limousin) et massepain d'Issoudun (Centre).*

MIEL DES ARDENNES

(miel ; Ardenne, Porcien)
Variantes : miel de Champagne, miel d'Argonne.

Le miel des Ardennes, monofloral ou toutes fleurs, d'une couleur évoluant du blanc au jaune et à l'ambré selon le type de fleurs butinées, est prisé pour sa saveur prononcée et sa grande complexité aromatique. Nombre d'apiculteurs le vendent chez eux ou sur les marchés locaux.
Ce miel, très aromatique, transfigure fromages blancs, yaourts et se savoure sur du pain grillé. On l'utilise en cuisine, surtout avec le gibier.

Le miel des Ardennes rentre aussi dans la confection de confiseries, du pain d'épices de Reims.

NONNETTE DE REIMS

(pâtisserie ; Champagne crayeuse)

Reims, comme deux autres villes* de l'est de la France, s'est fait une spécialité de la nonnette, gâteau circulaire d'une demi-dizaine de centimètres de diamètre à la surface légèrement bombée, fait de pain d'épices, fourré de marmelade d'orange. Avant « d'arriver » à la nonnette, il faut démarrer par la confection de la pâte à pain d'épices. On utilise un miel fermenté, qui compte pour la moitié de la pâte, le reste revenant à la farine, à l'eau, ainsi qu'aux épices et au beurre. La pâte est façonnée en boules à cuire sur une plaque. Après cuisson, les nonnettes sont coupées en deux et garnies de confiture d'oranges ou de framboises, puis enveloppées dans un papier argenté et emballées en paquets de 6.
Ce délice s'apprécie au goûter, en encas ou en fin de repas...

HIST. *La nonnette tire son nom de « nonne », car les religieuses la fabriquaient au Moyen Âge. Cadeau traditionnel de la fête de Saint-Nicolas, ce palet de pain d'épices confituré, agrémenté d'eau de fleur d'oranger, de dragées, de citron et de « nonpareilles », deviendra au XVIIIe siècle l'une des pâtisseries phare de la ville de Reims. Mais, à la fin du XIXe siècle, la réputation des nonnettes de Dijon « chasse » celles de Reims. Désormais, seul Fossier les propose encore.*

**Nonnette de Dijon (Bourgogne), nonnette de Remiremont (Lorraine).*

PAIN D'ÉPICES DE REIMS

(pâtisserie ; Champagne crayeuse)
Variantes : pain d'épices de Dijon (Bourgogne), pain d'épices alsacien (Alsace), pain d'épices de Pithiviers (Centre).

Délice au miel de tradition ancestrale, le pain d'épices de Reims tire sa spécificité du fait qu'il comprend de la farine de seigle*. Sa fabrication débute par la préparation d'une pâte à base de farine de seigle (ou de seigle mélangé à du froment), ainsi que d'eau et de miel, laissée au repos un à deux mois. Des jaunes d'œufs et de la poudre à lever s'y rajoutent. Puis des épices (cannelle, gingembre...) sont incorporées à la pâte. Celle-ci est façonnée en longs pains déposés dans des moules, passés au four à température douce. Nature, beurré ou avec du chocolat, le pain d'épices a régalé au goûter des générations d'écoliers, avant de disparaître des cartables de nos jours. Ses lettres de noblesse, il les retrouve dans la haute gastronomie, où il se marie avec les fromages, viandes, volailles, foies gras...

✳ **HIST**. *C'est à Reims, au XVIe siècle, qu'apparaît, en France, le pain d'épices. Une vingtaine de maîtres « pains d'épiciers » œuvrent dans la ville, qui se regrouperont en corporation sous Henri IV. Leur production, de couleur marron foncé, à la croûte brillante, à la forme ronde, carrée ou rectangulaire, s'enrichira d'eau de fleur d'oranger, de zestes de citron, d'amandes, de sucre candi, de grains d'anis et autres épices... Aux siècles suivants, la notoriété de ce pain d'épices rémois est établie. Sur fond de concurrence du pain d'épices de Dijon, la production se maintient jusqu'à la Seconde Guerre mondiale. Puis, avec le changement des habitudes alimentaires, les fabriques ferment une à une. De nos jours, seule la Maison Fossier propose du pain d'épices de Reims. Quatre recettes sont proposées qui se différencient par la variété, le dosage des épices et du miel, ainsi que par leur temps de cuisson : fondant, à l'ancienne, pur miel ou finement poivré.*

**Alors que l'appellation « pain d'épices de Dijon » est donnée à des pains d'épices dont la farine est majoritairement de la farine de blé.*

SUCRE ROUGE

(confiserie ; Ardenne)

Le sucre rouge est une friandise de fabrication artisanale faite d'une pâte lisse de couleur rouge vif translucide représentant divers petits sujets : animaux (lapin, ours, chat, chien), Saint-

Nicolas, cœur... et, parfois, bien que devenus rares, des sujets creux : pistolet, pipe.
La matière s'obtient à partir de glucose et d'eau, teintés par un colorant. Le sirop est cuit, puis coulé dans les moules choisis. Après leur refroidissement, les sujets sont démoulés. Cette friandise hivernale, qui fascine toujours les enfants, se déguste en période de fêtes de fin d'année, à Noël et à la Saint-Nicolas.

HIST. *La tradition des sucres cuits, souvent teintés au carmin et coulés dans des moules en étain, se retrouve en d'autres régions, comme en Lorraine. Elle apparaît aussi en Belgique, en Allemagne. Cette pâte servira notamment d'enrobage à la pomme d'amour, vendue dans les fêtes foraines. Cette fabrication, apparue dans les Ardennes à la fin du XIXe siècle (liée en partie à la présence des raffineries de sucre à betterave) se perpétue autour de Charleville-Mézières.*

• • •

CORSE

Canistrellu

(pâtisserie ; Balagne, Marana, Cortenais, Cap Corse, Nebbio, Castagniccia, région d'Ajaccio, région de Porto-Vecchio/Extrême Sud...)

Le canistrellu est un petit gâteau sec de forme triangulaire ou carrée, à base de vin blanc et d'huile, auxquels peuvent s'ajouter des raisins secs, de l'anis ou du citron, des noisettes, des amandes, des pépites de chocolat, du cédrat, de la figue sèche, du miel, de la farine de châtaigne.
La base est une pâte sablée faite de farine, de levure, de sucre, d'œufs, de vin blanc et d'huile, enrichis ou non des autres ingrédients précités. Cette pâte, abaissée, est découpée en losanges, en triangles ou en carrés. Placés sur une plaque huilée, les morceaux de pâte seront cuits au four.
Les canistrelli s'apprécient à n'importe quelle occasion : en clôture d'un repas, au goûter, au petit déjeuner, en encas.

HIST. *Distincts des canestrelli de Ligurie, à base d'amande, les canistrelli corses semblent, néanmoins, puiser leur origine dans cette région de la péninsule italienne, du temps où Gênes exerçait sa domination sur l'Île de Beauté. Ces gâteaux se fabriquaient à l'occasion de fêtes, mariages, baptêmes, communions, mais aussi pour une consommation familiale.*

Cédrat confit

(confiserie ; Cap-Corse, Plaine d'Aléria, région d'Ajaccio...)

Friandise vedette de l'Île de Beauté à l'appétissante couleur jaune mordorée, le cédrat confit se vend entier, en morceaux, en tranches ou en cubes, au détail, en sachets ou en pots de verre.

Une fois les cédrats* récoltés, s'ensuit un long processus. Les fruits, entiers ou en quartiers, sont d'abord mis à fermenter plusieurs jours, voire plusieurs semaines, dans de l'eau de mer. Rincés, ils seront vidés de leur pulpe acide contenant des pépins. Ces grosses peaux incluant le zeste sont ensuite plongées dans de l'eau douce, avant de macérer dans des sirops de sucre successifs, portés brièvement à ébullition. Laissés à refroidir dans leurs bains de sucre, les cédrats confiront peu à peu. Ils séjourneront dans des cuves jusqu'à acquérir une transparence totale.

Régal des amateurs, le cédrat confit se déguste en fines tranches. En pâtisserie, il entre dans la réalisation de cakes et autres gâteaux. Certains restaurateurs l'impliquent même dans des plats.

✳ **HIST**. *La confiserie des agrumes (oranges, citrons, cédrats) ne se développa sur l'île que dans la seconde moitié du XIXe siècle. Le cédrat confit demeure une spécificité corse, même si le produit en lui-même fut le fait de l'Italie et de la Provence, qui en régalèrent les autres pays européens aux siècles précédents, jusqu'à ce qu'une maladie ne mette à mal leurs vergers de cédratiers.*

**Voir cédrat de Corse.*

Falculella

(pâtisserie ; Cortenais)
Variante : falculella de Vico (Deux-Sorru).

Spécialité cortenaise, la falculella est une petite galette dorée au fromage frais de brocciu, ronde ou ovale, assez plate,

posée et cuite sur une feuille de châtaignier. Sa préparation débute par la réalisation d'un appareil similaire à celui du fiadone, mais d'une texture plus dense : des œufs battus avec du sucre, mêlés à du brocciu frais écrasé. Le tout, lié d'un peu de farine, est parfumé de zeste de citron râpé et d'eau de fleur d'oranger.
La pâte sera déposée sur des feuilles de châtaignier, rangées sur une plaque de four. À mi-cuisson, les galettes seront jaunies avec de l'œuf battu avec un peu de lait. En cuisant, la feuille de châtaignier dégageant son parfum fait toute la différence.
Les falculelle se dégustent en fin de repas, au goûter, en encas.

HIST. *Cette galette rustique apparaît comme l'une des variantes locales du fiadone. En période estivale, les artisans du Cortenais la proposent aux touristes.*

Fiadone

(pâtisserie ; Cortenais, Cap-Corse, Balagne, Nebbio, Marana, Castagniccia, Deux-Sevi, Deux-Sorru, région d'Ajaccio...)

Sans doute le plus « corse » des desserts, le fiadone est une sorte de gâteau au fromage, de forme ronde ou rectangulaire, peu épais, au dessus doré foncé par la cuisson.
Simple et facile, sa recette se réalise avec du brocciu frais, écrasé dans une jatte, du zeste de citron et de l'acquavita. Parfois, le zeste de citron se voit remplacé par de l'orange ou par de l'eau de fleur d'oranger. Ces trois ingrédients sont battus avec un mélange mousseux de sucre et d'œufs. Le tout est versé dans un moule à bords hauts, beurré ou huilé, et cuit au four.
Le fiadone se sert froid, même si certains le préfèrent tiède. Il s'accompagne d'une marmelade d'agrumes ou d'un coulis de fruits.

HIST. *Originaire du nord de la Corse, le fiadone a su conquérir le reste des insulaires. Il a pour ancêtres les fiadoni (flans) italiens,* *signalés depuis le XVIe siècle. Ce dessert, qui se conserve au frais près d'une semaine, était le gâteau familial corse par excellence, que l'on retrouvait notamment dans la région centrale de l'île correspondant au Cortenais. Il apparaissait aussi lors des fêtes de fin d'année ou pour Pâques. De nos jours, on le voit aux 4 coins de la Corse, souvent vendu en portions individuelles prédécoupées. Dans la région d'Ajaccio, cuit sur une pâte feuilletée ou sablée, le fiadone prend la forme d'une tartelette appelée imbrucciata.*

IMBRUCCIATA

(pâtisserie ; région d'Ajaccio): voir fiadone.

MIEL DE CORSE

(miel ; Castagniccia, région d'Ajaccio, Cortenais, Sartenais, région de Porto-Vecchio/Extrême Sud, Cap-Corse, Nebbio, Marana, Balagne, Deux-Sevi, Deux-Sorru, Taravo, Plaine d'Aléria)

« Fruit » choyé des abeilles, le miel de Corse doit sa variété et son originalité (couleur, texture, arôme) à la multiplicité des milieux (relief, micro-climat, flore) que concentre l'île.
Ces miels se classent ainsi en six catégories : miel de printemps (récolté en plaine et dans les fonds de vallée, doux, clair et doré) ; miel de maquis de printemps (ambré et parfumé) ; miellat du maquis (d'ambré à très foncé, au goût malté) ; miel de la châtaigneraie (ambré, au goût tannique avec une once d'amertume) ; miel de maquis d'été (doux, clair, doré et aromatique, issu des plantes de montagne) ; miel de maquis d'automne (ambré).
Hormis leur application sucrante pour les boissons chaudes ou les tartines de pain, ces miels s'utilisent dans des plats (agneau, volailles) ou desserts (crème glacée), en pâtisserie et en confiserie.

✻ **HIST**. *Dès l'Antiquité, les miels corses jouissent d'une forte réputation. Cette activité n'aura de cesse de se développer, au point*

que, en quelques périodes, l'île paiera des tributs en miel et en cire à ses envahisseurs. Il ne se trouvait guère de famille ne possédant sa propre ruche, certaines étant intégrées aux murs des habitations. Alternant des phases de dynamisme et de régression, l'apiculture corse s'installe dans une baisse durable dans la première moitié du XIXe siècle, au point de presque disparaître, hormis dans ses fiefs à tradition apicole (Quenza, Bastelica, Belgodère, Moltifau et Castifau).
Malgré diverses tentatives de relance, l'activité stagnera jusqu'à 1976, année charnière où un groupe d'apiculteurs met en place un plan de développement de leur filière, alliant recherche et commercialisation. Cet élan aboutira à l'obtention d'une Appellation d'Origine Contrôlée (AOC).

PANZAROTTU

(pâtisserie ; Marana, Cap Corse, Cortenais, Castagniccia... région d'Ajaccio)

Le panzarottu* est un beignet d'un genre assez particulier puisque se mêlent à sa pâte du riz, de la farine de pois chiche ou encore des blettes.
En réalité, il existe deux types de ces beignets : l'un au riz, dans la région bastiaise, en forme de boulette d'environ une demi-dizaine de centimètres, l'autre farci au blettes, dans la région ajaccienne, de forme carrée ou triangulaire. Pour le premier, le riz est cuit à l'eau, égoutté, puis recuit dans du lait. Parallèlement, on réalise une pâte à base de farine de blé et de farine de pois chiche, de levure délayée, de sel, éventuellement d'eau-de-vie (acquavita) ou de rhum. Cette pâte sera additionnée du riz, de sucre en poudre, d'œufs (les blancs montés en neige), d'un zeste de citron râpé. Des cuillerées de pâte sont alors prélevées et précipitées dans l'huile chaude, y dorant quelques minutes... Pour le second type de beignet, le principe de la pâte reste le même : de la farine, de la levure, du sel, des œufs, du sucre. Ensuite, il convient de réaliser une farce faite de feuilles de blettes hachées, mises à macérer avec des raisins secs et du zeste

de citron, dans du jus d'arbouse (ou du moût de raisin), un peu de sucre. La moitié de la pâte est étalée au rouleau, afin d'y répartir la farce en petits tas espacés. La seconde moitié de la pâte, elle aussi étalée, est posée sur le dessus et soudée à la première. On y découpe les beignets à la roulette avant de les frire.
Bien dorés, saupoudrés de sucre et encore tièdes, les panzarotti font le régal des enfants. Sur la Costa Verde (sur la côte orientale de la Corse), en plus de leur consommation traditionnelle à la Saint-Joseph, on les « sort » pour les grandes occasions, mariage, baptême, réception d'amis, car ils sont un délice facile à faire.

HIST. *Inscrits dans la tradition bastiaise, les panzarotti se vendent le jour de la Saint-Joseph (le 19 mars), à la sortie de l'église ou dans les rues. La recette traditionnelle utilise le pois chiche, mais le riz s'y substitue de plus en plus. Les panzarotti de la région d'Ajaccio sont préparés le vendredi saint.*

**Distinct du panzerotto italien, gros chausson de pâte à pizza farci, appelé aussi calzone.*

• • •

FRANCHE-COMTÉ

Amande royale

(confiserie ; Revermont, Vignoble)

L'amande royale, une merveille de pralin dans une coque de nougatine saupoudrée de cacao, contribue à la réputation de Lons-le-Saunier depuis un siècle.

Ce bonbon prend l'apparence d'une grosse amande chocolatée. La nougatine (sucre glucose liquide, cuit, additionné d'amandes concassées et de vanille) est moulée en coquilles. La pâte pralinée qui les garnit se compose de noisettes et d'amandes, grillées, malaxées et broyées avec du chocolat au lait et du sucre. Le tout, imprégné de beurre de cacao, est roulé dans de la poudre de cacao amer.

HIST. *La Maison Pelen, institution gourmande de la cité jurassienne, fut fondée en 1899. Le savoir-faire de Joseph Pelen, le fondateur, sera bonifié de génération en génération, donnant lieu à d'autres créations sucrées : bourbonettes, noix de Baume, galets de Chalain...*

Biscuit de Montbozon

(pâtisserie ; pays de Vesoul)

Le biscuit de Montbozon, petit miracle de pâtisserie à l'ancienne, comporte en réalité 2 mêmes pièces soudées l'une à l'autre : celles-ci sont des sortes de biscuit à la cuillère, de forme allongée, ovale, dodue, de couleur jaune clair, exhalant un parfum de fleur d'oranger.

Au glacis du dessus répond un fondant exquis. Toute la subtilité de ce biscuit réside, en effet, dans sa légèreté fondante alliée à une saveur peu sucrée.

La composition se dévoile sur les étiquetages (farine de froment, sucre, œufs, arômes naturels, poudre à lever), mais les procédés de fabrication restent un secret jalousement gardé par les deux fabricants actuels.

Vendus en vrac ou en boîtes, les biscuits de Montbozon se dégustent au dessert, avec une glace ou avec un « champagne local » (crémant du Jura ou Champlitte pétillant). Certains l'utilisent pour réaliser des charlottes aux fruits.

✻ **HIST**. *L'origine de ce biscuit proviendrait d'un certain Guichard, pâtissier à la cour de Louis XVI, venu se réfugier à Montbozon (aux confins méridionaux du Vésulien) lors des émeutes révolutionnaires.*

Avant de mourir, il en aurait confié la recette à Mlle Prudhon, gérante d'un commerce comprenant notamment une pâtisserie. Exploitée avec succès, elle passera aux mains d'un monsieur Caney qui la fait breveter en 1857. Après son décès, la famille se séparera en deux branches, chacune exploitant le fameux biscuit.

Après la fermeture de l'une des deux fabriques, seule la maison Lanternier maintint cette production. Puis, le brevet de la biscuiterie fermée ayant été acquis par M. Boisson, celui-ci l'exploitera sur Faverney (au nord de Vesoul).

CRAQUELIN

(pâtisserie ; région de Besançon)
Autre appellation : huit.

Spécialité de la cité de Baume-les-Dames, le craquelin* est une viennoiserie de couleur dorée, croustillant sous la dent, de la forme d'un huit couché d'une quinzaine de centimètres de long sur environ cinq de largeur.
Farine, sucre, sel, beurre fondu et lait, bien mélangés, produisent une pâte homogène en laquelle sera incorporé du levain. La boule, placée sous un linge dans un lieu chaud, jusqu'à ce qu'elle double de volume, sera étendue sur une plaque farinée.
Des lanières y seront découpées et roulées en boudins pour former des huit. Dorés à l'œuf, les craquelins seront placés une quinzaine de minutes dans un four préchauffé, retournés à mi-cuisson et sortis dès qu'ils prennent une couleur dorée.
Le craquelin se déguste au petit déjeuner, au goûter, avec un café ou un thé.

HIST. *Ces pâtisseries s'inscrivent dans une longue tradition régionale depuis au moins le XVIe siècle. On cite ainsi les craquelins de Montbéliard. Mais ceux de Baume-les-Dames semblent avoir été les plus réputés.*

**À ne pas confondre avec son homonyme qui est un échaudé. Voir craquelin (Bretagne).*

GALETTE DE GOUMEAU

(pâtisserie ; région de Besançon, Haut-Doubs, Vignoble)
Autres appellations et variantes : tarte de goumeau, galette bisontine, galette de goumeau bisontine, gâteau des rois, papet, toutché.

La galette de goumeau, appelée ci et là galette bisontine et gâteau (ou galette) des rois, prend une acception jurassienne avec le papet et montbéliardaise avec le toutché. Ces noms désignent un gâteau rond et plat, fait d'une pâte brisée ou

briochée, nappé d'une garniture hésitant entre la crème pâtissière et le flan, dite « goumeau ».
La pâte (farine, levure, eau, sel, beurre ramolli, sucre, œuf), bien pétrie, est boulée et laissée à lever 3 h. Elle sera étalée sur une plaque et les bords seront relevés. Le goumeau, quant à lui, s'obtient en faisant fondre, à feu doux, du beurre et du sucre, additionnés de lait et de sel, puis de la farine sans cesser de remuer pour ôter tout grumeau. Hors feu, s'ajouteront des œufs, de la crème, de la fleur d'oranger. Cette préparation sera étalée sur la pâte avant une cuisson d'un quart d'heure dans un four préchauffé.
La pâtisserie se déguste tiède, en fin de repas ou pour le goûter. Avec une fève glissée à l'intérieur, elle se mue en gâteau des rois.

HIST. *Cette galette briochée de Besançon apparaissait lors de la Pâques ou des fêtes patronales. Elle permettait aussi de tirer les rois pour célébrer l'Épiphanie, le 5 janvier.*
Si la plus ancienne évocation de « galette des rois » remonte à 1311 (dans une charte de l'évêque d'Amiens, Robert), les habitants de Besançon défendent une autre thèse : au XIe siècle, les chanoines bisontins tiraient au sort leur futur « supérieur » en dissimulant une piécette d'argent dans un pain. Cette pratique se généralisant dans d'autres chapitres, le pain se transformera en brioche, en beignets. Plus tard viendra la tradition de l'enfant placé sous la table désignant le convive à qui la part découpée doit revenir... Afin de conférer un aspect festif à cette galette, on se mit à l'agrémenter de ce « goumeau ». Chaque famille possédait sa recette, mais la différence résultait surtout de la base choisie : pâte feuilletée, sablée, brisée ou pâte à pain. Quant au goumeau, goumau, commeau, kemeau, gomeau, le terme provient de « gomer » signifiant « tremper dans un liquide ». Ce goumeau contenait parfois du riz, de la semoule, de la citrouille, des fruits, de la confiture... Le nom et la composition de cette galette pouvaient ainsi varier d'une région comtoise à l'autre. Aujourd'hui se reconnaissent essentiellement la galette de goumeau bisontine en pâte briochée nappée d'une pâte à choux additionnée de crème à déguster tiède et qui est rituelle pour l'Épiphanie, et, par ailleurs, le gâteau de ménage, ou

galette comtoise, en pâte briochée riche en beurre, nappée d'une préparation sucrée ou à la crème (toutché).
En 1919, 4 pâtissiers fixeront la recette « officielle » de la galette de goumeau bisontine.

GELÉE D'ÉPINE-VINETTE

(confiserie ; Revermont, Petite Montagne, Vignoble, Dolois...)
Autres appellations : marmelade d'épine-vinette, confiture d'épine-vinette.

Les baies de l'épine-vinette, jaunes et en grappes, qui rappellent quelque peu le goût de la groseille ou du cassis, s'utilisent généralement en gelée.
La récolte s'effectue au début de l'automne.
Outre en gelée ou en « vin », ces baies peuvent aussi agrémenter une viande rôtie ou une pâtisserie du genre clafoutis. Elles s'utilisent encore en infusion pour une tisane digestive.

HIST. *L'épine-vinette (ou vinettier) est un arbrisseau de la famille des berbéridacées qui croît dans les haies ou les broussailles : « épine », venant de ses épines redoutables, « vinette » parce que ses fruits donnent un liquide appelé « vin d'épine-vinette ».*

GRIOTTE BISONTINE

(confiserie ; région de Besançon)

La griotte bisontine est une cerise habillée de chocolat noir surmontée de la queue du fruit.
La technique consiste à faire macérer des fruits dans un bain de kirsch et de jus de griottes. À l'issue de cette macération de plusieurs mois, chaque cerise est trempée dans un sucre fondant au kirsch. Dernière opération : l'enrobage de chocolat

HIST. *La Franche-Comté est une forte productrice de griottes et de kirsch (kirsch de Fougerolles, kirsch de la Marsotte). « Les Griottes bisontines » est une marque déposée en 1923 par un chef-*

Griottes bisontines

pâtissier de la maison Decombe de Besançon. Depuis, de nombreux confiseurs-chocolatiers francs-comtois fabriquent de cette confiserie « racée ».

Matafan bisontin

(pâtisserie ; région de Besançon)

Le matafan bisontin est une sorte de grosse crêpe, très épaisse et dorée.
Elle comporte farine, lait, œufs, sucre en poudre, sel, huile, un peu de kirsch. La pâte est versée dans une poêle beurrée. La crêpe cuira d'un côté, avant de dorer sur l'autre face.
Le matafan se consomme sucré ou salé: en dessert, souvent avec des pommes, ou en « plat de résistance », agrémenté de comté, d'épinard ou de lardons en Franche-Comté. Côté Jura et côté Bresse, il peut servir de « garniture » à une volaille à la crème.

HIST. *Dans la cuisine ordinaire d'autrefois, on retrouve cette grosse crêpe bourrative, quelque peu passée de mode, dans diverses régions, souvent orthographiée « matefaim* » (de l'espagnol mata hambre, « tue la faim », car, en effet, elle « mate » la faim), en Comté, Bourgogne, Savoie, dans le Lyonnais, le Dauphiné, et que l'on adapte aux produits du terroir.*

**Voir matefaim (Rhône-Alpes)*

Papet jurassien

(pâtisserie ; Haut-Jura, Petite Montagne, Revermont): voir galette de goumeau.

Pâte de coings franc-comtoise

(confiserie ; région de Besançon)

La pâte de coings*, de couleur orangée à brune et d'une texture granuleuse, se compose pour moitié de la pulpe de ce fruit et pour l'autre de sucre. Détaillée en carrés, ronds, losanges, elle s'apprécie au moment du café. On la voit surtout sortir des tiroirs du garde-manger au moment des fêtes.

HIST. *Selon la légende, la pâte de coings aurait été inventée par les religieuses de l'abbaye de Baume-les-Dames, auxquelles on prête déjà l'invention du craquelin et même du pet de nonne. Celles-ci, passées maître dans la confection des pâtes de fruits (pommes, mûres, framboises...), offraient ces gourmandises à leurs invités. Dans la première moitié du XIXe siècle, la recette, parvenue entre les mains d'un certain Nau, fera la renommée de sa pâtisserie jusqu'à la fin de la dernière guerre mondiale. D'autres pâtissiers locaux se lancèrent aussi dans cette fabrication.*

Autre pâte de coing, celle de Provence (voir à Provence-Alpes-Côte d'Azur).

PET DE NONNE

(pâtisserie ; pays de Besançon)
Autre appellation : pet de nonne de Baume-les-Dames.

Le pet de nonne est un beignet en pâte à choux frite*, dont la croûte dorée, poudrée de sucre cristallisé et de cannelle, offre une certaine mollesse lorsqu'on s'en saisit.
La pâte se compose de farine, lait (ou eau additionnée de beurre), sel, sucre vanillé (remplaçable par de la fleur d'oranger, du rhum ou un zeste de citron) et œufs. Moulée à la cuillère, celle-ci est jetée au fur et à mesure dans un bain d'huile chaude. On peut pratiquer l'opération en plaçant la pâte dans une poche à douille et en découpant des bouchons au-dessus de l'huile. Une fois les pets de nonne blondis, les écumer et les déposer sur du papier absorbant. Les saupoudrer de sucre et de cannelle et les dresser dans un plat. Bien dorés, les pets de nonne se savourent avec un café ou un thé, pour le goûter.

HIST. *L'origine de ces beignets soufflés, très légers, remonterait aux Romains. Oubliée au Moyen Âge, la pâte à choux pour beignet reviendra sur les tables de la Renaissance. Devenu fort*

populaire au XVIIe siècle, l'appellation de pet de nonne (ou pet-de-nonne) viendrait de « paix de nonne », selon George Dubosc qui soutient que le beignet aurait été inventé par une religieuse qui, en confiant sa recette à un couvent hostile, aurait assuré ainsi la paix. Le nom, prêtant à confusion lorsqu'on le prononce, aurait pris les autres appellations qu'on lui connaît de « beignet de vent » ou de « soupir de nonne ».
Deux lieux, en France, se disputent la paternité de ce beignet : l'abbaye de Marmoutier (Hautes Vosges alsaciennes), où une novice du nom d'Agnès aurait malencontreusement laissé tomber une cuillerée de pâte à chou dans une marmite de graisse chaude lors de la préparation d'un repas en l'honneur de l'archevêque de Tours, venu bénir une relique du manteau de Saint-Martin... Notons qu'en Alsace, on connaissait ces beignets (nonnepferzle) depuis le XVIe siècle. L'autre version impute l'invention de la recette aux chanoinesses de l'abbaye de Baume-les-Dames (près de Besançon), déjà réputées pour leurs autres créations pâtissières (gaufre, craquelin) et leur confiserie (pâte de coings franc-comtoise).
Le pet-de-nonne se consommait surtout, comme les autres beignets, lors du carnaval.
D'un aspect proche de la chouquette (Île-de-France).

SÈCHE

(pâtisserie ; région de Besançon, Haut-Doubs, pays de Montbéliard)

La sèche est une galette ronde d'une vingtaine de centimètres de diamètre, « sèche », comme son nom l'indique, mince et croustillante.
À base d'une pâte feuilletée enrichie de crème et d'œufs, elle est recouverte de beurre et de sucre avant de passer au four pour légèrement caraméliser.
Elle s'apprécie en fin d'un repas, mais davantage encore au goûter avec une tasse de café.

HIST. *On possède peu de témoignages sur cette pâtisserie ménagère, transmise de mère en fille depuis des générations, et*

Tarte au raisin

produite par la plupart des boulangers et pâtissiers du département du Doubs.

TARTE AU RAISIN

(pâtisserie ; Vignoble, Revermont).
Variantes : tarte au raisiné, tarte au raisin et macvin.

Cette tarte gourmande inattendue utilise, sur une pâte brisée classique, autant les raisins blancs que les noirs, voire, les deux en jouant sur les couleurs.
Pour sa réalisation, la pâte, placée dans un moule beurré, doit être badigeonnée de blanc d'œuf sur toute la surface, puis recouverte des grains de raisin. Enfournée, elle sera précuite un instant. Puis, sortie du four, on nappe les raisins d'un appareil d'œufs, de crème fraîche, de sucres en poudre et vanillé, de lait, puis de kirsch, avant de ré-enfourner pour une demi-heure.
On peut ajouter de la poudre d'amandes ou de noix sous les raisins, et même du macvin.

* **HIST**. *Cette tarte se retrouve dans des régions viticoles autres que la Franche-Comté: en Alsace et en Bourgogne voisines, dans le Bordelais, le Languedoc.*

TÉMÉRAIRE

(pâtisserie ; Vignoble, Haut-Jura, région de Besançon).
Autre appellation : salinois.

Le téméraire est un gâteau cylindrique à base de fruits secs, de pommes et de noisettes, guère plus épais qu'une galette et dont la surface offre à la vue un bosselé au doré inégal.
Sa pâte, de farine, sucre, beurre et œufs, s'enrichit de noisettes rôties hachées. Sa garniture comprend des dés de pomme, du zeste de citron, mêlés à des raisins secs flambés au marc du Jura.

Ce gâteau apporte une note fruitée en conclusion d'un repas. Certains l'arrosent ou le font flamber au marc. On l'achète aussi en période d'Épiphanie pour tirer les rois.

HIST. *Selon la légende, cette pâtisserie devrait son nom à Charles le Téméraire : après avoir essuyé une défaite en Suisse, il aurait reçu d'une sorcière un philtre magique pour retrouver ses forces.*
À dire vrai, on dispose de peu d'éléments sur la naissance de ce gâteau qui doit s'inscrire dans la suite logique des « rortes » (tartes) et autres pâtisseries que l'on confectionne sur Salins-les-Bains (au nord du Vignoble) depuis des siècles. Les pâtissiers proposent cette fierté locale en pièce pour 6 personnes ou tartelette individuelle.

TOUTCHÉ

(pâtisserie ; pays de Montbéliard, pays de Belfort): voir à galette de goumeau.

• • •

ÎLE-DE-FRANCE

Amandine

(pâtisserie ; Paris)

L'amandine est cette tartelette aux bords assez hauts, faite d'une pâte sucrée remplie d'une préparation moelleuse aux amandes, couverte sur le dessus d'amandes effilées et décorée de 2 moitiés de cerises confites.
Dans sa garniture, l'amandine connaît 2 variantes : certains pâtissiers garnissent la pâte uniquement de crème d'amandes ou de crème frangipane, d'autres de confiture ou de fruits frais ou en sirop en supplément de la préparation aux amandes. Après cuisson au four, les tartelettes sont poudrées de sucre glace ou glacées d'un nappage à l'abricot.
Dans les 2 cas, cette tartelette se déguste au dessert, légèrement tiède.

HIST. *S'il n'existe aucune évocation de l'amandine au XVIIe siècle, Edmond Rostand en fait néanmoins réciter la recette par Ragueneau dans son « Cyrano de Bergerac » en 1897. Cyprien Ragueneau (né en 1608), qui inspira Rostand, était le pâtissier du cardinal de Richelieu. Voulant se faire comédien, il suivit Molière à Lyon, en 1653. Depuis, le restaurant Ragueneau (rue Saint-Honoré, à Paris) entretient la légende de ces tartelettes qui auraient été inventées par le pâtissier-comédien.*

Baguette parisienne

(boulangerie : Paris et Petite et Grande Couronne)
Variantes : flûte, ficelle, couronne…

Croustillante et légère, la baguette est devenue l'un des symboles du Français dans le monde. À Paris, elle se fait fine, longue, à la croûte peu épaisse et dorée, à la mie alvéolée et blanche fondant sur la langue, au goût du blé mûr des campagnes beauceronnes.
Pétrie avec de la farine, de la levure, de l'eau et du sel, la pâte est mise à fermenter plusieurs heures additionnée d'une autre pâte issue de la fournée précédente. Façonnée en cylindre de 90 cm strié de marques obliques, elle rejoindra la fournée.
La baguette s'accorde à peu près à tous les instants de la faim : grignotée dans la rue, chaude et encore craquante au sortir du four, à table pour les repas, au petit déjeuner ou au goûter, en sandwich… Ce fleuron de la gastronomie parisienne, pain citadin de tous les jours, continue à plaire pour sa légèreté.

* **HIST**. *À l'instar du croissant, la baguette parisienne révèle une origine mixte. Arrivée en France vers 1890, grâce en partie au comte Zang, la baguette n'était autre que du pain viennois. Francisée, elle évoluera : conservant la forme de la viennoise, on lui appliquera la recette du pain, celle du « boulot » ou du « fendu » qui existaient auparavant. Dans les années 1930, profitant de ce que le pain blanc prenait le pas sur les autres, car considéré comme plus fin et délicat, et qu'apparaissaient certaines levures sèches permettant aux boulangers de s'essayer à de nouvelles façons de faire lever la pâte, ce pain deviendra le « pain de fantaisie », qui prendra le nom de « baguette » du fait de sa forme.*

Brioche de Nanterre

(boulangerie ; Paris et Grande et Petite Couronne, Plaine de Versailles/Mantois, Parisis)

La brioche de Nanterre, ou brioche Nanterre, n'est autre qu'une brioche parisienne des plus classiques dans ses

ingrédients, mais dont la forme diffère puisque sans tête et rectangulaire, surmontée d'appétissantes boursouflures.
Farine, lait, beurre, œufs, levure, sucre et sel, longuement pétris, sont mis au repos pour que la pâte double de volume... la brioche ne devient « Nanterre » que sur la fin : le pâton est divisé en boules égales, rangées 2 par 2, serrées au fond du moule.
Ces boules, dorées à l'œuf, se souderont en levant, une « union » scellée par la cuisson au four.
Autre particularité, il existe à Nanterre une brioche en pâte feuilletée proposée par quelques artisans, aussi délicieuse que splendide.
Moelleuse, d'un goût de beurre envahissant, la « Nanterre » se montre royale, à peine réchauffée, au petit déjeuner ou au goûter.

HIST. *Cette brioche fut très appréciée des Parisiens. Autrefois réservée aux grandes occasions, cette brioche reste moins courante que la brioche parisienne à tête.*

BRIOCHE PARISIENNE

(boulangerie ; Paris et Petite et Grande Couronne)
Autre appellation : brioche à tête.

La brioche parisienne, la « fameuse » avec sa petite tête et son corps cannelé, toute dorée et aussi légère que goûteuse, est l'une des reines de l'art consommé de la viennoiserie à Paris.
Constituée de 2 boules superposées (une grosse portant une petite), sa finesse et sa délicatesse reposent sur les mêmes ingrédients que ceux utilisés pour la brioche de Nanterre.
Son goût de beurre qui emplit le palais et le nez la désigne d'autorité au petit déjeuner ou au goûter, tantôt améliorée de confiture. Elle s'avère aussi plaisante pour calmer une petite faim « grignotière » dans la rue...

HIST. *La brioche* apparaît à Paris au cours du XVIIe siècle, en provenance des régions laitières de l'Ouest de la France. Une* *première mention évoque la recette en 1742. La spécificité de cette brioche parisienne tiendra à sa fabrication avec de la levure, quand en Vendée, en Normandie ou ailleurs on utilisait du levain.*

**Le nom de « brioche » apparaît au début du XVe siècle. On estime, aujourd'hui, qu'il dériverait du verbe « brier », forme ancienne et normande de « broyer » (au sens de pétrir la pâte) que l'on retrouve notamment dans le pain brié (Normandie).*

Chouquette

(pâtisserie ; Paris et Petite et Grande Couronne)

Bulle d'air comme enrobée d'une pâte blonde moelleuse parsemée de grains de sucre, la chouquette met en valeur dans son plus simple appareil le fondant exquis de la pâte à choux.
Les choux, réalisés à la douille (de la grosseur d'une noix), sont étalés côte à côte sur la plaque huilée, puis dorés à l'œuf.
Pour la pâte à chou, on incorpore des œufs dans une pâte à base de farine, sel, sucre, beurre et eau. Lors de sa cuisson au four, cette pâte se met à gonfler du fait de l'eau contenue dans la mixture qui se transforme en vapeur et se retrouve ainsi prisonnière à l'intérieur.
Les chouquettes se vendent au poids ou à la douzaine.

* **HIST**. *Paris cultive un goût immodéré pour la pâte à choux, dont on fait les petits choux, creux et sucrés façon chouquettes, ou fourrés pour les pièces montées (croquembouches) et les profiteroles. Cette pâte donne d'autres joyaux de la pâtisserie parisienne, saint-honoré, Paris-Brest, religieuse, éclair...*
La pâte à choux possède une origine assez ancienne. Au XVIe siècle, Popelini, un pâtissier italien qui faisait partie de la suite de Catherine de Médicis, exécutait un entremet très apprécié, le « popelin », à partir d'une pâte desséchée sur le feu, voisine de notre actuelle pâte à choux. Celle-ci, longtemps appelée « pâte à chaud », sera perfectionnée par le pâtissier Avice, puis par son apprenti, un certain Antonin Carême (1784-1833), appelé à devenir le père fondateur de la haute gastronomie française.

CONFIT DE PÉTALES DE ROSE

(confiserie ; Brie)

Le confit de pétales de roses, spécialité on ne peut plus originale, attachée à la bonne ville de Provins, se présente sous l'aspect d'une gelée translucide contenant des pétales de roses, conditionnée en pots en verre.
La cueillette des roses de Provins débute à la mi-septembre, lorsque les fleurs, couleur pourpre, arrivent à pleine maturité. Les pétales, triés, lavés, infuseront dans de l'eau additionnée d'un poids égal de sucre. S'ajoutera parfois de la gelée de pommes ou de coings, ou du jus de citron. Avant sa mise en pot, la gelée peut voir son goût rehaussé avec de l'essence de rose et sa couleur accentuée avec du colorant préparé par le confiseur.
Nul touriste ayant parcouru le dédale de ruelles médiévales de la ville haute ne saurait repartir sans rapporter de Provins le parfum de cette rose : confit de pétales de rose (à étaler sur tartine, ou pour des plats salés, des desserts), mais aussi bonbons, miel, sirop, vinaigre... à la rose.

HIST. *Selon la tradition, la « rose de Provins » aurait été rapportée, en 1240, par Thibaud IV de Champagne, au retour d'une croisade au Proche-Orient. Il s'agit de la Rosa Gallica Officinalis, une variété aux pétales d'un rouge violacé qu'il fit planter dans les environs de Provins. Séchés, ces pétales de rose feront l'objet d'un commerce actif dans le Royaume de France et en Europe, présentés en tant que cadeaux. De plus, à l'époque, il était courant de manger des sucreries ou pâtisseries à la rose et d'assaisonner les salades avec du vinaigre dit « rosat ».*

COQUELICOT DE NEMOURS

(confiserie ; Gâtinais)

Le coquelicot est un bonbon à l'ancienne de sucre cuit, plat et rectangulaire, aux angles coupés, de couleur rouge, à base de coquelicots cueillis dans la région de Nemours.

Vendu au détail ou en boîtes métalliques, le coquelicot de Nemours est un souvenir original à emporter de la cité gâtinaise qui s'est fait une spécialité de la fragile et éphémère fleur rouge, puisqu'on y vend aussi des chocolats au coquelicot, du vinaigre de vin blanc au coquelicot, du sirop au coquelicot, etc.

HIST. *Vers 1850, François Étienne Desserey, un confiseur de Nemours installé rue de Paris, eut l'idée d'utiliser le coquelicot pour ses bonbons (plutôt des pastilles contre la toux). D'autres confiseurs perpétueront la tradition, avant qu'elle ne s'éteigne dans l'entre-deux-guerres. En 1996, la chocolaterie Des Lis reprendra cette friandise d'antan. Les agriculteurs du canton autorisent la cueillette des coquelicots sur leurs terres en jachère. De mai à début juillet. Les fleurs sont ensuite transformées en arôme naturel.*

CROISSANT

(viennoiserie ; Paris et Petite et Grande Couronne)
Variantes : croissant aux amandes, croissant alsacien (fourrage fruits secs), croissant aux pignons, croissant au jambon.

Quoi de plus banal que le croissant, cette viennoiserie en pâte levée ou feuilletée, roulée sur elle-même en triangle et incurvée en croissant de lune, vendue par toute boulangerie ou pâtisserie?
Mais, qui n'a jamais goûté au croissant parisien, le « vrai », au beurre, façonné en long, risque de passer à côté d'un monument de la gastronomie locale. Blond-doré, léger et croustillant, sa mie souple fondante de beurre en bouche exhale le blé mûr et un savoir-faire complexe de l'artisan qui, à partir de farine, levure, lait, beurre, sucre, sel, réalise un petit chef-d'œuvre.
Proposé aux clients dans une corbeille sur le zinc des bistros près des œufs durs, au rythme des suffocations du percolateur, sous l'œil du journal, le croissant appartient à cette atmosphère parigote si particulière. Le « café-

croissants » fait également la joie des terrasses aux beaux jours avec la baguette-beurrée...

* **HIST**. *Bien que spécialité autrichienne, le croissant est né une seconde fois à Paris. D'aucuns pensent même qu'il n'existerait aucun lien entre le croissant parisien et la pâtisserie austro-hongroise. Selon la version convenue, le croissant autrichien aurait été inventé par les boulangers viennois lors du siège de leur ville par les Ottomans, en 1683. Travaillant de nuit, ils auraient donné l'alerte et reçu en récompense l'autorisation de fabriquer des pâtisseries en pâte levée en forme de croissant, symbole de l'étendard turc. Une autre version en attribue la paternité à un cafetier viennois, d'origine polonaise... En 1770, le croissant arrive en France avec Marie-Antoinette d'Autriche qui l'introduit à la Cour. Mais il faudra attendre 1838 pour que le baron August Zang (secrétaire à l'ambassade d'Autriche) installe, rue de Richelieu, une escouade d'ouvriers-boulangers autrichiens fabriquant ce croissant et le pain viennois que le tout Paris s'arrache. Toutefois, dès le début des années 1800, se vendait à Paris un petit pain dit « à café » qui pourrait être l'ancêtre du croissant parisien. À partir de 1920, les boulangers parisiens remplaceront sa pâte, proche de celle de la brioche, par un feuilleté au beurre, tel que nous le connaissons. Ce croissant fera le tour du monde, devenant le symbole de la pâtisserie française. De nos jours, on distingue ce croissant au beurre, rectiligne, du croissant ordinaire, de forme incurvée.*

FINANCIER

(pâtisserie ; Paris)

Le financier est ce petit lingot doré au moelleux savoureux, légèrement collant sur le dessus, composé de poudre d'amande et de sucre glace.
Sa méthode de fabrication reprend celle de la visitandine*.
Très apprécié de la clientèle parisienne des beaux quartiers, le financier se déguste en en-cas, dans la rue ou lors d'un trajet en voiture ou en train, car non salissant et commode à emporter.

HIST. *Selon la légende, ce petit gâteau aurait été ré-inventé par un pâtissier du nom de Lasne, installé près de la Bourse à Paris, vers 1890, afin de régaler sa clientèle financière (gourmande, mais pressée), sans qu'elle n'ait à se salir les mains.*
Il s'inspira de ces petits gâteaux ovales préparés par les sœurs de l'ordre des visitandines, à Nancy.

*Visitandine (Lorraine).

Flan parisien

(pâtisserie ; Paris et Petite et Grande Couronne)
Variantes : flan parisien au chocolat, flan à la noix de coco.

Il n'est de flan que le flan parisien ! Il se reconnaît à son lit de pâte brisée qui supporte une épaisseur jaune clair couverte d'un dessus fripé, bruni par la cuisson. Son élasticité et sa fraîcheur en bouche au bon goût de lait vanillé nous rappellent notre enfance.
Pour réaliser l'appareil, du lait est porté à ébullition avec une gousse de vanille fendue en 2, puis versé sur un mélange de farine, de sucre et d'œufs. Bien fouettée, la préparation sera remise sur le feu un instant pour qu'elle épaississe, versée sur la pâte brisée, placée dans un moule beurré, puis placée dans un four préchauffé.
Ce flan, qui fait le bonheur du dessert ou du goûter, se dévore bien frais, après avoir séjourné plusieurs heures au réfrigérateur.

HIST. *Paris, comme pour nombre d'autres spécialités, a su s'emparer d'une recette éprouvée pour en faire un sommet accompli de l'art culinaire, aussi simple soit-il. En effet, le flan puise ses racines au fin fond de l'histoire, et on le retrouve dans de nombreuses régions françaises, sous différents aspects.*

Galette feuilletée à la frangipane

(pâtisserie ; Paris et Grande couronne)
Variante : galette feuilletée sèche.

La galette feuilletée, un gâteau rond et mince de vieille tradition parisienne, envahit chaque début d'année les pâtisseries franciliennes, à l'occasion de la fête religieuse de l'Épiphanie où elle devient la « galette des rois »: tous les formats se bousculent sur les présentoirs, enrichis de cette frangipane exquise. Leur doré croustillant et leur finesse, où s'étalonne le talent des artisans de quartier, n'ont d'égal que l'originalité de la fève.
Sur une première abaisse de pâte feuilletée vient s'étaler la crème frangipane (sucre, farine, œufs entiers et jaunes d'œufs supplémentaires, sel, beurre, crème, poudre d'amande, mélangés avec du lait vanillé bouilli). Une fois la fève placée dans la crème amandée, la seconde abaisse est soudée à la première, dorée à l'œuf et lacérée de motifs géométriques. Vers la fin de la cuisson au four, du sucre glace est saupoudré qui confère à la galette son aspect luisant.

✳ **HIST**. *La galette feuilletée sèche, au goût de beurre prononcé, puise ses racines au Moyen Âge. La plus ancienne évocation de gâteaux feuilletés de ce type apparaît en 1311, dans une charte de l'évêque d'Amiens, Robert. Les Bisontins pensent, quant à eux, que son usage en « galette des rois » émane de leur province de Besançon. Quant à la fourrer d'une crème aux amandes, l'idée est beaucoup plus tardive...*
Rançon du succès, les pâtissiers industriels de la seconde moitié du XXe siècle se sont engouffrés dans la brèche, livrant aux supermarchés des montagnes de galettes des rois avec... le goût en moins.

Macaron parisien

(pâtisserie ; Paris)

Le macaron parisien est un peu la « griffe » haute couture de la pâtisserie parisienne, alliant sobriété et raffinement. Les

2 petites coques rondes bien lisses, d'amandes, de sucre et de blancs d'œufs, jointes par une garniture sucrée, chantent autant d'hymnes à la couleur et au parfum que les artisans peuvent imaginer dans le secret de leurs laboratoires : blanc-coco, rose-framboise, vert-pistache, jaune-citron, doré-caramel, noir-réglisse...

Le procédé de base reste celui d'amandes mondées et broyées, additionnées de sucre glace, puis de blancs d'œufs montés en neige avec un peu de sucre, et, enfin, de colorant. Des noix de la matière obtenue sont posées à la douille sur du papier sulfurisé et passées au four. Une fois décollées, on accole les coques 2 par 2 à l'aide d'un fourrage au parfum assorti.

Star de la Maison Ladurée ou de feu Coquelin, chez Pierre Hermé ou chez Fauchon, le macaron « fleurit » en boutons multicolores dans d'innombrables boutiques de la Capitale. Il se déguste, au café ou au thé, moelleux sous sa croûte fine et fragile.

HIST. *Aux antipodes du macaron à l'ancienne d'un seul tenant, le macaron moderne, fait de 2 pièces unies, a entamé sa métamorphose dans les années 1830. Deux coques se verront associées, tandis que la pâte, dérivée de la meringue (poudre d'amande, sucre glace et blancs d'œufs), s'est enrichie de confitures, d'épices, de liqueurs. Dans les années 1875, le « Gerbet » comme on le désigne (du nom d'un pâtissier qui s'en était fait une spécialité) poursuit sa mutation, s'offrant un cœur fondant de crème au beurre ou de marmelade. Dans les années 1900, Louis-Ernest Ladurée le popularise, ayant l'idée d'assembler 2 macarons autour d'une ganache, puis de les teinter aux tons pastel indiquant leurs parfums.*

Manqué

(pâtisserie ; Paris)

Le manqué, gâteau de ménage s'il en est, reprend la rondeur du moule à bords hauts qui lui est dévolu. Son moelleux confortable, son odeur rassurante, son goût avenant jamais ne déçoivent...

Des œufs, du sucre, du beurre et de la farine, rien que des ingrédients ordinaires font la base de ce gâteau.
« Pratique », ultra-rapide à exécuter, il se conserve plusieurs jours, se consommant à tout moment et en toute circonstance.

HIST. *Son nom l'indique, le manqué est le fruit de l'un de ces incidents heureux qui ont émaillés l'histoire de la gastronomie. On attribue son invention, en 1842, à l'un des ouvriers-pâtissiers de la Maison Félix (du nom de ce chef-pâtissier célèbre) qui aurait raté ses blancs d'œufs en neige au cours de la réalisation d'un biscuit de Savoie. Afin d'éviter de perdre la pâte, Félix lui aurait conseillé d'incorporer du beurre et des amandes pilées dans ses blancs d'œufs. Le succès de ce gâteau manqué fut tel qu'il devint un « classique » de la pâtisserie ménagère, suscitant la création d'un type de moule spécial dit « moule à manqué ».*

MIEL DU GÂTINAIS

(miel ; Gâtinais)

Réputé parmi les meilleurs, le miel du Gâtinais se caractérise par une couleur claire à ambrée et un goût velouté et onctueux, une douceur très sucrée en bouche.
Les apiculteurs procèdent selon un cycle simple : pose des hausses sur les ruches en mai, récolte du miel du printemps à l'été, désoperculation des rayons, extraction par la force centrifuge, décantation dans un maturateur (récipient), mise en fûts pour le marché de gros ou en pots. Ce miel estampillé « Gâtinais » concerne également les pays limitrophes du Gâtinais : Beauce, Brie, Sénonais, Forêt d'Orléans et Puisaye.
Vinaigre de cidre au miel du Gâtinais, bonbons au miel du Gâtinais etc., outre les industriels et les artisans, les restaurateurs font un usage généreux de ce produit noble : travers de porc au miel safrané, magret de canard au miel du Gâtinais, cuisse de canard braisée au safran et au miel du Gâtinais, aiguillettes de canard au miel, velouté de poires au miel, nougat glacé...

Mille-feuille

✳ **HIST**. *Le miel du Gâtinais, apprécié depuis le Moyen Âge, bâtira sa spécificité sur le sainfoin, une plante fourragère cultivée en abondance à partir du XVIIe siècle pour la nourriture du bétail. Ces miels surfins du Gâtinais, appréciés des rois, susciteront une apiculture dynamique, devenant les plus consommés sur Paris.*
De nos jours, la flore a changé, le colza et le tournesol ont envahi les champs, le sainfoin se fait rare, mais la tradition du miel reste ici très ancrée.

MILLE-FEUILLE

(pâtisserie ; Paris et Petite Couronne)

Le mille-feuille (ou millefeuille) est parisien. Quel pâtissier ou boulanger de la Capitale ne confectionne pas, souvent avec brio, ce beau rectangle superposant 3 couches de pâte feuilletée et 2 de crème pâtissière souvent aromatisée à l'alcool, au dessus couvert d'un fondant glace?
Le dimanche, il trône encore sur la table au dessert, suscitant toujours le même recueillement lors de sa dégustation avec un café. En format familial, il s'invite aux anniversaires et nombre de pâtissiers en livre une interprétation personnelle. On en voit ainsi au chocolat ou garnis de confitures ou de fruits divers.

HIST. *« Valeur sûre » des vitrines parisiennes depuis plus d'un siècle, le mille-feuille aurait été créé par Pierre François de la Varenne, auteur du Cuisinier Français, en 1651. Bien que perfectionné par Antonin Carême (1784-1833), il faudra attendre 1806 pour qu'un certain Rouget en publie la recette. Retombé dans l'oubli, le gâteau rencontrera un succès tardif, grâce à un pâtissier du nom de Sergent, dont le commerce donnait rue du Bac, qui le propose à sa clientèle vers 1867. Le succès, immédiat, permettra au mille-feuille de faire son entrée dans le dictionnaire en 1906 et de devenir l'un des classiques de la pâtisserie française.*
Le nom de ce gâteau fait référence au nombre impressionnant de feuillets de pâte qui le composent, résultant de 6 étapes de pliage en 3. Le nombre de feuillets réels atteint ainsi le chiffre irréel de

729 ! Cousins du mille-feuille : la galette feuilletée à la frangipane, le champigny (fourré de confiture d'abricot), le jalousie (à la pâte de coing, au dessus ajouré de sortes de persiennes, d'où son nom).

MOKA

(pâtisserie ; Paris)

Le moka, une génoise recouverte d'une crème au beurre parfumée au café et tapissé d'amandes effilées grillées, compte parmi ces pâtisseries indémodables aux devantures des pâtisseries parisiennes et provinciales. La génoise, classique, se fait à partir d'œufs, farine, sucre, beurre. La crème moka se fait à partir d'œufs battus avec du sucre et cuits au bain-marie en ajoutant l'arôme de café. Le mélange encore tiède, du beurre en pommade lui est incorporé en malaxant au fouet. Les 2 préparations sont alors unies, en coupant la génoise en 3, imbibée d'un sirop comportant du rhum, et en lissant chaque étage avec la crème. Le dessus et le pourtour de la génoise est tapissé du reste de la crème et d'amandes grillées.
Alliant la fraîcheur du beurre à la saveur exquise du moka et au fondant du biscuit, il demeure un gâteau de fête.

HIST. *Ce gâteau a été inventé dans les années 1850 par un pâtissier du quartier de l'Odéon, suscitant l'enthousiasme de sa clientèle et celui de ses confrères. Le moka fera ainsi le tour du monde sans jamais tomber dans l'oubli. Il s'est même enrichi d'un moka au... chocolat. Pour mémoire, Moka est le nom d'un port du Yémen. Le mot désigne aussi cette variété de café originaire de l'Arabie méridionale et la boisson faite avec sa graine.*

NIFLETTE

(pâtisserie ; Brie)

Tartelette feuilletée, emplie d'une crème pâtissière aromatisée à la fleur d'oranger, la niflette fait l'orgueil de Provins, sous-préfecture de Seine-et-Marne, également célèbre pour son confit de pétales de rose et ses bonbons à la rose. Vendues treize à la douzaine, à l'origine uniquement le jour de la Toussaint, les niflettes se vendent de mi-octobre à mi-novembre. Elles apparaissent à nouveau lors de la fête médiévale de la ville haute, en juin. Dans les commerces où sur les petits stands, on l'achète toute chaude, presque brûlante, croustillante à souhait.

HIST. *L'aspect rustique de ces tartelettes remplies de crème jaunâtre semble avouer une ascendance médiévale. Les esprits chagrins susurreront que les niflettes « primitives » devaient être fort différentes, puisque l'invention de la crème pâtissière ne daterait que du XVIIe siècle... Selon la légende, les niflettes étaient distribuées aux orphelins, puis, plus tard, vendues dans les rues par les enfants qui les portaient dans un panier autour du cou. Ces pâtisseries se répandront aux 4 coins de la Brie.*

OPÉRA

(pâtisserie ; Paris)

L'opéra est une pâtisserie parisienne dont la forme rectangulaire se compose de 3 feuilles de biscuit joconde (préparation à base d'amande finement étalée avant sa cuisson), imbibées d'un sirop de café fort, plaquant 2 couches de crème au beurre au café et une de crème ganache au chocolat. Le dessus est recouvert d'un glaçage décoré de feuilles d'or avec inscrit le mot « Opéra ».
Le gâteau honore solennellement la fin d'un repas dominical ou un anniversaire, et se déguste volontiers dans un salon de thé.

HIST. *La naissance de ce prestigieux gâteau reste controversée. Une version prétend que M. Riss l'aurait inventé dans les années 1920, le baptisant « clichy », du nom de son établissement. C'est sous ce nom que le commercialise toujours la famille Bugat (dont l'un des parents avait racheté la pâtisserie Clichy, en 1955), boulevard Beaumarchais. À la fin des années 1950,*

un proche de M. Bugat, M.Gavillon, propriétaire de Dalloyau, l'aurait reproduit...
La Maison Dalloyau pense tout autrement. Selon elle, c'est Cyrille Gavillon qui, en 1954, aurait inventé la divine pâtisserie. Son idée : créer un dessert dont les couches seraient apparentes et dont une seule bouchée suffirait à donner le goût du gâteau entier.
Son épouse proposa le nom « opéra », en hommage aux petits rats du palais Garnier, qui fréquentaient leur boutique.

PAIN VIENNOIS

(boulangerie/viennoiserie ; Paris et Petite et Grande Couronne)
Variantes : pain au lait, pain au lait sucré, viennoise au chocolat.

Le pain viennois est une baguette à base de pâte à pain enrichie de lait, de beurre et d'œufs, à peine sucrée, ce qui lui confère une texture moelleuse et une douceur gustative incomparables.
Chaque artisan applique ses propres méthodes de fermentation (avec de la pâte de la fournée de la veille, ou avec un apport supérieur de levure), ses dosages entre les divers ingrédients cités, ses vitesses de pétrissage et ses temps de pause, ses formes (en baguette, en boule, en tresse...), mais le produit reste assez « stable » d'un magasin à un autre, notamment à Paris. Le pain au lait se distingue, lui, par un apport supplémentaire en lait.
Bien frais et moelleux, le viennois se déguste nature ou tartiné de beurre ou de confiture, surtout au goûter. On peut l'utiliser pour en faire des toasts ou de mini-sandwiches.

HIST. *Création autrichienne, le pain viennois fera son apparition à Paris, en 1838, avec d'autres viennoiseries comme le croissant, grâce au baron Zang. Le succès sera immédiat. Mais, au contraire de la baguette parisienne, le pain viennois restera figé dans son évolution. Toutefois, l'apport de lait, de crème ou de beurre pour confectionner des pains de luxe se retrouve dès le XVIIe siècle à Paris, une pratique connue depuis des siècles en Bretagne.*

Paris-Brest

(pâtisserie ; Paris, Petite et Grande banlieue, Plaine de Versailles/Mantois)

On ne présente plus le Paris-Brest : couronne de pâte à choux d'une dizaine de centimètres de diamètre, fourrée de crème pralinée et saupoudrée d'amandes effilées.
Pour sa mise en œuvre, il convient d'abord de réussir la pâte à choux (voir chouquette), que l'on couchera sur une tôle en couronne et que l'on parsèmera d'amandes effilées avant de la cuire. La crème pralinée se fait, elle, à partir de blancs en neige très ferme, additionnés d'un sirop épais, puis de beurre travaillé avec le pralin. Cet appareil garnira l'intérieur de la couronne, coupée en 2 dans son épaisseur. Une fois le chapeau remis, ne reste plus qu'à poudrer de sucre glace.
Souvent vendu en roues individuelles, ce gâteau riche et crémeux peut l'être aussi en format familial. Ses inconditionnels disent que sa subtilité réside dans le craquant léger de la pâte à choux. Les goûteurs occasionnels focaliseront sur le fondant du praliné.

✳ **HIST**. *Selon le Larousse gastronomique, la mythique pâtisserie serait sortie de l'imagination d'un pâtissier de la région parisienne, à l'occasion de la première édition de la course cycliste Paris-Brest-Paris, en 1891. Pour promouvoir sa création auprès de la foule, quoi de mieux que de représenter une roue de vélo? Mais, selon ses descendants, l'inventeur serait Louis Durand, pâtissier à Maisons-Laffite, qui n'aurait lancé son gâteau que lors de l'édition de 1909 de la course.*
Depuis, si la course cycliste n'a pas survécu à la désaffection des forçats de la route, la pâtisserie est, elle, restée une... classique, de Brest à Nice et de Paris à Bayonne !

Puits d'amour

(pâtisserie ; Paris)

Le puits d'amour, au nom si troublant, est une pâtisserie rondelette constituée d'un feuilletage surmonté, dans sa

version courante, d'une couronne de pâte à choux enserrant un centre garni d'une crème pâtissière vanillée ou pralinée, ensuite caramélisée.
Il existe 2 versions de ce gâteau : l'une, traditionnelle, en pâte feuilletée, l'autre, plus usuelle, avec une base feuilletée supportant une couronne en pâte à choux. Cette pâte à choux est dressée à la douille sur le disque feuilleté, dorée à l'œuf, puis cuite au four.
Dans les 2 cas, après cuisson, de la crème pâtissière est déposée au centre, saupoudrée de sucre semoule et caramélisée au fer rouge. Cette dernière technique confère à la crème pâtissière, couleur « jaune flan », des nuances de foncé du meilleur aloi...

HIST. *Familière partout en France, cette pâtisserie aurait existé en Île-de-France dès la première moitié du XVIIIe siècle. Dans sa version initiale, de la gelée ou de la marmelade de groseille occupait le centre d'une sorte de vol-au-vent, qu'enjambait un cercle de pâte représentant l'anse du seau d'un puits... Il s'en fabriquait aussi des modèles réduits de type « bouchée ». Cette pâtisserie trouvera une nouvelle vie à l'époque d'une célèbre opérette qui lui vaudra ce nom de « puits d'amour ».*
Cette recette connaîtra une évolution à partir des années 1930, la majorité des pâtissiers remplaçant la gelée par une crème pâtissière et le feuilletage par un fond de feuilletage surmonté d'une couronne en pâte à choux.

Religieuse

(pâtisserie ; Paris)

Figurant une silhouette féminine plantureuse avec sa grosse boule supportant une petite (la tête) prise dans une collerette de crème au beurre, la religieuse demeure l'une des valeurs sûres aux vitrines des boulangers-pâtissiers.
Café, chocolat ou vanille... la recette ne diffère pas de celle de l'éclair (lui, tout en longueur): de la pâte à choux (voir chouquette), un fourrage de crème pâtissière ou de crème

Chiboust (voir saint-honoré), un fondant glacé du même parfum. La religieuse bénéficie, en outre, d'une décoration de volutes de crème au beurre.
La pâtisserie indémodable continue à se faire engloutir religieusement aux côtés d'autres bastions que sont le mille-feuille, le savarin ou le saint-honoré.

HIST. *Si l'éclair peut se prévaloir d'une ascendance lyonnaise, en revanche, la religieuse revendique une attache parisienne. Elle aurait été inventée au milieu des années 1850 chez Frascati, un pâtissier-glacier à la mode. Elle arborait l'aspect d'un carré de pâte à choux fourré de crème pâtissière et surmonté de crème fouettée. Elle n'aurait pris l'apparence que nous lui connaissons qu'à la fin du XIXe siècle.*

SAINT-HONORÉ

(pâtisserie ; Paris et Petite Couronne)

Fleuron de la pâtisserie parisienne, le saint-honoré se compose d'un disque en pâte brisée ou feuilletée, garni d'une couronne de petits choux fourrés à la crème et glacés au sucre ; le centre du gâteau foisonne d'une crème pâtissière additionnée de blancs d'œufs montés en neige.
Il existe 2 versions du saint-honoré: l'une avec un fourrage à la crème Chiboust (crème pâtissière avec des blancs en neige), l'autre à la crème chantilly. Les choux, en pâte à choux (voir chouquette), sont dressés à la douille sur le pourtour d'une abaisse ronde. Après cuisson au four, les choux reçoivent une crème pâtissière et sont laqués de caramel sur le dessus. Ne reste qu'à couvrir le centre de la composition d'une crème, souvent Chantilly.
En format individuel ou pour plusieurs convives, la dégustation d'un saint-honoré reste toujours un moment particulier, associé à un repas familial, au dimanche, aux enfants qui s'en mettent pleins les babines. Le plaisir opère à plusieurs niveaux : la douceur de la crème lactée, le moelleux du chou contrastant avec sa caramélisation craquante.

✱ **HIST**. *La tradition voudrait que ce gâteau sophistiqué soit l'œuvre de Chiboust, un pâtissier de la rue Saint-Honoré, à Paris, et qui aurait donné ce nom à sa création en 1848 en l'honneur de saint Honoré, patron des boulangers. Certains témoignages accréditent l'hypothèse que Chiboust n'aurait fait que remplacer la Chantilly par une autre de son invention (la « crème saint-honoré » qui prendra plus tard le nom de son créateur), le gâteau étant antérieur.*

Savarin

(pâtisserie ; Paris)

Souvent vendu sous la désignation erronée de « baba au rhum », le savarin est cette couronne dorée en pâte levée, imbibée de sirop de sucre et d'alcool (rhum, kirsch), garnie en son centre d'une crème pâtissière ou chantilly, elle-même décorée d'un fruit frais (fraise ou demi-fraise).
Le savarin illumine la fin d'un repas dominical, où il se mue en pousse-café gourmand. Certaines brasseries parisiennes, bravant les règles de la diététique, en servent 2 pièces par personne.

HIST. *Le gâteau, appelé d'abord Brillat-Savarin, en hommage à l'auteur de La Physiologie du goût, fut créé au milieu du XIXe siècle par les 3 frères Julien (Narcisse, Arthur et Auguste), artisans géniaux, qui tenaient boutique place de la Bourse, à Paris. Ils auraient été les premiers à tremper un biscuit dans du sirop. Le gâteau prendra le nom plus court de savarin.*
Inspiré du baba au rhum (Lorraine), c'est Auguste, qui avait été apprenti chez Storher, qui en eut l'idée. Le succès fut faramineux.

Sucre d'orge des religieuses de Moret

(confiserie ; Gâtinais)

Le sucre d'orge des religieuses de Moret-sur-Loing, considéré comme l'une des plus anciennes friandises françaises, se présente sous la forme de berlingots et de bâtonnets,

respectivement de couleur ambrée et translucide. Leur composition reste un secret et ne comporte, pour toute mention, que : « sucre ».
En revanche, le Musée du sucre d'orge retrace l'épopée et la technique de fabrication de l'indémodable bonbon. Une fois le sucre cuit au four dans une bassine cuivrée, on lui verse de ces flaconnets de « poudre à perlimpinpin », comme il est dit, conçus dans le plus grand mystère. La pâte est étalée sur une table en fonte, dans laquelle fonctionne un ingénieux système d'eau permettant de la chauffer ou de la refroidir.
On travaille la pâte à la spatule, puis on la façonne en boudin que l'on découpe en carrés.
Ceux-ci, passant en machine, seront compressés en plaques à berlingots ou à bâtonnets.
Une fois refroidies, les plaques sont cassées par un passage dans un tamis donnant des sujets individuels. Les bâtonnets se verront enveloppés de cellophane et mis en boîtes, tandis que les berlingots seront enrobés d'une couche de sucre glace pour empêcher qu'ils ne collent entre eux.
Dans sa boîte ronde ou rectangulaire en fer blanc décorée à l'ancienne, le berlingot continue à faire les délices d'amateurs aux 4 coins de France. Avec les bâtonnets, il reste le souvenir « obligatoire » à emporter de la charmante villégiature de Moret.

HIST. *C'est en vue de médication que les religieuses de Moret-sur-Loing élaborèrent, en 1638, un bonbon de sucre de canne aromatisé à l'orge. Il fera fureur à la cour de Louis XIV. Après le départ des religieuses, en 1782, la production ne revint dans sa ville originelle que grâce (selon la légende) à la volonté de Napoléon. Les sœurs de la Charité de Moret prendront la relève de cette fabrication jusqu'en 1970. À la cessation de leur activité, elles confient le secret de leur procédé à Jean Rousseau qui relance la fabrication en 1972. De ce sucre d'orge, un élixir est né, de même qu'une confrérie qui milite pour la promotion de cette sucrerie.*

Tarte Bourdaloue

(pâtisserie ; Paris)

La tarte Bourdaloue, du nom de la rue qui l'a vue naître, se compose d'une pâte sucrée ou brisée, de demi-poires pochées émincées, prises dans une crème d'amandes (ou de la frangipane) et, éventuellement, d'un nappage à l'abricot. Ce type de tarte peut se décliner avec d'autres fruits, pêches, abricots, pommes.
La pâtisserie, vendue en format individuel ou familial, se déguste à la fin d'un repas autant qu'au goûter.

HIST. *On hésite sur l'identité du pâtissier qui s'installa, vers 1850, rue Bourdaloue (dans le ixe arrondissement de Paris, au nom d'un prédicateur jésuite, Louis Bourdaloue): s'agissait-il d'un nommé Fasquelle ou bien de Lesserteur? Les avis divergent...*
Le premier, selon le Dictionnaire de cuisine de J. Favre (paru en 1890), aurait créé un gâteau alliant poudre de noisette, sucre, jaunes d'œufs, farine et blancs d'œufs montés en neige qui, une fois cuit dans des moules cylindriques, se voit détaillé en tranches et farci de crème pâtissière aromatisée au kirsch, avant de recevoir un glaçage au chocolat ; la recette du second, Lesserteur, parue dans un ouvrage ultérieur, paraît plus proche de celle que nous connaissons : un mélange de poudre d'amandes, de sucre, de jaunes d'œufs, de fécule et de blancs montés en neige cuit au four et « glacé curaçao ». Plus tard, les entremets utilisant une crème d'amandes ou de noisettes, ou même de macarons écrasés se verront qualifiés de « à la Bourdaloue ».
Ainsi, la recette actuelle puise-t-elle ses fondements dans un « flan d'abricots à la Bourdaloue », des abricots pochés, enfoncés dans une frangipane au macaron, le tout doré au four. Plus tard, les poires devenant à la mode, les « poires à la Bourdaloue », désignant ce flan, s'imposeront.

• • •

LANGUEDOC-ROUSSILLON

BERLINGOT DE PÉZENAS

(confiserie ; Biterrois)

D'aspect différent des autres berlingots*, le berlingot de Pézenas reprend, en effet, non la forme d'un tétraèdre, mais plutôt celle d'un petit rectangle irrégulier et ovale, strié de bandes colorées marquant ses parfums.
Pour sa fabrication, sucre, glucose et eau cuisent d'abord dans un grand chaudron en cuivre. La température requise atteinte, la pâte liquide est déversée sur une table en fonte, puis additionnée de parfum et de colorant. Aux parfums fleurant bon le temps d'autrefois (bergamote, coquelicot, caramel au lait, lavande, violette, verveine...), sont venus s'ajouter des classiques (réglisse, menthe, anis, citron, mandarine, framboise, café, chocolat), des fruits du Midi (abricot, pêche, cerise, fraise, melon, figue...) et des exotiques (ananas, mangue, noix de coco...). Essences, arôme et colorants se veulent pour la plupart naturels.
La sucrerie se vend en sachet.

HIST. *La tradition berlingotière piscénoise est incertaine. Selon la légende, un marchand ambulant nord-africain, sous l'Ancien Régime, aurait transmis sa recette à un pâtissier local... Le seul producteur local (Boudet) poursuit la tradition d'une longue dynastie de confiseurs sur Pézenas.*

**Dont le fameux berlingot de Carpentras (PACA).*

BISCOTIN DE BÉDARIEUX

(pâtisserie ; Espinouse)

Biscuit souple et moelleux, exhalant le citron et la fleur d'oranger, le biscotin de Bédarieux prend l'aspect d'un petit pain long (8 cm) et bombé (haut de 5 cm), fendu en son milieu, de couleur doré foncé.
Riche en beurre et en œufs, il se compose, en outre, de farine, de sucre, de sel, d'arômes de citron et de fleur d'oranger. La pâte, longuement travaillée, est déposée sur plaque au moyen d'une poche à douille et passée à four très chaud. Refroidis, les biscotins seront conditionnés en sachets.
En en-cas ou au goûter, trempé dans une boisson chaude, le biscotin ranime la mémoire des bonnes saveurs d'antan...

HIST. *Ce biscotin* est l'héritier d'une saga biscuitière, présente sur Bédarieux au XIXe siècle. Lors de la Seconde Guerre mondiale, toutes les biscuiteries de la ville fermèrent, laissant la production de ces biscotins orpheline. Celle-ci sera relancée par un entrepreneur au début des années 1970, qui adaptera la recette.*
Trouver des biscotins de Bédarieux reste chose aléatoire, mais quelques artisans de la région s'essayent à en proposer.

**Autres biscotins : biscotin d'Aix (PACA), biscotin de Camarès (Midi-Pyrénées).*

Bitterroise

(pâtisserie ; Biterrois)

La biterroise est une brioche dorée et brillante, souvent en forme de petite coque d'une demi-douzaine de centimètres de long, parfumée de fleur d'oranger et fourrée de raisins secs et de marmelade de pomme ou de crème pâtissière.
Pour sa fabrication, une pâte à brioche classique (farine, beurre, œufs, levure, sucre) est mise en œuvre, parfumée de fleur d'oranger. Abaissée, elle est découpée en bandes laissées à lever, celles-ci sont ensuite nappées d'une fine couche marmelade de pomme ou de crème pâtissière et parsemées de raisins secs, avant d'être roulées et façonnées. Enduites de jaune d'œuf battu, ces biterroises passeront au four, avant d'être badigeonnées d'un sirop sucré qui leur donnera leur éclat.
La viennoiserie fait la joie du goûter.

HIST. *Cette pâtisserie s'inscrit dans la famille des « pains enrichis », qui apparaissent dans le Languedoc et le Roussillon sous différentes formes et différents noms : coque catalane, coque Saint-Aphrodise, limoux, tourteau à l'anis... Sa fabrication remonte au moins au XIXe siècle.*

Bras de gitan

(pâtisserie ; Plaine du Roussillon, Vallespir, Conflent...)
Variante : bras de Vénus (Lauragais audois).

Génoise moelleuse de format cylindrique, roulée et fourrée d'une crème pâtissière aromatisée, le bras de gitan évoque la forte présence de cette communauté sédentarisée dans le Roussillon, notamment dans un quartier de Perpignan (Saint-Jacques).
La recette s'effectue en 3 temps : la réalisation de la génoise (farine, sucre, jaunes d'œufs et blancs montés en neige), puis celle de la crème pâtissière (jaunes d'œufs, sucre, farine, lait, vanille), enfin, l'assemblage. On pose ainsi la génoise sur un

linge humide, on la tapisse de la crème pâtissière, puis on roule la génoise sur elle-même que l'on maintient à l'aide du torchon. Le gâteau sera ensuite placé au frais. Avant sa consommation, on coupe bien droit ses 2 extrémités et on le saupoudre de sucre.
Ce gâteau de ménage délicieux fait le bonheur du dessert (avec un café), aussi bien que celui du goûter.

Bunyete

(pâtisserie ; Roussillon, Aspres, Conflent, Cerdagne, Vallespir, Capcir, Fenouillèdes)

Dans le Pays catalan, la bunyete (prononcer « bougnette ») est un beignet rond, large et mince, boursouflé et doré, généreusement saupoudré de sucre.
Farine, levain, eau de fleur d'oranger, beurre, zeste de citron, sel, sucre et œufs, sont pétris jusqu'à donner une pâte homogène. Une fois levée, celle-ci est détaillée en boulettes, remises à lever, puis aplaties sur le genou (protégé d'un linge) et, enfin, plongées dans une huile de friture. Une fois dorées, les bunyetes seront sucrées et empilées.
Délicieuses, elles se dégustent aussi bien tièdes que froides.

HIST. *Ces beignets dorés se confectionnent surtout pour les fêtes de Pâques dans le Pays catalan français (correspondant à l'ancien Roussillon), où ils s'appellent bunyols, crespells, oreillettes, garrifes, bunyetes.*

Coques catalanes

(pâtisserie ; Roussillon, Vallespir, Conflent, Aspres, Cerdagne, Fenouillèdes)
Autres appellations : fougasse, coca.

Les coques catalanes (appelées aussi « fougasses ») sont des sortes de gâteaux briochés, parfois en pâte feuilletée, plats, longs, rectangulaires ou, le plus souvent, ovales, couverts de

différentes garnitures, sucrées, salées ou sucrées-salées.
Les coques les plus répandues restent celles briochées, au support fait d'une pâte à base de farine, de lait, de levure, de sucre et d'un peu de sel. Laissée à lever, cette pâte sera enrichie de beurre ou de graisse de porc, ainsi que d'œufs, puis façonnée en petits pains sur une plaque graissée. Ceux-ci recevront leur garniture (telle la coca de crema, garnie de crème pâtissière ou de crème catalane, fruits confits et sucre), puis seront cuits au four.
Véritable délice, aux garnitures claires ou bariolées de couleurs vives, la coque, sucrée, fera le bonheur du goûter ou du petit déjeuner, salée, celui de l'apéritif (découpée en morceaux), ou bien du repas (en entrée ou en plat principal avec une salade).

✱ **HIST**. *Autrefois, en Catalogne espagnole et française, ces coques correspondaient à une fête religieuse : la coca de la Saint-Jean (garnie de fruits confits, de pignons de pin et de sucre, ou encore avec des cheveux d'ange, confectionnée le 23 juin, veille de la Saint-Jean), la coca de fritons (garnie de fritons, sucre et pignons de pin, du jeudi gras), la coca aux poivrons, harengs et anchois (du mercredi des Cendres), la coca de Llavaneres (farcie de massepain, de crème et couverte de pignons et de sucre du 13 juin, fête de Saint-Antoine de Padoue), etc. On retrouve ce type de pâtisserie dans le Languedoc : coque de Saint-Aphrodise (Biterrois), coque d'Aigues-Mortes (Petite Camargue), fougasse aux fritons.*

CRÈME CATALANE

(spécialité culinaire ; Roussillon, Vallespir, Aspres, Cerdagne, Conflent, Capcir, Fenouillèdes)

Dessert incontournable des restaurants et auberges de la région, la crème catalane n'est autre qu'une version légère de la crème brûlée, parfumée aux agrumes.
Faite de lait, de jaunes d'œufs, de sucre et d'arômes divers (cannelle, zeste de citron), liée de maïzena, elle est servie dans une petite cassolette en terre cuite vernissée. Sucrée en surface, elle peut être caramélisée au chalumeau.

Ce dessert typique catalan ne dédaigne pas de se servir avec un vin de type banyuls.

Crème catalane

Croquant de Mende

(pâtisserie ; Margeride)
Variante : croquant Villaret.

Le croquant de Mende, enrichi d'amandes et de noisettes, présente l'aspect d'un petit gâteau sec allongé (rectangle doré de la taille d'un doigt), un peu souple sous la dent ou alors très sec.

Farine, sucre, matière grasse, crème de lait, poudre levante, vanille constituent sa base. La pâte sera additionnée d'amandes et de noisettes, abaissée, puis coupée au couteau. Les croquants, dorés à l'œuf et d'abord entreposés au froid

sur une plaque, passeront à four chaud. Après cuisson, ils sont conditionnés en sachets ou en boîtes cartonnées ou métalliques.
S'il se déguste frais (seul ou avec une boisson chaude ou un vin doux apéritif), il se conserve aussi très longtemps.

HIST. *Cette pâtisserie fabriquée au pied du Mont-Mimat reprend une tradition séculaire dans la région languedocienne. Les amandes que l'on utilisait provenaient des amandiers des Gorges du Tarn et les noisettes étaient cueillies dans les haies de la Margeride et de la Haute Vallée du Lot.*

Croquant de Saint-Paul-de-Fenouillet

(pâtisserie ; Fenouillèdes)

Le croquant de Saint-Paul-de-Fenouillet poursuit la tradition de ce biscuit sec à l'ancienne*, plat et allongé, aux bords plutôt arrondis, de couleur doré foncé. Souvent décoré d'amandes, il peut également se faire aux noisettes, au chocolat ou au citron.
Sa conception, comme celle de tous les croquants languedociens, repose sur un mélange de farine, de sucre, d'œufs et, bien entendu de poudre de noisette ou d'amande.
Ce croquant se déguste très agréablement avec une boisson chaude.

HIST. *La pâtisserie s'inspire d'une recette ancestrale dont l'histoire tient à la persistance de l'amandier dans les paysages sublimes du Haut-Fenouillèdes. Outre ses croquants, appelés parfois « biscotins », le village de Saint-Paul-de-Fenouillet (jouxtant les gorges de Galamus) est également réputé pour ses vignobles. Selon son fabricant, lors des grandes fêtes de Pentecôte chacun échangeait ses recettes autour du four communal, qui ne désemplissait pas de biscuits dont l'ingrédient principal était l'amande provenant de la vallée de l'Agly.*
Généralités sur le croquant, voir à croquant Villaret.

CROQUANT VILLARET

(pâtisserie ; Costières)
Autre appellation : croquant de Nîmes.

Le croquant Villaret, un biscuit en forme de bâtonnet rectangulaire (de la taille d'un doigt), mince et doré, laissant entrevoir des amandes sur le dessus, s'avère particulièrement dur sous la dent.
Son élaboration, tenue secrète par la famille Villaret et ses successeurs, mêle farine, sucre, eau, eau de fleur d'oranger, extrait de citron et éclats d'amandes. Le tout, pétri, puis étalé en plaques, détaillé en rectangles, cuit dans un four à bois porté à haute température. Après refroidissement, les croquants seront rangés en boîtes.
Ce délice suranné, de longue tradition nîmoise, fait la joie des « croqueurs » qui apprécient autant sa résistance de caillou que sa saveur.

HIST. *Le croquant Villaret, qui trône au « Panthéon » de la biscuiterie régionale depuis des lustres, aurait été inventé par un pâtissier de Nîmes du nom de Villaret. Plusieurs localités de la région ont laissé leur nom à leur croquant : croquant de Mende, croquignole d'Uzès, croquant de Saint-Paul-de-Fenouillet...*

CROQUIGNOLE D'UZÈS

(pâtisserie ; Garrigues)

La croquignole d'Uzès est un biscuit rond, de couleur marron foncé, guère plus gros qu'un bonbon, à l'amande ou à la noisette, dur mais fondant en bouche.
Farine, sirop de sucre, sucre glace et vanille servent d'enrobage à une amande douce ou à une noisette.
Ces fruits, humectés de sirop et vanillés, sont passés dans une turbine en cuivre (même principe que pour la dragée) et travaillés en couches successives. Les billes de pâte, compactes, mais moelleuses, sont disposées sur une plaque de cuisson et enfournées à une température élevée, avant

d'être glacées au pinceau d'un sirop épais à l'orange ou au caramel. Une fois refroidies, les croquignoles se conditionnent en sachets.
Ce petit biscuit en forme de bille, pouvant se conserver 6 mois, s'acoquine bien avec un café, un thé.

HIST. *La croquignole est une pâtisserie fort ancienne. Celle de Pithiviers (en Beauce), abandonnée à la fin de l'entre-deux-guerres, contribua, avec d'autres croquignoles*, au succès de ce biscuit qui nous est revenu dans le Gard ces dernières décennies... Associée aux desserts de Noël et aux événements familiaux (mariages, baptêmes), cette croquignole d'Uzès faillit elle aussi disparaître. On doit sa naissance à un boulanger du milieu du XVIIIe siècle, Vincent Pellecuer (qui habitait au mas des Librottes, à Blauzac), qui en avait rapporté la technique d'un voyage en Chine. Une dizaine d'années plus tard, il s'installa à Nîmes et créa, route d'Uzès, une biscuiterie, et, rue Nationale, un magasin où ses « pralines et biscuits chinois » connurent le succès.*
Sans descendant, il prit pour successeur son neveu Justin, qui acheta, en 1909, une maison à Uzès, rue Benoit, et y fit construire un four de sa conception lui permettant d'enfourner une vingtaine de sortes de biscuits dont les fameuses « pralines chinoises », rebaptisées « croquignoles d'Uzès ».
En 1936, il vendit la biscuiterie à une employée, mariée à Éloi Fabre. Son fils prendra la succession, avant de vendre la recette et le matériel. Hélas, le secret fut mal transmis et Gérard Gourgeon tâtonnera longtemps avant de retrouver la croquignole idéale, ronde et fondante. La production est réalisée à Montpezat (localité à l'ouest de Nîmes).

**Croquignole de Reims (Champagne-Ardenne), croquignole de Navarrenx (Aquitaine).*

ESCALETTE

(pâtisserie ; Montpelliérais)

L'escalette est une galette, ronde, carrée ou triangulaire, très mince, striée de bandes ou de motifs, au goût discret

de citron. Farine, sucre, sel, œufs, beurre fondu et zestes de citron finement hachés, une fois mélangés, donnent une pâte dont on tire des boulettes.
Celles-ci, placées dans la mâchoire d'un moule spécial en fonte, décoré de motifs divers sur ses 2 faces, seront aplaties en galettes, cuites sur chaque face une trentaine de secondes, se couvrant de dessins alvéolés.
Une fois dorées, on les saupoudre de sucre.
Les escalettes se consomment, selon la tradition, avec du vin blanc ou de la cartagène.

HIST. *Ces escalettes, qui relèvent de la vaste famille des gaufres*, sont originaires de la région montpelliéraine. Leur nom dérive du catalan escala (désignant « l'échelle » rituellement utilisée lors du carnaval, afin de symboliser l'inversion de la hiérarchie sociale). On les voit à Cournonterral, lors de la fête des Pailhasses. Hormis à l'occasion du carnaval, on les fabrique quelquefois dans l'année pour se régaler en famille...*

**Tout comme le curbelet (Midi-Pyrénées).*

FOUGASSE AUX FRITONS

(boulangerie ; Cévennes, Garrigues, Montpelliérais, Costières, Biterrois, Espinouse, Minervois, Narbonnais, Corbières, Carcassès...)
Variante : coca aux lardons (voir coques catalanes), fougasse aux grattons d'oie des Cévennes.

De forme rectangulaire et plate, percée de 3 fentes en biais, la fougasse aux fritons est une pâte à pain, enrichie de margarine, de résidus de lard (fritons) de porc et souvent de poivre.
La technique, des plus rudimentaires, consiste à abaisser une pâte servant à faire le pain, à l'enduire de margarine, à l'assaisonner de poivre et à la parsemer des fritons de porcs. La pâte est repliée en carré et aplatie (opération répétée plusieurs fois, ce qui produit un feuilletage). Des rectangles de pâte sont ensuite découpés, incisés de 3 fentes et passés

au four. Les fougasses se consomment à tout moment de la journée.

✳ **HIST**. *Les fritons ou grattons, résidus provenant de la fabrication du saindoux, trouvaient une « nouvelle vie » en enrichissant les pains. Cette tradition campagnarde s'est maintenue en Languedoc-Roussillon, de la côte méditerranéenne au rebord méridional du Massif central.*

FRESCATI

(pâtisserie ; Montpelliérais)

Somptueuse pâtisserie comme ressurgie de la Belle Époque, le frescati revêt l'aspect d'un cylindre assez haut et bombé, à la croûte mordorée, glacée et brillante, couronnée de quelques cerises.
Cet entremets superpose sur un disque de pâte sablée-sucrée une génoise aux raisins confits, gorgée de rhum, elle-même surmontée d'une couche de meringue à l'italienne, épaisse et moelleuse. Le tout, nappé d'un fondant café qui lui confère son glacé luisant et sucré, est décoré de 4 ou 5 cerises noires. Ce « bijou » offre l'avantage de pouvoir se conserver plusieurs jours, au frais, du fait de l'absence de crème.
Vendu avec sa carte d'identité et sa boîte pâtissière spécifiques, ou encore en portions individuelles, ce dessert altier aime à se déguster avec un vin doux naturel bien frais.

↷ **HIST**. *Le nom de cet entremets issu de la grande tradition pâtissière française résulte de l'interprétation méridionale d'un célèbre gâteau très à la mode dans la seconde moitié du XIXe siècle : le frascati (appelé parfois frescati à partir de 1865).*
C'est vers 1890, qu'Amédée Fourniol, l'introduisit à Sète. Remarquant que cette pâtisserie avait la faculté de se conserver plusieurs jours grâce à l'emploi d'une meringue à l'italienne, il l'adapte au goût de la population par adjonction de rhum, de raisins secs et d'un glaçage au café. Ce gâteau d'apparat obtient un succès immédiat auprès de la petite bourgeoisie et dans les milieux aisés des négociants en

vins et des commerçants. Incontournable lors de la fête de la ville, la Saint-Louis, le 25 août, il trône aussi lors de banquets ou sur les tables familiales. Gaston Bladier (grand-père de Michèle Aprile), apprenti pâtissier chez Fourniol, continuera à produire ce frescati en succédant à son patron. Quatrième génération de cette dynastie de pâtissiers-confiseurs, Serge Aprile entretient la flamme. Le frescati peut, désormais, se réclamer de Sète, car sa fabrication semble avoir été abandonnée un peu partout ailleurs.

GRISETTE DE MONTPELLIER

(confiserie ; Montpelliérais)

Bille noire de la taille d'un petit pois, à peine blanchie par une poussière de sucre cristallisé, la grisette de Montpellier est un bonbon dur, emblématique de la ville dont il se réclame. Sa fabrication repose sur la cuisson en chaudron de sucre, d'eau, de miel et de réglisse, auxquels s'ajoute un colorant. Cette friandise, conditionnée dans des boîtes de divers formats, fait le bonheur des touristes.

HIST. *Comptant parmi les plus anciennes friandises françaises, la grisette s'inspire des préparations des apothicaires montpelliérains du Moyen Âge qui utilisaient de la réglisse ou du miel, ingrédients des médecines antiques et arabes, à qui l'on reconnaissait des vertus thérapeutiques. Ces 2 produits, le miel (voir miel de Narbonne, réputé au XIIIe siècle) et la réglisse (voir réglisse d'Uzès) contribuaient à la réputation du Languedoc. Une légende prétend que ces grisettes rafraîchissaient la bouche des pèlerins de Saint-Jacques durant leur longue marche. Plus sûrement, cette spécialité montpelliéraine emblématique telle qu'on la connaît remonte au XVIIIe siècle.*

GUIMAUVE DE MONTPELLIER

(confiserie ; Montpelliérais)

La guimauve de Montpellier se présente en longues lanières molles et sucrées de différents coloris ajustés à leurs parfums :

violette, framboise, anis, mandarine, citron, fleur d'oranger... De nos jours, l'utilisation de la racine de guimauve (plante dont on extrayait le mucilage des racines pour produire la pâte de guimauve) a disparu, remplacée par du sucre (ou du sirop de maïs), du blanc d'œuf battu, de la gélatine (préalablement détrempée dans de l'eau), de la gomme arabique et des aromatisants, le tout battus jusqu'à atteindre cette consistance spongieuse unique.
Cette guimauve à l'ancienne se vend à la pièce, enroulée dans de grands bocaux en verre, ou découpée en carrés et conditionnée en sachets.

✱ **HIST**. *Bien qu'elle n'ait pas été inventée spécialement à Montpellier et qu'elle soit fabriquée ailleurs, en France comme à l'étranger, la guimauve (marshmallow en anglais) y est très familière.*
La pâte de guimauve trouve son origine dans la plante du même nom, autrefois connue pour ses propriétés adoucissantes, notamment son pouvoir antitussif, bien que la plante éponyme ne soit plus à l'origine de la guimauve.
Il existe d'autres utilisations de la guimauve en confiserie : chamallow, ourson nappé de chocolat...
Au nord de Montpellier, à Saint-Gély-du-Fesc, la maison Auzier Chabernac perpétue la tradition des lanières de guimauve à l'ancienne, aux arômes naturels, innovant même avec des goûts audacieux : grenadine, ananas vanille, pêche ou fraise crémeuse.

LIMOS

(pâtisserie ; Razès)

Le limos (ou limoux) est une couronne briochée des rois, couverte de sucre et de morceaux de fruits confits, où le vert du cédrat côtoie le jaune orangé du melon et le rouge des bigarreaux.
Farine, levure de boulanger, sel, eau, beurre, œufs, zestes d'orange et de citron, eau de fleur d'oranger et rhum entrent dans la réalisation de la pâte. Celle-ci sera façonnée en

couronne, cuite au four, puis décorée de fruits confits et saupoudrée de grains de sucre.
Comme le veut la tradition, cette délicieuse brioche contient une fève, que l'on tire selon le rituel bien connu...

HIST. *Ce gâteau des rois local empruntant son nom à la capitale du Razès, Limoux, qui s'en est fait une réputation depuis longtemps, possède un lien de parenté indiscutable avec la brioche décorée de fruits confits que l'on connaît dans tout le Languedoc, le Midi toulousain, jusqu'au Quercy, et notamment en Provence*.*

Voir à gâteau des rois (PACA).

MIEL DES CÉVENNES

(miel ; Cévennes)

Produit emblématique du vaste pays dont il se réclame, le miel des Cévennes exprime toute la typicité de la flore cévenole.
Si le miel de châtaignier reste le plus connu, on trouve ainsi des miels de bruyère (rose, cendrée ou blanche), de callune, de ronces et de framboisier, de sapin et d'acacia. Aux côtés de ces miels monofloraux, les apiculteurs proposent aussi des miels polyfloraux (dits « toutes fleurs »). Certains miels se vendent sous l'appellation « de montagne ».
Ces miels, à l'aspect liquide, cristallisé ou crémeux, offrant des arômes fruités se dégustent sur du pain ou pour sucrer des boissons chaudes. On les retrouve dans des bonbons, du nougat, du pain d'épice. En cuisine, on les utilise dans une vinaigrette, dans un feuilleté au pélardon, pour une viande ou un gâteau.

HIST. *Le miel appartient au quotidien des Cévennols depuis la nuit des temps. Il constituait jadis líunique source de sucre sur les tables. Chaque foyer possédait un rucher (souvent un tronc de châtaignier creusé et recouvert d'un chapeau du même bois ou d'une pierre). Ces ruches-troncs étaient appelées brusc en patois local. Celles-ci ont été presque toutes remplacées par des ruches à cadres, contribuant à la relance de l'apiculture.*

MINERVE

(pâtisserie ; Costières, Garrigues, Cévennes...)

Pâtisserie surprenante, qui suscite la curiosité du touriste, la minerve offre l'aspect d'une large tranche de pain, assez fine, couverte d'un glacis sucré de couleur blanchâtre, dur comme de la meringue.
Il s'agit d'une grosse brioche (généralement une invendue) découpée au couteau. Les tranches, nappées d'un glaçage compact fait de blanc d'œuf et de sucre glace, sont séchées dans four chaud éteint. Il se vend de grosses minerves et des petites, appelées « minervettes ».
Vendu à l'unité, ce délice suranné se fait le complice désigné du goûter, trempé dans du café au lait, du chocolat chaud.

HIST. *La minerve n'est en rien spécialité pâtissière du Minervois, puisque surtout attachée à la région nîmoise, aux Cévennes gardoises et aux Garrigues, bien qu'on puisse la trouver chez quelques artisans du département voisin de l'Hérault, voire, de l'autre côté du Rhône, dans le Vaucluse. Son origine est en rapport avec les fêtes de l'épiphanie et avec les excédents des brioches en couronne coupées par les pâtissiers et couvertes de sucre.*

NOUGAT DE LIMOUX

(confiserie ; Razès)

Le nougat de Limoux, un nougat mou, fondant en bouche, se vend en cubes, en rectangles ou en triangles de couleur laiteuse, richement parés d'amandes entières.
Mariage parfait entre l'amande douce grillée (non émondée) et le miel, sa composition intègre également du blanc d'œuf, du glucose et du sucre parfumé à la vanille.
Cette friandise exquise fait le bonheur des touristes comme celui des participants au fameux carnaval de Limoux.

HIST. *Limoux, réputée pour sa blanquette et ses pébradous, demeure ainsi une cité nougatière*. Le Languedoc en comptait* *autrefois plusieurs, du fait de la présence de l'amande et du miel. Désormais, les fabricants perpétuant la tradition de ce nougat limouxin se comptent sur les doigts de la main, dans un marché dominé par la Maison Bor.*

**Fabrication et précisions historiques, voir nougat de Montélimar (Rhône-Alpes), nougat blanc et nougat noir (PACA).*

Pain de Beaucaire

(boulangerie ; Costières)

Le pain de Beaucaire, court rectangle d'une quinzaine de centimètres de long, trapu et aux bords arrondis, se reconnaît à la fente qui le partage en son milieu. Avec sa croûte fine assez blanche, sa mie très alvéolée, il s'apprécie des deux côtés, languedocien et provençal, du Rhône.
Sa fabrication mêle souvent des farines « oubliées » (par exemple, de la florence aurore et du meunier d'Apt*) avec de la levure, du sel et de l'eau. La pâte, bien pétrie, sera laissée à fermenter dans le pétrin, avant son façonnage et le pliage qui lui donne sa forme caractéristique (c'est en levant que la fente apparaît).
Comptant parmi les productions emblématiques de la ville, le pain de Beaucaire accompagne les repas quotidiens.

HIST. *Ce pain spécial était déjà fabriqué au xve siècle par les fourniers (ancêtres des boulangers) de Beaucaire, ville postée sur la rive droite du Bas-Rhône (face à Tarascon, sur l'autre rive). Malgré ses évolutions, ce pain a su traverser les âges en gardant son goût (il était, autrefois, réalisé avec un tiers de levure qui lui conférait un goût particulier que la technique actuelle de fermentation et l'emploi de farines anciennes permet de recouvrer en partie) et son apparence.*

**Voir blé meunier d'Apt (PACA).*

PAIN PAILLASSE DE LODÈVE

(boulangerie ; Lodévois)

Lodève et sa région entretiennent la tradition d'un pain long, assez irrégulier et légèrement torsadé, à la croûte ambrée témoignant d'une cuisson appuyée : le pain paillasse.
Faite de farine blanche, de levain de la veille (si possible) et d'eau, puis de levure, puis de sel, la pâte pétrie sera laissée au repos, avant d'être détaillée en boules. Retravaillées à la main pour en évacuer les bulles d'air, celles-ci sont enveloppées d'une toile et posées dans de grands paniers dits « paillasses » pour y lever. Avant cuisson, elles seront découpées à l'aide d'une racle sur une planche farinée, façonnées à la main, puis enfournées.
Ce pain rustique à la croûte légèrement farinée, bien croquante, à la mie alvéolée et crémeuse d'une douce amertume, honore les mets de la table et « transcende » autant les mouillettes de l'œuf à la coque que la tartine beurrée du matin.

HIST. *Ce pain, dont la caractéristique essentielle est la fermentation en masse après le pétrissage, se retrouve à Lodève depuis des siècles. Il doit son nom à la « paillasse » (dite encore « paillasson » ou « paillassou »), une corbeille tressée en paille de seigle liée avec des écorces de ronces, servant à entreposer le pain et à le transporter. La façon de faire ce pain, allongé dans son banneton (alors que les miches de l'époque étaient rondes), serait arrivée à Lodève, ville de foires et de marchés, durant les guerres de religion. Selon la légende, ce pain, placé sous la protection de saint Fulcran, patron de la cité, aurait été adopté par la corporation des tisserands, lesquels au cours de leur journée disposaient ainsi de pain frais.*

PÉBRADOU

(pâtisserie ; Razès)
Autre appellation : gâteau au poivre de Limoux.

Attaché à la ville de Limoux, le pébradou est un biscuit apéritif en forme d'anneau torsadé de couleur caramel,

relevé de poivre. Les ingrédients requis pour la fabrication des pébradous (farine, levure, beurre, lait, œufs, sel), une fois mélangés, donnent une pate qui sera détaillée en petits morceaux. Ceux-ci seront allongés en boudins, torsadés, puis rattachés aux 2 extrémités de manière à obtenir une mini couronne d'une demi-dizaine de centimètres de diamètre. Après une dorure à l'œuf, les pébradous sont passés assez brièvement dans un four à haute température.
Destiné à « prolonger » la soif par sa saveur poivrée, ce petit gâteau sec, légèrement piquant de poivre, se veut le meilleur compagnon de la blanquette de Limoux.

HIST. *Les gâteaux au poivre de Limoux sont connus depuis au moins le xixe siècle. Quant au poivre, cette épice était déjà répandue au Moyen Âge. Pâtissiers et boulangers de Limoux poursuivent la longue tradition de ces gâteaux poivrés.*

PETIT PÂTÉ DE PÉZENAS

(pâtisserie ; Biterrois)
Variantes : petit pâté de Béziers, petit pâté de Nîmes, tarte de Gruissan, pastisson de Beaucaire.

Véritable institution locale à laquelle tout touriste de passage ne saurait déroger, le petit pâté de Pézenas se présente sous l'aspect d'une sorte de « bobine » de pâte dorée, farcie d'un hachis de mouton sucré et salé.
« L'objet » (de 4 cm de diamètre sur 5 de hauteur), en pâte fine (faite de farine, beurre, eau et sel), couvert d'un petit chapeau à bord lisse ou dentelé, contient donc une farce, de couleur marron : à base de viande maigre de mouton hachée, associée à un quart de graisse de mouton, le tout cuit dans 2 fois son poids de sucre roux et additionné de sel, poivre et zeste de citron. Les abaisses de pâtes, une fois farcies et chapeautées, sont dorées à l'œuf battu et cuites au four.
Vendus à la pièce, ces petits pâtés se mangent souvent en hors-d'œuvre, mais peuvent apparaître aussi... en dessert.

HIST. *La « curiosité » culinaire, au goût sucré-salé-épicé aussi désarçonnant que le Poulain*, appartient au patrimoine de cette cité de charme au même titre que les escaliers et cours intérieures des multiples hôtels particuliers. Une entreprise en fabrique par dizaines de milliers chaque année.*

Si une légende attribue ces petits pâtés au cuisinier de Lord Clive (un Anglais venu se faire soigner à Montpellier, qui s'installa, en 1766, dans un château des abords de Pézenas), lequel réalisait à merveille de ces pâtés de mouton sucrés, bien connus en Écosse, les pâtés à la viande sucrés ne sont pas une nouveauté. Tout droit issus du Moyen Âge, on en retrouve trace dans le Sud de la France au XVIIe siècle.

Une confrérie du petit pâté de Pézenas veille jalousement sur cette spécialité singulière.

**Marionnette articulée figurant un gigantesque poulain portée par plusieurs hommes (cachés dans ses flancs) dans les rues de la cité piscénoise lors du carnaval.*

RÉGLISSE

(confiserie ; Garrigues, Montpelliérais)
Autre appellation : réglisse d'Uzès.

Spécialité de la ville d'Uzès, la réglisse, issue de la plante du même nom, donne une friandise qui revêt différentes formes.

En France, la plante (de la famille des légumineuses) se cultive surtout dans le Languedoc. Sa récolte s'effectue en hiver. Les racines, lavées et triées, sont broyées, afin d'en extraire le suc, par décoction, puis l'extrait, par évaporation. Après une phase de concentration des jus, le produit est transformé en poudre, en paillettes ou en pâte (moulée en pains). Les confiseries, les entreprises pharmaceutiques, des brasseries, les fabricants de pastis, les fabricants de tabac blond en prendront livraison. Si les bâtonnets de réglisse brut se sucent, la réglisse apparaît tour à tour dure, souple, molle, en bâtonnets, en pastilles, en gommes... sous divers parfums, anis, violette, vanille ou miel.

✱ **HIST**. *La racine de réglisse était utilisée durant l'Antiquité par les Égyptiens, puis les Grecs et les Romains, pour ses propriétés officinales. Au Moyen Âge, elle était le principal édulcorant avec le miel. Le jus de réglisse de Blois, dans le Val de Loire, était alors particulièrement estimé. Dès le XVIIIe siècle, cette culture migre dans le sud, notamment dans le Languedoc, autour de Montpellier. La plante est utilisée par les apothicaires pour des tisanes ou des pâtes aux vertus thérapeutiques (calmant la toux et les douleurs d'estomac).*

Après la création, au XVIIe siècle, en Angleterre (par George Dunhill), de la première fabrique de bonbons à la réglisse, c'est en 1837, dans le Gard, qu'Ernest Barre fonde une première entreprise française vouée à cette production. En 1862, à Uzès, Henri Laffont ouvre une usine de réglisse qui prospère, sous la marque ZAN, à partir de 1884. En 1970, les sociétés Ricqlès et Zan fusionnent, rejointes par Florent, en 1975. La marque est rachetée par Haribo en 1986. La société produit plus des trois-quarts des ventes nationales. De la demi-douzaine d'entreprises montpelliéraines ne subsiste que la maison Auzier-Charbenac.

ROUSQUILLE

(pâtisserie ; Vallespir, Roussillon).

La rousquille est un biscuit rond, évidé, à la pâte sableuse, plus ou moins anisée ou citronnée, nappée d'un glaçage blanc. Les

versions industrielles donnent des rousquilles d'une rondeur parfaite, mais dont la saveur et la texture laissent à désirer. Dans une fabrication artisanale, la technique consiste d'abord à mélanger dans un saladier des cubes de beurre, de la farine, de la levure et du sucre, jusqu'à obtenir une texture sableuse, avant d'incorporer des jaunes d'œufs, du miel, du lait et de la fleur d'oranger.
La pâte, bien pétrie, boulée et mise au repos au frais, sera abaissée, puis découpée (à l'aide d'un emporte-pièce) en cercles de 6 à 8 cm de diamètre. Chaque cercle sera évidé à son tour avec un emporte-pièce plus petit. Puis les biscuits sont posés sur plaque et passés quelques minutes dans un four assez chaud. Une fois refroidis, on les enrobe à la spatule ou au pinceau d'un glaçage épais fait d'eau et de sucre glace, enrichis de blancs en neige.
Gourmandise catalane par excellence, la rousquille se déguste à l'apéritif, glissant sur quelques gorgées de banyuls ou de muscat, ou au petit déjeuner, au goûter, en dessert avec le café.

HIST. *Venue du sud de l'Espagne, où elle porte le nom de rosquilla (« petite roue »), cette sorte de sucrerie s'améliorera au fil du temps, se rapprochant de la pâtisserie.*
À l'origine les rousquilles étaient des anneaux mis à sécher sur de longues et fines baguettes que les marchands ambulants portaient à l'épaule. Une tradition que l'on retrouve de l'autre côté des Pyrénées, dans le Béarn. En 1810, un pâtissier d'Amélie-les-Bains, Robert Seguela, a l'idée de les enrober d'un glaçage... C'est ainsi que la tradition de la rousquille reste étroitement liée au pays du Vallespir. De nos jours, certains pâtissiers d'Amélie et d'Arles-sur-Tech proposent des rousquilles sans trous (ce qui simplifie la fabrication, mais nuit à leur finesse), d'autres les parsèment de granulés multicolores, d'autres osent des glaçages de couleur rose. À leurs côtés, les biscuiteries industrielles perpignanaises, inondent le marché de leurs boîtes de rousquilles.*

**Voir rousquille d'Oloron (Aquitaine).*

TOURON CATALAN

(confiserie ; Roussillon, Vallespir, Cerdagne, Conflent, Aspres)
Variantes : panellet catalan, touron basque (Aquitaine).

Friandise incontournable du Roussillon, le touron catalan se présente sous l'aspect d'une tablette rectangulaire (ou de petites barres) d'une couleur allant du blanc au brun, à la texture tendre et huileuse du fait de sa forte proportion en miel et, surtout, en fruits à coque secs ayant sué lors de leur cuisson.
Dans une fabrication dite « catalane », le miel est d'abord chauffé, avant que le sucre et les blancs d'œufs montés en neige ne lui soient incorporés. Les fruits secs choisis (amandes, noisettes ou pignons), torréfiés, sont ajoutés à la pâte avec, parfois, des parfums (vanille, anis).
Au bout d'une heure, la pâte est déposée sur un marbre, laissée à refroidir, avant d'être abaissée et découpée.
Mais il existe divers types de tourons, inspirés de villes espagnoles, donnant des tourons tendres, durs ou moelleux, certains moulés sur feuille de pain azyme. Il existe aussi un touron noir (sans œufs et dont le sucre a été caramélisé).
Associé aux fêtes de Noël pour les autochtones, le touron catalan fait le bonheur des touristes.

HIST. *Sorte de nougat ibérique, le turron (en espagnol) ou torro (en catalan) s'inspire de ces pâtes sucrées ou miellées, aux pignons, aux pistaches ou aux noix, venues d'Orient. On ignore si le mot « touron » vient du latin torrere (« faire griller ») ou du nom de P. Torro, confiseur catalan du XVIIe siècle célèbre pour ses tourons. Au nord des Pyrénées, des manuscrits mentionnent le touron dès le début du XVIIe siècle. Celui-ci deviendra la confiserie traditionnelle des familles catalanes.*
Deux entreprises perpignanaises (Lor et la confiserie du Tech) dominent le marché de ce produit (remplaçant en partie le miel par du sucre), tandis que des pâtissiers-confiseurs proposent un touron artisanal décliné sous plusieurs parfums.

Tourteau à l'anis

(pâtisserie ; Conflent)

Attaché à Villefranche-de-Conflent et à son pays, le tourteau à l'anis est une couronne briochée (d'une trentaine de centimètres de diamètre), assez mafflue et peu ou pas évidée, dont la texture se rapproche de celle d'un pain, avec une croûte dorée et une mie blanche moelleuse. Le dessus est souvent saupoudré de sucre.
Mélangés et pétris, farine de blé, levure, sel, eau, œufs, beurre (facultatif), graines d'anis entières, zeste de citron, sont mis au repos plusieurs heures. La pâte sera façonnée en couronnes (lesquelles pourront être entaillées légèrement sur le dessus pour donner de courtes cornes), cuites à four bien chaud.
Ce tourteau se consomme au petit déjeuner ou au goûter, parfois avec de la confiture.

✱ **HIST**. *Les tourteaux (torteils ou tortells en catalan) relèvent de cette famille de pains de fêtes dont on rehaussait le goût d'anis, de citron. Peu à peu la pâte « briochera » avec l'apport d'œufs, de beurre. L'usage de ces tourteaux à l'anis s'est maintenu dans le Conflent, où les boulangers les vendent surtout à Noël.*

Zézette de Sète

(pâtisserie ; Montpelliérais)

La zézette de Sète est un biscuit sablé de couleur claire en forme de fuseau mince, recouvert de cristaux de sucre et comptant notamment dans sa composition du vin régional.
Pour sa fabrication, farine de blé, poudre levante et sucre en poudre sont mélangés, avec du vin blanc ou rosé languedocien, de l'huile d'olive et des arômes (vanille ou fleur d'oranger).
Ces biscuits à la texture particulière (vendus en sachets ou en boîtes) accompagnent un vin, un muscat, une blanquette ou un champagne, une boisson chaude ou une glace.

HIST. *L'aspect phallique de ces zézettes ainsi que leur nom évoquent d'autres pâtisseries liées à des cultes païens de la fécondité*. La zézette fut « ressuscitée » à la fin des années 1970 par Gaston Bentata, s'inspirant d'une vieille recette pied-noir perpétuée dans sa famille. Marque déposée depuis 1995, cette zézette languedocienne s'exporte jusqu'en Chine, sous de nouveaux parfums : au muscat, à la tapenade, aux olives...*

**Pine de Barbezieux et cornuelle (Poitou-Charentes).*

• • •

LIMOUSIN

ARÉNA

(pâtisserie ; pays de la Vienne)

Sorte de gros palet rond, de couleur ocre clair et à la texture moelleuse, l'Aréna contribue depuis un siècle à la réputation gourmande de la ville de Saint-Junien (sur la vallée de la Vienne).
Ce gâteau, à la pâte faite d'amandes montées de blanc d'œuf, de sucre, de farine et de beurre, reste un secret gardé par son unique dépositaire, même si il arrive d'en trouver ailleurs de pâles copies.
En format familial ou individuel, l'Aréna se savoure au dessert. Sa bonne conservation permet de l'envoyer par colis postal.

HIST. *Ce gâteau, inventé à la fin du XIXe siècle par Paulin Aréna, porta d'abord le nom de « Néva », en hommage au fleuve de Saint-Pétersbourg. En 1908, le fils Aréna, Paul, le présenta à un concours national de pâtisserie et obtint le grand prix. Appelé dès lors le gâteau Aréna, celui-ci entamera une longue « carrière ». Le dernier héritier de cette lignée de pâtissiers, exerça son activité jusqu'en 1978, avant de confier son savoir-faire à son successeur.*

Clafoutis

BOULAIGOU

(pâtisserie ; Montagne limousine, pays de Tulle, pays d'Ussel, pays d'Uzerche, pays de Brive, Dordogne limousine, pays de la Vienne, pays de Bourganeuf)

Le boulaigou (bouligou, boulegou ou balaigou) n'est autre qu'une crêpe très épaisse dont la saveur simple a régalé des générations de petits Limousins.
La pâte reprend celle d'une crêpe classique (farine, lait, œuf) avec de la vanille, du rhum ou une eau-de-vie locale. Versée dans la poêle chaude beurrée en une bonne épaisseur, la technique consiste à la soulever régulièrement pour laisser s'écouler en dessous de la pâte déjà prise celle encore liquide... puis, à l'aide d'une spatule, à la retourner pour cuire l'autre face.
On peut agrémenter cette pâte de lamelles de poire, de pomme, de pêche.
Trop lourde à faire sauter dans la poêle, cette crêpe roborative du goûter ou du dessert est un régal, saupoudrée de sucre comme nappée de confiture (de myrtilles, sur le plateau de Millevaches) ou de miel. Mais inutile d'en prévoir plus de 2 par personne !

CLAFOUTIS

(pâtisserie ; Basse Marche, Haute Marche, pays de La Souterraine, Montagne limousine, pays de Bourganeuf, pays de Tulle, pays d'Ussel, pays d'Uzerche, Dordogne limousine, pays de la Vienne, pays de Brive, Xaintrie)
Variantes : clafoutis aux pêches... aux brugnons... aux griottes...

Dessert populaire du Limousin, le clafoutis est un genre de pâte à crêpe assez épaisse (parfois aromatisée de rhum, cognac ou eau-de-vie locale), cuite dans une tourtière, généralement constellée de petites cerises noires non dénoyautées.
Le principe est simple : de la farine, du sucre, du sel, des œufs battus... La pâte, bien travaillée, en lui incorporant du lait, est versée dans une tourtière beurrée, tapissée des

cerises équeutées... Après cuisson au four, ne restera qu'à saupoudrer de sucre cristal.
De tradition paysanne, ce dessert familial savoureux, odorant, oppose au palais la fermeté du flan à la jutosité des cerises.

HIST. *Le mot « clafoutis » vient du patois provençal clafi, qui signifie « farci », « garni », « rempli », lui-même dérivé de l'ancien français claufir, signifiant... « fixer avec des clous ».*
La saison des cerises passée, le clafoutis s'enrichit de fruits d'hiver sous le nom de flognarde.

CORNUE

(pâtisserie ; pays de la Vienne)
Variante : canole (région de Rochechouart).

La cornue est une brioche individuelle dessinant peu ou prou la forme d'un Y, longue d'une douzaine de centimètres, assez dodue, à la croûte doré foncé et à la mie moelleuse. Il en existe aussi des modèles familiaux d'un poids atteignant le kilo.
Sa fabrication réclame de la farine, du beurre et des œufs en abondance, du sucre, de la levure et du sel.
Elle se consomme en dessert, froide où légèrement réchauffée.

HIST. *La tradition de la cornue se perpétue depuis plus de 8 siècles. En effet, une chronique datant de 1175 rapporte que l'abbé Hysembert fit distribuer, le second dimanche de Pâques, de ces gâteaux cornus à tous les frères de l'abbaye de Saint-Martial, à Limoges... Traditionnellement préparée pour les Rameaux, le dimanche précédant Pâques, il était d'usage que le parrain l'offre à son filleul, pour favoriser sa virilité ! En effet, cette brioche flanquée de 3 cornes, censées représenter la Sainte Trinité, évoque une forme phallique*. À tel point qu'en 1750 l'évêque de Limoges aurait demandé aux pâtissiers d'en « moraliser » l'aspect.*

**La coutume limousine de la cornue est à rapprocher de celles de la pine et de la cornuelle (Poitou-Charentes).*

CREUSOIS

(pâtisserie ; Basse Marche, Haute Marche, pays de La Souterraine, Montagne limousine)
Autres appellations : gâteau aux noisettes d'Aubusson, noisettine.

Le creusois, gâteau à la texture moelleuse et aux arômes de noisette et de beurre, se décline en version ronde (diamètre d'une vingtaine de centimètres), plus rarement allongée en brique.
Si la recette est gardée au secret par les artisans, on peut obtenir un résultat probant en montant en neige des blancs d'œuf et en les mélangeant avec du sucre jusqu'à consistance crémeuse. Additionné de beurre fondu, de poudre de noisette, de farine, de levure et de sucre vanillé, l'appareil cuira dans un moule à manqué beurré.
En encas, au dessert ou à l'heure du thé ou du café, ce délice noisetté a ses fidèles.

HIST. *Le gâteau aux noisettes semble de vieille tradition creusoise. Et c'est la « formule » d'un gâteau cuit « en tuile creuse », écrite en vieux français sur un parchemin du XVe siècle (exhumé lors de travaux dans un ancien monastère de La Mazière-aux-Bons-Hommes), qui aurait inspiré Robert Langlade, pâtissier, à Crocq. Sa création, dans les années 1960, répondait à l'idée lancée de diffuser une spécialité emblématique du département.*

CROQUANT DE BORT

(pâtisserie ; Dordogne limousine)

Biscuit doré et mince, de différentes formes (carré, ovale, trèfle, pique, cœur), d'une demi-douzaine de centimètres, le croquant de Bort-les-Orgues offre sous la dent une résistance craquante, cassante, qui libère des arômes de beurre et de fleur d'oranger.
Sa réalisation demande farine de froment, sucre, lait, beurre, œufs, levure chimique, extraits de vanille et de fleur d'oranger.

La pâte est laminée à une épaisseur ne dépassant pas le demi-centimètre, puis découpée avec les moules aux formes choisies.
Disposés sur une plaque de cuisson, dorés à l'œuf battu avec du lait, les biscuits seront cuits au four une quinzaine de minutes.
Vendus au poids, ces biscuits durcis se dégustent seuls ou trempés dans une boisson chaude. Ils escortent aussi les glaces, les salades de fruits. Lorsqu'ils ont un peu « pris l'air », leur texture s'amollit, offrant d'autres sensations non moins délicieuses...

* **HIST**. *Le croquant de Bort s'inscrit dans la lignée du croquant d'Auvergne (Auvergne). Sa faible teneur en eau lui assure une conservation de 2 à 3 mois.*

FLOGNARDE

(pâtisserie ; Basse Marche, Haute Marche, pays de La Souterraine, Montagne limousine, pays de Bourganeuf, pays de Tulle, pays d'Ussel, pays d'Uzerche, Dordogne limousine, pays de la Vienne, pays de Brive, Xaintrie)

La flognarde, ou flaugnarde, proche parente du clafoutis, est une sorte de crêpe épaisse de la consistance du flan, incrustée de fruits d'hivers émincés (poire, pomme, raisins secs), cuite en tourtière.
Pour celle aux poires, par exemple, il s'agit de coucher des lamelles de ce fruit fondant au fond d'un moule à bords hauts, beurré, puis de les recouvrir d'un appareil de farine, sel, œufs battus, lait, auxquels de la fleur d'oranger ou des raisins secs macérés dans de l'eau-de-vie peuvent avoir apporté leur parfum. La cuisson au four dépasse la demi-heure.
Ce dessert typique du Limousin se déguste, de préférence, tiède.

HIST. *Particulièrement prisé dans le sud-Limousin, ce dessert rustique est aussi populaire en Auvergne et dans le Périgord voisins, et même en Bourgogne.*

Flognarde

Fondu creusois

(spécialité culinaire ; Haute Marche, pays de La Souterraine, Basse Marche, pays de Bourganeuf)

Le fondu creusois, simplissime, convivial, revendiquant son attache dans le département de la Creuse, n'est autre que du fromage de vache cuit dans lequel on trempe des pommes de terre.
Le fromage, écroûté et détaillé en lamelles, est placé dans une casserole d'eau frémissante pour y fondre. De la crème et du jaune d'œuf sont ajoutés, ainsi que du beurre fouetté avec de la farine.

Cette pâte fromagère se sert avec des pommes de terre sautées ou des frites et, souvent, une omelette.

GÂTEAU À LA CHÂTAIGNE

(fruit ; pays de la Vienne, pays de Tulle, pays d'Ussel, pays d'Uzerche, Dordogne limousine, pays de Brive, Xaintrie)
Variante : tarte à la châtaigne.

La châtaigne occupe une place privilégiée dans la gastronomie limousine, comme en témoigne la multiplicité des spécialités qui lui sont rattachées*. Et c'est peu de dire qu'il existe une multitude de recettes de gâteau à la châtaigne, chacun rajoutant son grain de sucre, de chocolat, de vanille, d'orange, sa larme de cognac, d'armagnac, de rhum, son accompagnement de crème anglaise, chantilly, sa cuisson en moule à manqué, à charlotte, à cake, etc.
Le principe qui revient est celui de cuire les châtaignes blanchies dans du lait et du sucre, avant de les passer au moulin à légumes.
Du beurre sera incorporé, de même que des jaunes d'œufs.
Les blancs, montés en neige, avec une pincée de sel, seront incorporés à leur tour.
Pour la cuisson, un moule est généreusement beurré.

**Voir châtaigne blanchie.*

MADELEINE DE SAINT-YRIEIX

(pâtisserie ; pays de Saint-Yrieix/pays de la Vienne)

Saint-Yrieix s'est fait réputation de sa madeleine : petit gâteau moelleux au dessous ventru et côtelé, de couleur brun doré (ou nappé de chocolat), et au dessus rebondi, de couleur jaune doré.
La madeleine associe farine de froment, sucre, levure, œufs, un peu de lait ou de beurre (ou de l'huile végétale), du sucre vanillé et, dans sa version originelle, de l'arôme d'amande amère. Sa cuisson (à four très chaud) est brève. En revanche,

la pâte, assez liquide, doit se reposer, le temps de se densifier avant sa cuisson, afin de donner cette texture si particulière propre aux madeleines... Auparavant, cette pâte aura été répartie dans des moules au moyen d'une poche à douille ou d'une dresseuse.
Fondante en bouche, libérant des parfums sucrés, cette pâtisserie surannée fait le régal du 4-heures ou de l'encas.
À Saint-Yrieix-la-Perche, madeleines et madeleinettes des industriels côtoient celles des artisans qui osent des saveurs originales.

HIST. *Originaire de Lorraine*, la légende veut que la madeleine ait été inventée au Moyen Âge, au moment des grands pèlerinages compostellans pour lesquels Saint-Yrieix constituait une étape importante. Une coquille Saint-Jacques (signe de reconnaissance entre pèlerins) aurait servi de moule... La première madeleine confectionnée dans la cité semble l'avoir été peu avant le milieu du XIXe siècle par un compagnon pâtissier venu de Commercy. Deux entreprises (Bijou, Boule d'Or) et plusieurs artisans entretiennent la renommée de la madeleine locale.*

**Voir madeleine de Commercy (Lorraine).*

MASSEPAIN DE SAINT-LÉONARD

(pâtisserie ; pays de Saint-Léonard/Montagne limousine)

Saint-Léonard-de-Noblat s'est fait une spécialité du massepain, petite galette dorée (genre macaron à l'ancienne, au dessus irrégulier), craquante à l'extérieur, moelleuse à l'intérieur et fondante sur la langue, libérant une suavité d'amande et de sucre. Les massepains se vendent généralement en sachets. Il en existait aussi des modèles familiaux vendus à l'unité.
La gourmandise, à base notamment d'amande pilée mélangée à du blanc d'œufs et du sucre, requiert un subtil dosage, tenu secret par les quelques artisans locaux qui la fabriquent. Une fois cuit, le massepain n'acquiert son moelleux qu'au bout de 2 ou 3 jours.

Placé dans un endroit humide, il le gardera toute une semaine, avant de durcir.
Amis du petit déjeuner, du dessert, du goûter ou en encas, les massepains se marient fort bien, à l'apéritif, avec du champagne.

✱ **HIST**. *C'est de Venise que viendraient les marci panis (pains de saint Marc, patron de la ville). Les confiseurs y utilisaient des amandes du pourtour méditerranéen et du sucre de canne importé de Perse. À Saint-Léonard-de-Noblat, cité sur la route de Saint-Jacques-de-Compostelle, le massepain* fut probablement apporté à l'époque médiévale par des pèlerins qui appréciaient de pouvoir le conserver longtemps dans leur besace. Tombé en désuétude, sa recette sera réactualisée, en 1899, par Camille Petitjean, un pâtissier local. Depuis, son succès ne se dément pas. Une confrérie du Massepain de Saint-Léonard a même vu le jour.*

**Voir aussi massepain de Reims (Champagne-Ardenne), massepain d'Issoudun (Centre).*

MIQUE

(boulangerie ; pays de la Vienne, Montagne limousine, pays de Brive, pays de Tulle)
Autres appellations : mique périgourdine (Aquitaine), farcidure limousine.

La mique est une sorte de boule de pain levé, pochée dans un bouillon de cuisson (et non cuite au four), au contour lisse, gluant, et à l'intérieur comme de la brioche.
De nos jours la pâte à pain (farine de froment, eau, levure de boulanger, sel) est agrémentée d'œufs, de lait et de beurre dans sa version « nature ». Certains lui incorporent des herbes, de l'oseille, de l'oignon, du lard...
Mise à lever une paire d'heures, la mique est ensuite plongée dans le bouillon du petit salé, où elle flottera une demi-heure, voire plus, selon la grosseur de la boule.

La mique se sert avec la potée limousine, mais elle apparaît aussi comme dessert, réchauffée à la poêle et saupoudrée de sucre.

HIST. *Plats « de pauvre » (tout le monde ne disposait pas d'un four à pain), ces boules de pâte levées, cuites dans la soupe, servies (dans le meilleur des cas) avec du petit salé, s'inscrivent dans la large famille des « farces dures » (ou farcidures) que l'on retrouve dans le Limousin sous différents noms et diverses compositions : poule* sans os de Tulle, poule sèche d'Argentat, colombette de Xaintrie... poule verte (car contenant herbes, oseille, feuilles de blettes), poule* noire au sarrasin...*

**Ce rapprochement avec le gallinacé viendrait de la forme de poule parfois donnée à la mique, ou encore au fait que celle-ci pouvait remplacer la viande dans le bouillon.*

PAIN TOURNÉ

(boulangerie ; pays de la Vienne, pays d'Uzerche, Montagne limousine, Basse Marche, pays de Bourganeuf)

Familier en Limousin (en particulier en Haute-Vienne), le pain tourné, encore appelé « pain tordu », doit son nom au fait qu'il est roulé en torsade. Sa croûte dorée, croquante et épaisse, renferme une mie très alvéolée, légèrement acidulée. Farine de froment, levure, levain, eau et sel, mélangés et pétris, donnent une pâte laissée un court instant au repos, puis divisée en pâtons. Leur façonnage requiert un savoir-faire particulier : chaque pâton est incisé, avant d'être tordu en vrille, et laissé à lever à température ambiante. Les pâtons, farinés, seront ensuite enfournés à haute température durant 3 quarts d'heure.
Ce pain occupe, dans nombre de foyers limousins, une place privilégiée sur la table. Ses amateurs se réservent le quignon pour le fromage, avec un verre de vin rouge ou de cidre régional.

HIST. *Comptant parmi les pains historiques français, le « tordu » possède une croûte épaisse qui lui assure une conservation relativement longue. Un avantage précieux pour les campagnes limousines isolées, desservies par les tournées du boulanger... Et quelle description meilleure que la métaphore de Lionel Poilâne (« torchon que l'on essore ») peut décrire ce pain long, étiré à la main, fendu du tranchant du bras, puis tordu en hélice.*

TARTE À LA CAILLADE

(pâtisserie ; pays de la Vienne, pays d'Uzerche, pays de Brive, pays de Tulle, pays d'Ussel, Dordogne limousine, Xaintrie)
Autre appellation : tarte à la caillée.

La caillade, lait caillé ressemblant à du fromage blanc, mais en plus consistant, se retrouve encore sur les marchés de la Corrèze.
Dans le cadre d'une tarte sucrée, elle demande à être écrasée à la fourchette et mélangée à des œufs, du sucre, du sel, puis de la farine, en évitant de laisser des grumeaux, et enfin du lait. Un moule beurré accueille la pâte, cuite dans un four préchauffé.
Jadis, on l'étalait simplement, battue avec des fines herbes, du poivre et du sel, sur une tranche de tourte. La caillade s'utilise toujours pour des tartes ou tourtes, salées autant que sucrées.

• • •

LORRAINE

BABA AU RHUM

(pâtisserie : Lunevillois, pays de Nancy)

Inspiré d'une pâtisserie polonaise, le baba au rhum revêt la forme d'une couronne dorée, brillante et moelleuse du sirop alcoolisé dont elle est imbibée. Sa version francilienne[1] le garni d'une crème et le coiffe d'une cerise confite.
La pâte briochée (farine, levure, sel, sucre, œuf, beurre) évoque celle du kouglof[2]. Pétrie et mise à lever, elle cuira dans un moule en couronne. Le biscuit nature sera arrosé d'un sirop de rhum au sortir du four.
Ce royal gâteau se déguste au dessert ou au tea-time.

HIST. *Le baba ou babka (« vieille femme » en polonais) est une grosse brioche cylindrique rebondie, aromatisée au safran et enrichie de fruits secs, connue depuis le XVIe siècle et toujours fabriquée en Pologne et en Ukraine.*
Le roi Stanislas (1677-1766), duc de Lorraine, aurait réinventé la pâtisserie au château de Lunéville ou à Nancy.
Trouvant sa brioche trop sèche, il l'aurait arrosée de liqueur. Satisfait du résultat, il aurait demandé à son pâtissier, Nicolas Stohrer, de lui en resservir...

---

1 Savarin (Île-de-France).
2 kugelhopf (Alsace).

Baba au rhum

Lorsque Marie Leszczynska, fille de Stanislas, épousa le roi Louis XV, Stohrer la suivit à Versailles. 5 ans plus tard, il ouvrait boutique, rue Montorgueil, à Paris, améliorant la brioche en l'arrosant de vin de Malaga et en faisant un succès.
De nos jours, si le « vrai » baba au rhum, nature et sans crème, a disparu des vitrines au profit du savarin, des pâtissiers industriels en commercialisent.

Bergamote de Nancy

(confiserie ; pays de Nancy)

Orgueil de la cité des ducs de Lorraine, la bergamote de Nancy est un bonbon carré et plat à la teinte translucide ambrée, cassant sous la dent, au goût acidulé.
La recette véritable, gardée secrète par les confiseurs nancéiens, nécessite l'emploi de sucre, de sirop de glucose et d'essence naturelle de bergamote. La cuisson du sucre à feu nu précède l'adjonction des essences bergamotées. Après sa découpe sur une table de marbre huilée, le bonbon est enveloppé dans un papier transparent, conditionné en sachets ou boîtes.
La friandise se suce à toute heure, faisant la joie des touristes.

✳ **HIST**. *La tradition de la bergamote[1] à Nancy date de René II de Lorraine, par ailleurs roi de Sicile (île au climat favorable aux bergamotiers). S'appuyant sans doute sur des recettes précédentes de sucre d'orge aromatisé à la bergamote, c'est un confiseur nancéien, Jean-Frédéric Godefroy Lillich, aidé de son neveu et d'un parfumeur, qui mis au point, en 1857, la confiserie. Son commerce revient, en 1879, à Charles Dussaulx (l'un des pères du moteur à*

1 La bergamote est un fruit de l'aspect d'une orange, mais à la peau lisse, jaune à maturité, et à la chair verdâtre, un peu acide et amère. Seul le zeste est prélevé, donnant une huile essentielle destinée à la parfumerie, bien qu'elle serve aussi à aromatiser bonbons et thé. Le bergamotier (surtout cultivé en Calabre) aurait été soit rapporté d'Orient par les Croisés, soit des îles Canaries par Christophe Colomb.... D'où l'hésitation sur l'étymologie de la bergamote qui tirerait son nom de la déformation d'un mot turc (beg armudi, « poire du seigneur ») ou bien de Berga (ville au nord de Barcelone), où elle fut cultivée à l'origine.

explosion), qui le revendra à son tour, en 1901, à Albert Lalonde[1]*.*
La recette sera imitée par les confiseurs de Nancy.
La bergamote de Nancy est l'une des rares confiseries françaises à bénéficier d'une IGP (Indication Géographique protégée).

BISCUIT COCHON

(pâtisserie ; Val de Meuse, Pays-Haut)

Spécialité de la ville de Stenay, le biscuit Cochon se présente sous l'aspect d'un bâtonnet rectangulaire, dur et sec, de couleur coquille d'œuf, poudré de sucre sur l'une de ses faces. Ces pâtisseries légères sont rangées dans une boîte de teinte rose jambon, portant la suggestive mention « Biscuits Cochon »...
La fabrication de ces biscuits réunit un bon tiers de farine, un bon tiers de sucre et un petit tiers d'œufs. La pâte sera dressée à la poche à douille dans des moules, enfournés à température douce.
Ce biscuit accompagne une coupe de champagne, un vin cuit ou tout autre apéritif, et même du vin rouge. Il se déguste aussi avec une boisson chaude et s'utilise en pâtisserie pour la charlotte.

HIST. *Cette sorte de biscuit à la cuiller, proche du biscuit rose rémois***, fut mis au point en 1810 par un pâtissier de Stenay, M. Cochon.*

**Voir biscuit rose de Reims (Champagne-Ardenne).*

BOULET DE METZ

(confiserie ; Pays messin)

Le boulet de Metz est une grosse bouchée ronde, faite d'une fine couche de chocolat et d'éclats de noisettes grillées recouvrant du caramel enrobant une pâte d'amande enveloppant un biscuit fourré à la ganache !
La fabrication commence à l'inverse des éléments précités :

1 Maison Lalonde, créatrice de la duchesse de Lorraine, de la craqueline...

une sorte de biscuit à la cuiller en forme de chou est réalisé et cuit ; puis une ganache au chocolat noir aromatisée avec une liqueur d'orange. Les boules de ganache seront emprisonnées entre 2 moitiés de chou, une fois celui-ci refroidi. La boule de biscuit est à son tour enduite d'une épaisseur de pâte d'amande et mise à tremper dans un caramel blond liquide, puis roulée dans des pépites de noisettes grillées. Après durcissement, la boule est trempée dans un chocolat noir ou au lait. Les boulets se vendent à l'unité ou en boîtes (sur lesquelles apparaît le dessin d'un canon).
Autant gâteau que chocolat fin, ils se dégustent à toute heure.

HIST. *Cet emblème gastronomique messin parmi les plus caractéristiques fut mis au point en 1934 par Léon Bohr. Le nom et l'aspect évoquant un boulet de canon font référence à une chanson de l'entre-deux-guerres mettant en scène un artilleur de Metz et à la tradition militaire de la préfecture mosellane.*

CHARDONS LORRAINS

(confiserie ; Pays de Nancy, Pays messin, pays de Bitche...)
Variante : chardon des Alpes d'Annecy (Rhône-Alpes).

Les chardons lorrains sont des chocolats en forme de boule épineuse représentant un chardon, aux couleurs bigarrées, emplis d'un cœur d'eau-de-vie : jaune (mirabelle), vert (kirsch), rose (framboise), blanc (marc), etc.
La technique revient à réaliser une coque renfermant un alcool, avant de l'enrober d'un chocolat noir, au lait ou blanc. Les chardons seront conditionnés en boîtes, ballotins ou sachets panachés. Ces douceurs réservées aux adultes vont très bien au moment du café.

HIST. *L'histoire n'a pas retenu quel confiseur conçut ce chocolat à l'alcool. Des Maisons comme Lalonde, à Nancy, en produisent depuis longtemps. Le rapprochement semblait inévitable, le chardon étant l'emblème de la Lorraine.*

CONFITURE DE GROSEILLE DE BAR-LE-DUC

(confiserie ; Barrois)

Expression d'un luxe suprême, la confiture de groseille de Bar-le-Duc doit sa transparence au fait que les fruits ont été épépinés à la plume d'oie, selon une tradition ancestrale unique au monde.
Les épépineuses extraient les pépins des groseilles, rouges ou blanches, à l'aide d'une plume d'oie biseautée (les pépins s'amassant à l'intérieur de la hampe). Les petits fruits rouges sont plongés dans un sirop de sucre brûlant, procédé qui permet de garder intacte la groseille avec sa couleur claire et toute sa saveur. La précieuse mixture sera conditionnée en pots de verre.
« Caviar lorrain », la confiture de groseilles illumine le petit déjeuner, se servant aussi au dessert en accompagnement d'une glace à la vanille.

HIST. *La plus ancienne mention de la confiture barisienne date de 1344. En ces temps, usage était, dans la noblesse et la bourgeoisie, lorsqu'un parti avait gagné un procès, de remercier les juges en offrant des confitures. Et seules les tables des puissants étaient parées de cet article de grand luxe. Au début du XVIe siècle, la réputation de ces confitures n'est plus à faire. Présentes à la cour royale, elles étaient logées en de menues verreries de cristal.*

CONFITURE DE MIRABELLES

(confiserie ; tous les pays lorrains)
Variante : confiture de quetsches.

Petit fruit d'or chéri de la gastronomie lorraine, la mirabelle procède à la réalisation d'une confiture dont on se régale dans la région depuis des siècles.
Pour la méthode à l'ancienne, les fruits, dénoyautés, sont cuits avec leur poids en sucre dans un chaudron en cuivre.
Cette confiture magnifie les petits déjeuners et sublime certains desserts.

HIST. *La Lorraine tire grande gloire de ses confitures. Ses 2 « fiefs » en étant Bar-le-Duc (confiture de groseilles de Bar-Le-Duc) et Metz, pour sa confiture de mirabelles. D'importants personnages, de passage à Metz, se voyaient offrir des mirabelles confites ou en confiture. À partir du XVI*e *siècle, la notoriété de ces douceurs messines n'était plus à faire.*

CRAQUELINE

(confiserie ; pays de Nancy)

La craqueline est un bonbon en pâte d'amande, aromatisée de différents parfums, sous un enrobage de sucre caramélisé. Seule la base de pâte d'amande maison au beurre est identique. La friandise peut être au citron, orange, mandarine, fruits confits, praliné, alcool de mirabelle, rhum, café... en une forme et une couleur propres à chaque parfum, avec décor de noix, noisette ou pistache.
Ces craquelines ne lassent pas de surprendre par leur texture. Vers la fin de l'entre-deux-guerres, Jean Lalonde renouvela les chocolats et bonbons créés par son père. Reprenant la pâte d'amande au beurre, il la métamorphose en bonbon en l'enrobant d'une fine couche caramélique.
Le contraste entre le croquant du caramel et le moelleux de la pâte d'amande lui inspira le nom de « craqueline ».

CROQUET DE SAINT-MIHIEL

(pâtisserie ; Val de Meuse)

Le croquet de Saint-Mihiel est un biscuit sec : bâtonnet rectangulaire, de couleur blond doré au goût dominant de vanille et d'amande.
Ces biscuits sont réalisés à partir d'un petit tiers de farine, un petit tiers de sucre semoule et un petit tiers d'amandes en poudre, le reste revenant à de l'œuf et un rien de vanille. Étalée au rouleau entre des règles en bois, la pâte est découpée en rectangles cuits

brièvement, puis conditionnés en sachets ou en boîtes. Ce petit gâteau, moins croquant et dur que son nom l'indique, tirant davantage vers le sablé, s'apprécie à tout moment.

HIST. *Saint-Mihiel, postée sur la vallée de la Meuse, doit sa renommée à son patrimoine Renaissance et... à ses croquets. Ceux-ci furent mis au point en 1854 par Charles Bourchette qui leur donna son nom : les « petits bourchettes ». Son successeur, M. Rollot, les rebaptisera en « croquets de Saint-Mihiel ».*

DRAGÉE DE VERDUN

(confiserie ; Val de Meuse)

Blanche, bleue, rose... la dragée de Verdun est cette délicieuse friandise constituée d'une amande enrobée d'un sirop de sucre.
Procédé de fabrication : de la gomme est fondue avant l'incorporation de sucre et d'amandes. Une fois séchées et devenues blanches, les amandes recevront un sirop de sucre. Suivront la coloration et le lissage.
Fondantes sous la langue, craquantes sous la dent, les dragées sont traditionnellement offertes aux baptêmes, mariages ou communions.

✳ **HIST.** *Les Romains enrobaient de miel les amandes. Un autre ancêtre de la dragée pourrait être une gourmandise moyenâgeuse du nom de diagragum, nappée de la sève d'un arbre d'Asie Mineure. Et si, dans certaines régions françaises, on trouvait des graines d'anis enrobées de sucre, on attribue l'invention de la dragée à un apothicaire de Verdun qui en 1220 aurait eu l'idée (pour leur conservation) d'enrober les amandes de sucre et de miel durcis à la cuisson. Devenue une friandise sensée rafraîchir l'haleine et favoriser la digestion, on lui prêtait des vertus pour combattre la stérilité... d'où son apparition lors des mariages et baptêmes !*
La dragée deviendra le cadeau officiel de l'Évêché de Verdun. Lors de son sacre à Reims, Henri III en recevra ainsi douze boîtes. Il ne sera plus de chambre ou de salon où les dragées n'aient leur place ! On

l'apprécie à la cour de Louis XIV et c'est la famille de Médicis qui l'introduit dans les cours d'Europe. Au XVIIIe siècle, la dragée pouvait aussi prendre la forme d'une graine ou d'un fruit enrobé de confiture sèche. Des dizaines de fabricants développeront sur Verdun cette activité florissante qui, au cours du XIXe siècle, s'industrialise. De nos jours, il ne subsiste plus qu'une entreprise verdunoise spécialisée dans la fabrication de la dragée locale.

DUCHESSE DE LORRAINE

(confiserie ; pays de Nancy)

La duchesse de Lorraine est une petite confiserie oblongue d'une couleur d'un léger vert pistache, faite d'un praliné enrobé de glace royale.
La confection d'un praliné, riche en amande et en noisette, avec sucre, beurre de cacao, lait et vanille, donnera une pâte, étalée et détaillée en petits morceaux trempés dans de la glace royale (sucre glace et blancs d'œufs).
Ce chocolat offre sous la dent le savoureux contraste de la coque dure sucrée avec le moelleux et la finesse du praliné.

HIST. *Ce fleuron gourmand de la Maison Lalonde, à Nancy, fut créé en 1901 par Albert Lalonde. Deux de ses fils, Jean et Roger, lui succédèrent. Le premier, imaginera un chocolat susceptible d'être vendu même en période estivale, mettant ainsi au point un système de trempage dans de la glace royale. Ainsi naîtra la duchesse, baptisée ainsi en l'honneur de Marie Leszczynska (fille du roi Stanislas, duc de Lorraine). En 1937, les 2 frères se séparent. Michel, le fils de Roger, reprend en 1950 la fabrication de chocolaterie, faisant renaître la pâtisserie Lalonde. En 1975, Jean cède son entreprise à un successeur mosellan qui conservera la marque Lalonde. Depuis 1993, Nathalie Lalonde a repris les rênes d'une saga familiale dont les autres créations continuent à ravir les papilles : suprême (pâtisserie), macaron de Nancy, bergamote de Nancy, craqueline, charlestine, palet d'or, florentin, mirabelle en pâte d'amande à l'alcool...*

GÂTEAU AU CHOCOLAT DE METZ

(pâtisserie ; Pays messin)

Vieille recette traditionnelle, le gâteau au chocolat de Metz est une sorte de génoise à la crème fraîche garnie de chocolat râpé ou haché. Sa texture, à la fois légère et riche en goût, lui permet de rivaliser avec le gâteau de Nancy.
Sa réalisation démarre avec des œufs entiers battus avec le sucre de manière à ce qu'ils blanchissent, moussent et triplent de volume. À ce moment-là, du chocolat râpé est incorporé avec de la farine sans cesser de remuer. De la crème se rajoute à son tour. La pâte est versée dans le moule à manqué et placée dans un four préchauffé.
Ce gâteau messin au moelleux démoniaque, riche en goût chocolaté et légèrement acidulé du fait de la présence de crème est idéal au goûter.

GÂTEAU AU CHOCOLAT DE NANCY

(pâtisserie ; pays de Nancy)

Le gâteau au chocolat de Nancy, rival de celui de Metz, se distingue par sa faible teneur en farine, compensée par de la poudre d'amande.
La préparation consacre le mariage du chocolat fondu avec du beurre ramolli battu, auxquels on ajoute sucre, vanille et jaunes d'œufs tout en fouettant, puis farine et poudre d'amande. Des blancs en neige sont aussi incorporés. La pâte sera versée dans un moule, placé dans un four à température moyenne trois-quarts d'heure.
Ce gâteau peut se servir avec une crème anglaise.

GLACE PLOMBIÈRES

(dessert ; Vôge)
Variantes : cassate, tutti frutti.

Vestige du faste de la Belle Époque, la glace Plombières est une crème glacée parfumée au kirsch et enrichie de petits

cubes colorés de fruits confits. Sa réalisation implique du lait cru, des jaunes d'œufs, du sucre et des cubes de fruits confits de 3 couleurs macérés dans du kirsch. On fait blanchir les jaunes avec le sucre puis bouillir le lait que l'on verse dessus. Le mélange est réchauffé dans une casserole. On remue jusqu'à ce qu'il s'épaississe en une crème onctueuse, qui sera placée en sorbetière et descendue en température. Le brassage mécanique fait augmenter le volume du produit dans lequel on ajoute les fruits confits.
Ce délice glacé au bon goût de kirsch conserve ses inconditionnels.

HIST. *Plombières-les-Bains revendique la paternité de cette glace, laquelle y aurait été créée à l'occasion d'une rencontre entre Napoléon III et Cavour. Pourtant... un demi-siècle plus tôt, en 1798, Tortoni, glacier-confiseur à Paris, proposait déjà de la glace Plombière (sans « s »). Il s'agissait d'un entremets glacé à base de lait d'amandes, d'œufs et de fruits confits pris dans un moule en plomb, d'où le nom.*
Quant à l'apport du kirsch, il reviendrait à un pâtissier plombinois, M. Philippe, qui, en 1882, aurait eu l'idée de faire macérer les fruits confits dans cet alcool (Fougerolles, « capitale » du kirsch, étant toute proche).

LORIQUETTE DE REMIREMONT

(pâtisserie ; Hautes Vosges lorraines)

Pérennisée par la ville de Remiremont, la loriquette est un gâteau à base de pâte d'amande en forme d'étoile à 3 branches, au dessus doré foncé décoré de quelques amandes effilées et légèrement poudré de sucre glace.
Pétrie de farine, d'œufs, de lait, de poudre d'amandes et de miel, la loriquette a une fabrication dont le secret est jalousement gardé.
Cette pâtisserie originale fait le délice des touristes de passage dans la ville.

✳ **HIST**. *La loriquette compte parmi les pâtisseries les plus anciennes connues. D'origine païenne, elle serait la survivance d'un ancien culte lunaire des Gaulois qui la réservaient aux repas rituels. Autrefois, on la confectionnait encore au mois de décembre, à Lunéville. Remiremont, qui se souvient que la loriquette était servie sur les tables des dames nobles de son abbaye, en perpétue la fabrication.*

MACARON DE BOULAY

(pâtisserie ; pays de la Nied)
Variante : macaron de Nancy.

Le macaron de Boulay est un petit gâteau circulaire, vaguement pyramidal et craquelé en surface, de couleur beige assez claire.
Il se compose de 3 uniques ingrédients : amandes fraîches (blanchies, séchées, émondées), sucre et blancs d'œufs. Leur union, passée à 3 reprises dans une broyeuse à rouleaux en marbre, donne une fine pâte d'amande.
Selon une méthode ancestrale, les macarons sont dressés à la cuiller d'argent, avant de cuire au four. Refroidis, ils seront conditionnés en sachets ou dans leur boîte rouge indémodable.
Deux variations existent : le macaron pour pessah (casher, pour la Pâque juive) et les mini macarons (pour les buffets et réceptions).
Le petit chef-d'œuvre de rusticité, fondant et au goût finement sucré avec un délicat arôme d'amandes, enjolive toutes les petites faims.

↷ **HIST**. *Boulay, sous-préfecture mosellane, doit sa notoriété à ses macarons, auxquels tant de têtes couronnées et de grands de ce monde ont succombés.*
C'est en 1854 que Binès Lazard (1808-1903), également débitant en vin, se lance avec son épouse dans la fabrication de matzen (pain sans levain de la Pâque juive) et de ce macaron qu'il a mis au point.

Leur fils, Léopold, les épaule à mesure que le succès de leur invention ne se dément pas. À la mort tragique de Léopold, son fils, Léon, prend la relève, abandonnant l'entrepôt de vin et le pain azyme, pour ne plus se consacrer qu'au macaron. À sa mort en 1934, sa fille, Lucie, reprend le flambeau jusqu'en 1963. Depuis, le secret de fabrication a échu à la famille Alexandre.

MACARON DE NANCY

(pâtisserie ; Pays de Nancy)
Variante : macaron de Boulay.

Le macaron de Nancy est un petit gâteau circulaire à la surface craquelée légèrement bombée, de couleur beige, à la texture moelleuse et à la saveur sucrée et amandée.
Il se compose de blancs d'œufs, sucre et amandes, dosés en des proportions gardées secrètes par les artisans nancéiens. Les blancs d'œufs, non battus, sont incorporés au sucre et à la poudre d'amande.
La pâte est dressée à la poche sur des feuilles de papier sulfurisé. Après séchage, les macarons sont cuits dans un four à température moyenne. Emballés dans de jolies boîtes, ils sont vendus à la douzaine sur leur papier de cuisson.
Ce délice à la texture si particulière (croustillante en surface et moelleuse à l'intérieur) qui s'attache aux dents, se déguste à tout instant de la journée.

HIST. *Une trentaine de villes françaises dont Boulay en Lorraine, revendiquent « leur » macaron. Mais celui de Nancy atteignit une notoriété inégalée, grâce aux « Sœurs-Macarons » (Marguerite-Suzanne Gaillot et Élisabeth Morlot), 2 sœurs bénédictines chassées de leur couvent à l'époque révolutionnaire, qui fabriquaient des macarons.*
Rappelons que la pâtisserie devrait son origine à l'exigence des règles alimentaires suivies dans les couvents au XVIIe siècle, où la consommation de viande était interdite.
Le petit gâteau permettait de pallier aux carences alimentaires.

MADELEINE DE COMMERCY

(pâtisserie ; Val de Meuse)
Autres appellations : véritable madeleine de Commercy, madeleine duchesse, madeleine princesse, madeleine royale.

« Reine » incontestée des madeleines*, la madeleine de Commercy revêt la forme voluptueuse d'un coquillage bombé, à la mie moelleuse jaune clair.
Riche en farine, œufs, beurre et sucre, son principal fabricant rajoute aussi des stabilisants, des émulsifiants et de l'huile essentielle de citron. Cuit dans les moules idoines, le gâteau est conditionné en sachets ou en barquettes. Les madeleines royales, plus riches en œufs, mériteront une boîte ovale en bois.
Cette madeleine de luxe, pleine de réminiscences proustiennes, s'apprécie comme en-cas, au petit déjeuner ou au goûter, avec une boisson chaude, voire aux côtés d'un dessert (crème lactée, yaourt, salade de fruits, glace).

✳ **HIST**. *Sur les bords de Meuse, on assure que cette exquise pâtisserie porte le prénom d'une jeune soubrette de Commercy, Madeleine Paulmier, servante de la marquise Perrotin de Baumont, qui, en 1755, fabriqua ces gâteaux pour le duc Stanislas Leszczynski... Si certains « fâcheux » voient une origine compostellienne à la madeleine, ce qui paraît plus vraisemblable, c'est que cette industrie madeleinière prit son essor à Commercy dans la seconde moitié du XVIIIe siècle.*
Le chemin de fer lui conféra sa popularité, puisque, de la fin du XIXe siècle à la veille de la Seconde Guerre mondiale, les voyageurs qui faisaient halte en gare de Commercy purent assister au spectacle très prisé de ces vendeuses de madeleines portant de grands paniers d'osier en criant le nom de la fabrique qu'elles représentaient. Il existe une confrérie de la Madeleine de Commercy.

**Autres madeleines : madeleine de Liverdun (Lorraine), madeleine de Dax (Aquitaine), madeleine de Saint-Yrieix (Limousin), corinette (Poitou-Charentes).*

Madeleine de Commercy

MADELEINE DE LIVERDUN

(pâtisserie, pays de Pont-à-Mousson, pays de Nancy)

La madeleine de Liverdun prend l'apparence d'un coquillage bombé, à la mie jaune clair et moelleuse, emplie de parfums d'enfance...
Un quart d'œufs frais et force beurre se mêlent à la farine de blé, au sucre, au lait, sans oublier la levure, le sel, ainsi qu'un peu d'extrait de citron, pour donner cette pâte, mise à cuire dans des moules caractéristiques.
L'absence d'additif, de conservateur ou de colorant suffit à tresser les lauriers de cette madeleine qui régale les « initiés » au petit déjeuner, au dessert du repas, au goûter, ou en en-cas, trempée dans un café ou un thé.

HIST. *Liverdun donnera son nom à une madeleine, apparue au début du XXᵉ siècle, produite par la famille Chenel. Comme la madeleine Commercy, elle sera commercialisée par des marchands ambulants, sans pour autant acquérir sa notoriété.*

MIEL DE SAPIN DES VOSGES

(miel ; Hautes Vosges lorraines, Vôge, Plaine sous-vosgienne, pays de Sarrebourg, Lunévillois)

Le miel de sapin des Vosges se caractérise par une couleur brune, plus ou moins foncée, et une saveur puissante.
Il doit provenir de miellats (partie sucrée rejetée sur les branches par un puceron qui se nourrit de la sève des jeunes pousses de sapin) butinés par les abeilles et être récolté dans une aire géographique précise.
Ce miel de caractère, aux vertus adoucissantes pour la gorge, se déguste comme miel de table, mais peut s'utiliser en pâtisserie (pain d'épice) et en confiserie (bourgeon de sapin des Vosges).

HIST. *Le miel de sapin est apprécié par les populations locales depuis des siècles dans les Vosges. L'essor du tourisme dans* *l'entre-deux-guerres contribuera à sa réputation. En 1999, obtention d'une AOC.*

Nonnette de Remiremont

(pâtisserie ; Hautes Vosges lorraines)

Moins connue que ses cousines bourguignonne et champenoise*, la nonnette de Remiremont est un petit gâteau circulaire au pain d'épice, à peine bombé, glacé de sucre ou de chocolat, ou fourré à la confiture de myrtille.
Sa confection réclame un poids égal de miel de sapin des Vosges et de farine, mélangés et mis à fermenter 2 à 3 semaines, puis additionnés de jaunes d'œufs, d'épices (cannelle, muscade) et de bicarbonate. La pâte, abaissée, est découpée en cercles d'une demi-douzaine de centimètres. Les pièces seront passées au four, puis enduites de glace royale (sucre glace et blancs d'œufs), ou de chocolat.
La nonnette se déguste à tout moment de la journée.

HIST. *Fleuron gastronomique de Remiremont avec le pâté de truite, ce gâteau existe depuis des lustres. Il semble qu'il existait déjà au temps des chanoinesses, auxquelles il doit son nom de « nonnette ». Et, si, en 1751, le chef d'office du duc Stanislas mentionne l'existence à Remiremont de pains d'épices parfumés, ça n'est qu'au début du XX*e *siècle que la nonnette acquerra ses lettres de noblesse. À la Belle Époque, en effet, elle se vendait dans les épiceries fines de Paris, se savourant dans les salons bourgeois.*

**Nonnette de Dijon (Bourgogne), nonnette de Reims (Champagne-Ardenne).*

Pain d'anis de Gérardmer

(pâtisserie ; Hautes Vosges lorraines)

Le pain d'anis, petit biscuit sec, rectangulaire et plat, de couleur blanchâtre, a longtemps fait la renommée de Gérardmer.
Sa fabrication repose sur un mélange de farine, œufs, sucre

glace et graines d'anis vert. La pâte, placée au frais plusieurs heures, sera retravaillée, étalée sur une épaisseur d'un demi-centimètre et soumise à empreinte avec un rouleau de bois, ou une planchette gravée représentant des animaux ou des fleurs. Les petits pains, posés sur plaque, cuiront au four à faible température.
Ces pains d'anis sont très appréciés avec des boissons chaudes, café ou thé.

HIST. *Ancienne de plus de 4 siècles, la recette du pain d'anis puiserait ses origines non pas à Gérardmer, mais à Sainte-Marie-aux-Mines (localité des Hautes Vosges alsaciennes). Mais sa renommée reste associée à Gérardmer.*

PAIN GALLU

(boulangerie ; Hautes Vosges lorraines)

Riche en saveurs sucrées et fruitées, le pain gallu est un pain allongé (moulé ou non) composé d'une pâte à pain enrichie de fruits frais et secs.
Sa fabrication repose sur une pâte à pain (farine de froment ou farines de froment et de seigle, levure, sel, eau), pétrie, puis laissée au repos, à laquelle on incorporera pour près de son poids de fruits frais (pomme, poire) et de fruits secs (figue, raisin, pruneau, noix ou noisette) hachés. Le tout, façonné en pains longs d'une vingtaine de centimètres (ou en petits pains ronds), sera enfourné.
Ce pain aux fruits se déguste au goûter, avec du beurre, auprès d'un café, d'un thé ou d'un chocolat chaud, ou nature, en bonne tartine coupe-faim.

HIST. *Fabriqué en période de fêtes de fin d'année, surtout autour de Saint-Dié-des-Vosges et du Val d'Ajol (où on parle de « rama », « raimâ », « pain aux poires »), ce pain aux fruits n'est pas sans évoquer le berawecka (Alsace).*

Rocher de Saint-Mihiel

(confiserie ; Val de Meuse)

Le rocher de Saint-Mihiel est un bonbon de chocolat au cœur de noisette.
Pour sa fabrication, les noisettes sont émondées, grillées, concassées, mêlées à du chocolat noir ou au lait, le tout dressé en petits tas figurant des rochers.
Ces petits chocolats sont très plaisants à picorer, comme avec un café.

HIST. *Avec les croquets*, les rochers de Saint-Mihiel contribuent à la renommée gourmande de la cité des bords de Meuse, connue pour son riche patrimoine Renaissance. Les friandises chocolatées furent créées en 1922, à la même adresse, tenue à l'époque par M. Rollot. C'est sa fille qui lui aurait suggéré l'idée de créer une friandise qui rappellerait cette curiosité naturelle que sont ces roches calcaires situées à la sortie de Saint-Mihiel.*

*Voir à croquet de Saint-Mihiel.

Saint-Epvre

(pâtisserie ; Pays de Nancy)

Gâteau au moelleux incomparable, le saint-epvre se présente sous l'apparence de 2 disques blonds de macaron meringué aux amandes enserrant une crème au beurre à la vanille et à la nougatine pilée. Le dessus, saupoudré de sucre glace, porte un ruban bleu et une étiquette.
La pâte meringuée (blancs d'œufs, sucre et poudre d'amandes) est dressée sur une plaque à la douille, en colimaçon, de manière à obtenir des disques de diverses tailles (correspondant aux divers formats). Pendant la cuisson des disques, la crème au beurre se prépare à partir de blancs d'œufs, de sucre, de beurre et d'arômes. Une fois les 2 disques réunis et fourrés de la crème, le gâteau passe pour un « affinage » de 2 jours au frais. Il sera ensuite paré de poudre

d'amandes sur les bords, de sucre glace et de son ruban avec l'étiquette où se dresse la silhouette de la cathédrale Saint-Epvre de Nancy.
La vénérable pâtisserie se déguste au repas du dimanche ou pour les grandes occasions avec une coupe de champagne.

HIST. *Ce gâteau fut créé en 1895 par Xavier Dalisson, tenant boutique place Saint-Epvre, pour la consécration de la basilique du même nom, dédiée au septième évêque de Toul. La marque fut déposée en 1907, entretenue par 4 successeurs. Le saint-epvre reste le fleuron de cette pâtisserie.*

SPRITZ

(pâtisserie ; Pays de Nancy, Pays messin, Thionvillois, pays de la Nied, Warndt...)

Le spritz (prononcer « chprits ») est ce fameux petit biscuit sablé et sucré, riche en poudre d'amande, à la forme allongée et en spirale.
Pour sa fabrication, sucre, beurre fondu, œufs, farine, levure, sel, poudre d'amandes (voire, noix de coco râpée) sont mélangés. La pâte, placée au frais, passera dans une machine qui donne aux gâteaux la forme d'un bâtonnet. Posés sur une plaque beurrée, les biscuits cuiront à four très chaud.
Le spritz, se prépare surtout de manière domestique, même si quelques artisans le vendent, en vrac ou en sachets.

HIST. *Cette pâtisserie lorraine, que l'on retrouve en Allemagne, est indissociable des fêtes de Noël, à l'instar des bredele*. À l'origine en forme de bâtonnet, salé, certains biscuitiers le proposent tordu, ou rectangulaire, ou rond, sucré, nature ou surmonté d'une cerise confite, ou encore mi nature, mi chocolaté (façon Delacre).*

**Bredele (Alsace).*

Spritz

TARTE AU MAUGIN

(pâtisserie ; toute la Lorraine)
Variantes : fiouse de Pont-à-Mousson... fiouse à la flamme (salée).

Typique de la pâtisserie lorraine qui fait appel largement à la migaine (appareil de crème et d'œufs battus pour en couvrir les tartes salées ou sucrées), cette tarte fromagère porte des noms divers : tarte messine du côté de Metz, tarte de meugé dans le massif vosgien, tarte au maugin, tarte de maugin... tarte au fromage, de manière plus générale !
Joliment ronde et plus ou moins épaisse, elle comporte comme base une pâte feuilletée. Celle-ci sera garnie de fromage blanc (dans l'idéal, celui qui donnera le géromé) qui, après avoir été égoutté, sera mêlé à de la crème, du sel, des œufs, du sucre vanillé. Le tout cuira au four une demi-heure. Consommée en entrée chaude lorsque salée, cette tarte fait surtout un excellent dessert en sucré, servie tiède ou froide !

HIST. *Cette vieille spécialité pâtissière, adorée en région messine, se retrouve partout en Lorraine et en Alsace*. Une confrérie en assure la promotion.*

**Voir tarte au fromage blanc (Alsace).*

TARTE AUX BRIMBELLES

(pâtisserie ; Hautes Vosges lorraines, Vôge)
Autre appellation ailleurs en Lorraine : tarte aux myrtilles.

« Brimbelles » est le nom donné aux myrtilles dans les Vosges du Sud, lorraines, alsaciennes et franc-comtoises, et dont le goût sucré-acidulé fait merveille en tarte, mais aussi en confiture, sorbet, sirop, liqueur, crème.
La myrtille, fortement cultivée sur le massif vosgien, se cueille en été. La réalisation de la tarte aux brimbelles implique la réalisation d'une pâte brisée sucrée. Étirée au fond d'une tourtière, elle reçoit une fine couche de semoule (destinée à absorber le jus rendu par les fruits), elle-même recouverte d'une généreuse épaisseur

de brimbelles... le tout, enfourné une vingtaine de minutes, sera saupoudré de sucre et ré-enfourné quelques minutes. Certains remplacent la semoule par du biscuit émietté, d'autres ajoutent des amandes torréfiées ou de la chantilly, d'autres encore réservent une partie des myrtilles mises à macérer dans du sucre et les versent à la fin de sa cuisson sur la tarte.
Cette spécialité vosgienne se savoure tiède ou refroidie.

TARTE AUX MIRABELLES

(pâtisserie ; tous les pays lorrains)

La mirabelle* délivre ses faveurs en une admirable tarte : cercle ou rectangle de pâte brisée tapissé du jaune d'or orangé (moucheté de taches noires de cuisson) des grosses billes moelleuses, juteuses et sucrées.
Cette tarte nécessite l'emploi d'une pâte brisée, abaissée sur un plan fariné, étalée dans un moule à tarte, piquée à la fourchette et tapissée d'un lit de sucre en poudre sur lequel on serrera les trois-quarts des demi-portions de mirabelle (côté bombé au fond), préalablement lavées et dénoyautées. Pendant que la tarte cuit, le quart restant des fruits est mis à bouillonner en casserole avec du sucre. La mixture, filtrée, nappera la tarte au sortir du four.
En clôture d'un repas ou au goûter, ce classique de la table lorraine ne lasse pas de solliciter les papilles et pupilles des gourmands.

HIST. *La « reine des tartes », selon ses amateurs, est appréciée en Lorraine depuis le XVIe siècle. Quelques localités tireront gloire de leur tarte aux mirabelles, telle Sarreguemines.*

**Voir à mirabelle de Lorraine.*

VISITANDINE

(pâtisserie ; Pays de Nancy)

La visitandine est un petit gâteau doré, soit en forme de barquette, soit rond et bombé, parfois cannelé, qui doit sa

légèreté et sa finesse à l'apport de blancs d'œufs et d'amandes. Farine, sucre, beurre, poudre d'amande et blancs en neige donneront une pâte assez liquide, répartie dans des moules adéquats placés au four pour obtenir ce gâteau bien levé et doré. Certains artisans l'« embourgeoisent » d'un parfum (vanille) ou de fruit à l'intérieur (framboise, groseille). D'autres le recouvrent d'une fine couche de pâte d'amande. Il existe aussi un « gâteau visitandine » en format familial, rond, poudré de sucre glace.
La pâtisserie s'apprécie en fin de repas, avec un café, ou au tea-time.

HIST. *Cette pâtisserie porte, semble-t-il, le nom des religieuses dites « visitandines » (religieuses de l'ordre des Filles de la Visitation, installées à Nancy en 1610) qui l'auraient conçue pour pallier au manque de nourriture carnée... la visitandine étant riche en protéines par sa teneur en blancs d'œufs.*

WAGOTINE

(confiserie ; Thionvillois)

La wagotine représente un wagonnet en nougatine garni de spécialités lorraines : mirabelle en pâte d'amande, chardons à l'alcool* et chocolats.
Nombreux sont les touristes à contempler à la devanture du magasin d'Uckange cette spécialité des... spécialités lorraines en quelque sorte !

HIST. *Cette gourmandise amusante rappelle l'épopée métallurgique du Val de Fensch par son aspect reprenant celui des wagonnets utilisés dans les mines de fer et de charbon. Selon son fabricant (la maison Godet-Wagonnet), c'est en se promenant dans sa ville de Metz, en 1937, que le fondateur de l'entreprise, Émile, alors ouvrier d'usine, aperçut à travers une vitrine une pièce montée garnie de choux et de nougatine. Il deviendra confiseur et imaginera plus tard son wagonnet en nougatine.*

**Voir à chardons lorrains.*

MIDI-PYRÉNÉES

Berlingot de Cauterets

(Confiserie ; Lavedan)

Cauterets, ville thermale, s'est fait une réputation de son berlingot, petit bonbon pyramidal aux couleurs chatoyantes et au goût acidulé de citron, de fraise, de framboise, de cassis, de menthe, etc.
Pour sa fabrication, la friandise réclame de l'eau, du sucre et du sirop de glucose. Cuit à 150 °C, le mélange est additionné du parfum choisi (il en existe une trentaine) et coloré en fonction. La masse obtenue est étirée manuellement, puis passée dans un laminoir appelé « berlingotière ». La pâte refroidie, le confiseur tape les berlingots contre le marbre pour les séparer.
Ce berlingot se vend en sachets et continue à ravir des touristes qui le ramènent en souvenir.

HIST. *Le berlingot* serait apparu à Cauterets à la fin du* XIX*e siècle. Les médecins de l'époque préconisaient aux curistes de sucer un bonbon afin d'atténuer le goût soufré de l'eau.*

**Voir berlingot de Carpentras (PACA).*

18, AVENUE LARRIEU-THIBAUD
CACHOU
LAJAUNIE
PHARMACIEN
TOULOUSE - FRANCE

CACHOU LAJAUNIE

(confiserie ; Pays toulousain)

Indémodable, le cachou Lajaunie est une minuscule pastille noire que l'on extrait de sa mince boitelette métallique jaune à ouverture tournante.
Bien que cent-trentenaire, la recette du cachou Lajaunie n'a pas varié. Même si elle reste secrète, on sait qu'il faut plusieurs réglisses mélangées, fondues avec du sucre, de l'amidon, du lactose et de la gélatine aromatisée. On y ajoute enfin de l'essence de menthe anglaise.
À tout moment de la journée, le petit grain de cachou réglissé procure une sensation de fraîcheur et sert de coupe-faim.

HIST. *Au XVIIe siècle, des cachous* se vendaient pour leurs propriétés antiseptiques dans toute l'Europe. Parfumant l'haleine des consommateurs, ils avaient, de surcroît, la réputation de faciliter la digestion. En 1880, un pharmacien toulousain, Léon Lajaunie, modifia la recette de ces cachous et les commercialisa dans de petites boîtes métalliques jaunes et noires de 45 mm de diamètre à ouverture tournante. Ces boîtes avaient été dessinées à l'image d'une montre gousset par un de ses amis, horloger.*
La marque a connu une succession de propriétaires. Elle appartient désormais au groupe Cadbury-Schweppes. Plus de 10 millions de boîtes jaunes sont vendues chaque année.

**Suc résineux tiré de la noix d'arec (de l'Areca catechu, dit aussi palmier à bétel, un arbre des Indes orientales), mélangé à de l'ambre et du musc.*

CAJASSE QUERCYNOISE

(pâtisserie ; Quercy Blanc, Bouriane, Causses du Quercy)

La cajasse quercynoise reprend la base d'une pâte à crêpe (sucre, farine, lait, œufs, vanille et rhum), mais cuite dans un moule. À la sortie du four, elle ressort toute boursouflée, avant de dégonfler et de redevenir plate, bordée de sa croûte plus ou moins foncée. Bien qu'elle ne comporte pas de fruits, certains

l'ensoleillent, en saison, de cerises, de prunes, de poires, de pommes, voire de chantilly.
Ce dessert rustique, au fondant délicieux, rappelle alors le clafoutis.

CASSE-MUSEAU DE BRASSAC

(pâtisserie ; Lacaunais)

Le casse-museau de Brassac*, dont le nom traduit la dureté sous la dent, se présente comme une sorte de boule noircie par la cuisson, fendue en 4 sur le dessus et dorée à cœur.
La technique consiste à obtenir, à partir de lait de brebis emprésuré, un caillé que l'on mêlera à des œufs, de la farine, de la levure et un zeste de citron. Les pâtons, pesés et boulés, sont enfournés à haute température. Lorsqu'ils commencent à colorer, on les entaille sur le dessus et on les laisse cuire à nouveau. Le processus les fait joliment éclater et dorer en profondeur.
La « sécheresse » du casse museau appelle une boisson, chaude ou fraîche, pour sa dégustation. Un vin effervescent (méthode gaillaicoise) est préconisé dans la région.

HIST. *Brassac, village baigné par l'Agoût, aux confins du Lacaunais et de la Montagne noire, a vu ressurgir cette spécialité, tout droit venue du Moyen Âge, grâce à un pâtissier local.*

**À rapprocher du cassemuseau du Poitou-Charentes.*

COQUE DE PÂQUES

(pâtisserie ; Causses du Quercy, Quercy Blanc, Montalbanais, Lomagne, pays de Rivière-Verdun, Frontonnais, Pays toulousain, Lauragais, Volvestre, Aganaguès, Pédaguès...)
Autres appellations géographiques : coque du Lot, coque quercynoise, coque ariégeoise.

Dans le Sud-Ouest, du Quercy à l'Ariège en passant par les coteaux de Gascogne et le Midi toulousain, la coque est une

Coque de Pâques

sorte de brioche parfumée à la fleur d'oranger et garnie de fruits confits (melon, cédrat), fabriquée à l'occasion de la fête des Rois. Généralement en forme de couronne, sa croûte, brun foncé, saupoudrée de grains de sucre, protège une mie jaune clair à la texture moelleuse.
Farine, sucre, sel, levure et œufs, enrichis de beurre et des arômes (vanille, fleur d'oranger, rhum), donneront une pâte souple, détaillée en pâtons. Chacun d'eux sera boulé, creusé en son centre et façonné en couronne. Posée sur plaques et mise à étuver, de manière à reprendre du volume, chaque couronne sera dorée à l'œuf, décorée ou non de fruits confits et enfournée. Une fois sorties du four, les coques seront parsemées de sucre en grain.
Outre sa vocation de gâteau des Rois dans lequel se glisse une fève, la coque se vend une bonne partie de l'hiver. Elle se déguste en dessert, avec une crème, une salade de fruits et plaît au goûter avec une boisson chaude.

HIST. *Le mot coque vient de l'occitan coco ou coca signifiant « gâteau ». Plusieurs villes se signalaient, jadis, par la réputation de leurs coques : Montauban, Moissac, Castelsarrasin, Verdun-sur-Garonne, Cahors... Il existait même des coques salées, à la graisse d'oie ou de porc, à Escoussens.*

CROQUANT DE CORDES

(pâtisserie ; Albigeois)

Sorte de tuile (mais plate) aux amandes, fragile et délicate, légère et croustillante, extrêmement fine, le croquant de Cordes prend un aspect soufflé à la cuisson, ainsi qu'une teinte dorée. Son goût caramélisé et d'amandes grillées en fait un bijou de biscuit.
Mélangés, sucre, farine, blancs d'œufs, amandes entières donnent une pâte assez ferme. Celle-ci sera détaillée en bandes qui seront disposées sur une plaque beurrée. La cuisson, à four assez chaud, est primordiale. D'elle dépendront la texture

croquante et l'apparence dorée des fines gourmandises.
Les croquants de Cordes se dégustent volontiers avec une tasse de café ou de thé.

HIST. *S'il existe bien des types de croquants en France, ce croquant-ci se distingue par sa minceur. Ce serait Jacques Sicard qui, vers la fin du XIXe siècle, l'aurait créé.*
En vérité, nul ne sait vraiment par qui fut créée cette exquise gâterie qui fait le bonheur des touristes.

CROUSTADE AUX POMMES

(pâtisserie ; pays d'Auch, Condomois, Bas-Armagnac, pays de Rivière-Basse, Astarac, Fezensaguet, Lomagne, Gimoès, Savès, Pays toulousain, Montalbanais, pays de Rivière-Verdun, Frontonnais, Comminges, Volvestre, Haut-Adour, Magnoac, Bigorre, Lauragais, Castrais, Volvestre, Lavedan, vallée d'Aure, Couserans... Montagne Noire, Sidobre, Lacaunais, Causses du Quercy, Quercy blanc)
Variantes : croustade aux pruneaux (ou aux poires, aux figues, etc.), croustade al cabessal, croustade à la viande.

Dessert traditionnel du Sud-Ouest, la croustade aux pommes, ou pastis* en Gascogne, est un gâteau feuilleté rond couvert d'un voile de volutes de pâte, croustillantes et caramélisées.
L'originalité de cette véritable institution pâtissière réside dans un empilement de fines feuilles de pâte (à base d'œufs, eau, huile, sel, farine), étirées en une sorte de large ruban et beurrées, garnies de fines lamelles de pommes macérées dans de l'armagnac. On enfourne dans un four assez chaud.
Ce délice à la légèreté aérienne fait la joie des fins de repas, servi tiède, aux côtés d'un café, d'un digestif.

HIST. *La croustade pourrait remonter à l'invasion des Maures qui se régalaient de la pastilla, une pâte sucrée-salée fourrée au... pigeon. Brick oriental, baklava turc, strudel autrichien témoignent eux-aussi de la volonté des pâtissiers de l'époque de réussir la prouesse d'une pâte la plus fine possible.*

Les premiers pastis ou croustades, qu'ils soient gersois ou ariégeois (2 départements qui s'en disputent la paternité) se confectionnaient à la graisse d'oie en remplacement du beurre. Ce dessert deviendra indissociable des moments heureux rythmant la société rurale : baptêmes, communions, mariages, carnavals, etc.

**Lou pastis, traduisible par « pâté ». Il concernerait l'évolution du mot « pâtisserie », de l'ancien français pastisserie. Le pastis gascon, appelé également tourtière ou croustade, ne doit en rien être confondu avec le pastis landais (Aquitaine), qui est une brioche.*

CURBELET

(pâtisserie ; Albigeois, Gaillacois, Castrais, Lauragais, Ségala, Causses du Quercy, Quercy Blanc, Montalbanais...)
Variantes : curbelet de Cordes, crêpe roulée de Montcuq.

Le curbelet est une gaufre mince, sèche et friable, rainurée de lignes horizontales pouvant se croiser pour donner des motifs losangés, qui se présente de 2 manières : ou bien roulée, de l'apparence d'un gros cigare roussâtre et creux, ou bien plate et ovale.
Sa préparation exige une pâte à crêpe (farine, sucre, œufs, lait ou eau, beurre fondu, huile, parfum : vanille, fleur d'oranger, rhum, ou zestes de citron), bien fluide, que l'on cuit dans des moules spéciaux. Ces derniers sont faits de 2 plaques en fonte forgée (comme les appareils à gaufres), réunies par un long manche. Il existe aussi des moules en aluminium.
Ces biscuits se consomment au goûter avec une boisson chaude, à l'apéritif avec un gaillac blanc, ou en dessert en accompagnement d'une glace, d'un sorbet, d'une salade de fruits.

HIST. *On trouve trace de cette vieille pâtisserie occitane à Paris, au temps du règne de Louis XIV, sous le nom d'oublies. Les curbelets se fabriquaient souvent à la veillée, à l'aide de ce fer spécial à manche très long pour aller sur le feu appelé curbel en Occitan. L'ustensile, en acier ou en fonte, faisait partie de la dot de la mariée. Il était gravé aux initiales des époux, ou agrémenté d'un* *sigle ou d'armoiries, si la famille était d'origine noble. Les curbelets se vendaient aussi sur les marchés. On les confectionnait surtout en hiver, en période de tuaison du cochon. Rangés dans des boîtes, à l'abri de l'humidité, ils pouvaient se conserver 2 ou 3 mois. Si l'on fabrique du curbelet en divers points du Sud-Ouest, Cordes (gaufres plates de chez Andrieu) et Montcuq (gaufres roulées, parfois chocolatées, de la biscuiterie des Saules) restent les 2 bastions reconnus de cette étonnante pâtisserie.*

FLÔNE

(pâtisserie ; Grands Causses, Lévezou-Ruthénois)
Variante : tarte encalat (Rouergue/Auvergne).

La flône, ou flaune, est une tarte à la recuite de lait de brebis parfumée à la fleur d'oranger. De l'aspect d'un flan, joliment doré sur le dessus, sa tranche révèle une blancheur appétissante.

La « recuite », fleur du petit lait, s'obtient en faisant chauffer du lait cru lentement dans un chaudron en cuivre. Remontée en surface sous forme d'une crème épaisse, la recuite est écumée. Pour la recette de la flône, une pâte brisée est d'abord étalée dans un moule à tarte. La recuite (pouvant être remplacée par de la brousse de brebis) destinée à la garnir sera préalablement travaillée avec des œufs et du sucre, parfumée à la fleur d'oranger. Peuvent s'y ajouter des zestes d'orange ou des dés d'écorce d'orange confits. La tarte cuira ensuite au four.

Cette sorte de quiche fromagère sucrée se déguste en fin de repas, au goûter, au petit déjeuner.

✱ **HIST**. *Les termes de flône, flaune, parfois flaussone, dérivent du mot « flan » (lui-même issu d'un mot franc, flado, désignant un « disque plat »). La flône faisait partie de toutes les festivités dans cette partie du Rouergue.*

Fouace aveyronnaise

(pâtisserie ; Lévezou et Ruthénois, Grands Causses, vallon de Marcillac, pays de Conques, Bassin de Decazeville, Terrefort, Ségala, Saint-Affricain, Viadène, Aubrac)
Variantes : fouace de Laguiole, fouace de Rodez, soleil de Marillac, soleil de Saint-Christophe.

Couronne mafflue à la mie moelleuse jaune clair, à la croûte fine doré foncé, souvent parsemée de grains de sucre, la fouace aveyronnaise est parfois appelée « fougasse aveyronnaise ». Ronde ou ovale, de divers formats (allant de la livre au triple kilo), cette fouace, généralement parfumée à la fleur d'oranger, s'enrichit quelquefois de fruits confits ou de pruneaux.
Farine, levain, beurre, œufs, lait, sucre, eau de fleur d'oranger et sel sont mêlés, pétris, puis la pâte est enfermée dans un torchon plusieurs heures, avant d'être façonnée en forme de couronne, dorée à l'œuf et placée dans le four. Une fois cuite, elle sera badigeonnée de blanc d'œuf en neige, poudrée de grains de sucre.
Exhalant la fleur d'oranger, cette fouace rouergate calme les petites comme les grandes faims : en fin de repas (avec une salade de fruits, une crème dessert, une île flottante) ou comme collation à tout moment de la journée avec une boisson chaude ou froide.

HIST. *La fouace fut d'abord une galette de froment non levée, cuite sous la cendre, ce que rappelle son étymologie : du latin focus (le « foyer »), qui donnera focacia, devenu ensuite fouace ou fouasse, et même fougasse provençale, son héritière salée.*
La recette ancienne, évoquée dans Le roman de Renard ou par Rabelais, a considérablement évolué, s'enrichissant d'œufs, parfois de beurre. Elle apparaît ainsi différente selon les régions.*
Dans le Rouergue, sa production a donné une sorte de brioche au sucre légère, loin de la fouace des origines, plus compacte.
On trouvait cette fouace sur toutes les tables pour célébrer l'arrivée des Rois à l'Épiphanie (il s'agit de la même recette que la couronne

des Rois provençale, sur laquelle on rajoute du sucre en grains et des fruits confits), lors d'un baptême ou d'un mariage, comme pour se réjouir de l'arrivée des beaux jours à Pâques.
Aujourd'hui encore, on « sort la fouace » pour recevoir la famille ou les amis, ou lors d'un vin d'honneur.

**Comme la fouée et la fouace nantaise (Pays de la Loire).*

Gâteau à la broche

(pâtisserie ; Bigorre, Lavedan, Haut-Adour, Baronnies, Astarac, Magnoac, Comminges ; (Rouergue) Aubrac, Viadène, Lévezou-Ruthénois, Grands Causses, Saint-Affricain, vallon de Marcillac, Ségala, bassin de Decazeville, Terrefort)

Spécialité conjointe des provinces du Rouergue et de Bigorre, le gâteau à la broche est une pâtisserie conique, assez haute, hérissée d'épines grossières, cuite sur un tourne-broche : la pâte liquide tombant dans un récipient est récupérée et reversée.
Cette pâte repose sur 4 ingrédients, sucre, farine, beurre fondu et œufs, tantôt aromatisés de vanille, de citron, d'eau de fleur d'oranger, voire de rhum. La pâte prête, il faut la couler en fines couches successives, grâce à une louche, sur un moule conique qui est tourné durant la cuisson.
La pâte se solidifie alors comme une crêpe, formant un anneau prolongé par des excroissances en stalactites autour de la broche. Le processus répété formera, couche après couche, le gâteau. Au bout de 3 ou 4 h, celui-ci est cuit, prêt à être démoulé.
Le gâteau à la broche demeure un gâteau de fête qui sert à saluer les grands événements de la vie : baptême, communion, mariage, banquet, repas d'affaires... même si sa commercialisation tend à le banaliser.
Il peut se consommer seul ou nappé de confiture ou de miel.

HIST. *Cuit au feu de cheminée durant les longues soirées d'hiver en versant une pâte liquide sur une broche, ce gâteau*

domestique fabriqué dans les fermes n'est évoqué que par peu de documents anciens. Son origine reste donc assez mystérieuse.
Outre dans les départements français de l'Aveyron et des Hautes-Pyrénées, ce gâteau se retrouve dans plusieurs pays d'Europe : en Angleterre (king of cakes, le « roi des gâteaux »), en Allemagne (Baumkuchen, le « gâteau arbre »), au Luxembourg, en Suède...

Gimblette d'Albi

(pâtisserie ; Albigeois)

La gimblette albigeoise est une petite couronne de pâte échaudée, sucrée et parfumée à la fleur d'oranger, agrémentée d'anis ou de cédrat confit.
Dans la pâte se retrouvent la base de l'échaudé : farine, eau, sel, auxquels on adjoint de la levure, du sucre, des œufs, du beurre, parfois du lait, et que l'on parfume d'eau de fleur d'oranger (ou d'orange pressée), de zestes de citron, ainsi que de petits dés de cédrat confit ou de grains d'anis écrasés. On laisse durcir cette pâte au frais, avant d'en prélever de petits pâtons que l'on roule en boudins pour façonner des couronnes. On les plonge ensuite dans de l'eau bouillante, pour ne les retirer que lorsqu'elles remontent en surface. Bien égouttées, on les pose sur une plaque beurrée, on les badigeonne de blanc d'œuf (pour le brillant), avant de les passer à four chaud. Les gimblettes se dégustent à tout instant de la journée.

HIST. *Cousine de luxe du petit-jeannot, la gimblette* est comme lui une gourmandise de type échaudé (car « échaudé à l'eau bouillante » avant une cuisson au four) dont on raffolait, jadis, durant la période allant du Carême à Pâques. Les échaudés en forme de couronne ou d'anneau étaient accrochés à du buis et bénis le dimanche des Rameaux. Ces gourmandises présentaient l'avantage de pouvoir se conserver durant des mois. La gimblette d'Albi aurait été créée au XVe siècle par un chanoine d'Albi, lequel aurait transmis la recette à ses neveux.*

**À ne pas confondre avec le gâteau de pain d'épices bourguignon portant le même nom.*

Mesturet

(pâtisserie ; Ségala, Castrais, Albigeois, Lauragais)
Variante : milhassou au potiron.

Dans le Sud-Ouest, le mesturet désigne un dessert assez surprenant à base de potiron (de courge ou de citrouille), à la teinte orangée et à la consistance dense. Il peut revêtir l'apparence d'un gâteau, mais aussi de galettes préparées façon beignets...
Dans les 2 cas, la chair du potiron est cuite avec du sucre, de la vanille, du zeste de citron et une pincée de sel. La pulpe obtenue, passée au moulin à légumes, sera liée de farine, beurre, œufs et recuite un instant. À ce stade : soit, la pâte est versée dans un plat à gratin et cuite au four, soit façonnée en galettes, frites à l'huile et saupoudrées de sucre.

HIST. *Le mesturet de potiron (à l'origine, tenant davantage du gratin de courge sucré) dont se régalaient les anciens dans ces campagnes est remis à l'honneur dans certains restaurants, où on le rehausse souvent d'un petit « plus » (rhum ou eau de fleur d'orange, ou boule de glace vanille en accompagnement) pour améliorer le côté pâteux et assez fade qui font son charme. Cette « potironnade » se confond avec le milhassou au potiron, resté fidèle à la farine de maïs.*

Navette Albigeoise

(pâtisserie ; Albigeois, Gaillacois, Castrais, Sidobre, Lauragais)

La navette albigeoise, gâteau en pâte sablée sucrée et recouverte d'amandes effilées, reprend la forme oblongue du losange. Elle se compose de sucre, farine, levure, beurre, œufs, fruits confits et amandes. Ces ingrédients mélangés, on obtient une pâte que l'on taille en losanges.
Ceux-ci, rangés sur la plaque de cuisson après avoir été dorés à l'œuf et décorés d'amandes effilées sucrées, sont enfournés à four moyen une trentaine de minutes.

Ce succulent gâteau sablé (différents formats existent) demeure fort apprécié des autochtones qui le dégustent le plus souvent au petit déjeuner ou à l'heure du goûter.

HIST. *Créée au XVIIIe siècle, en forme de quenouille de tisserand (symbole d'un métier exercé par nombre de personnes dans la région aux siècles précédents), la pâtisserie losangée d'Albi est aussi une vieille spécialité de Marseille*. La version albigeoise se distingue par la présence d'amandes.*

**Voir navette (PACA).*

Pescajoune

(pâtisserie ; causses du Quercy, Quercy Blanc, Bouriane, Limargue, Montalbanais, Gaillacois, Lauragais)

Dessert adoré dans les campagnes quercynoises, la pescajoune (ou pescajoun) est une sorte de crêpe, faite, traditionnellement, de pommes acides poêlées dans du beurre et d'une pâte à la farine de froment et de sarrasin, parfumée d'eau-de-vie de prune.
De nos jours, la pâte à crêpe (farine de blé, sel, beurre, œufs, lait), un peu épaisse, est souvent aromatisée au rhum, à la fleur d'oranger ou à la vanille. Dans cette pâte, s'ajoutent des lamelles de pommes ou de poires, mais certains préfèrent les pruneaux... Peuvent s'y incorporer au dernier moment les blancs montés en neige. Une louche de ce mélange est versé dans une poêle, chauffée et beurrée, pour y cuire quelques minutes de chaque côté.
Rustique, simple, authentique, ancestral, ce dessert copieux, servi brûlant, saupoudré de sucre, se perd en d'infinies variantes. Certains le font même frire en petits carrés de pâte.

PETIT JEANNOT

(pâtisserie ; Albigeois)
Autres appellations : petit janot, échaudé aveyronnais, échaudé de Carmaux, échaudé à l'anis.

Le petit jeannot, biscuit triangulaire parfumé à l'anis, non sucré et très sec, de couleur jaune pâle, porte le nom de son inventeur.
La pâte unit farine, eau, sel et grains d'anis. Une fois réalisée, elle est placée au frais pour se raffermir, avant d'être abaissée, puis détaillée en petits triangles. Ceux-ci sont d'abord échaudés (pochés à l'eau bouillante) et écumés dès qu'ils remontent en surface. Une fois égouttés, ils sont cuits à four très chaud.
Ce pilier de la tradition pâtissière de la ville d'Albi (forte aussi de la gimblette d'Albi et de la navette albigeoise) se déguste à toute heure.

✳ **HIST**. *Tout comme la gimblette, le petit jeannot est un échaudé*. Carmaux, ville placée à la bordure occidentale du Ségala, s'est fait une spécialité de ces échaudés, comme en témoigne de nos jours la Confrérie des Échaudés de Carmaux. À la fin du XIXe siècle, de nombreuses fabriques artisanales produisaient des échaudés dans tout le Ségala. Vers 1814, un artisan d'Albi, Jean Barthélémy Portes, eut l'idée d'ajouter de l'anis (une plante alors très cultivée dans la région) à la pâte des échaudés. Il baptisa sa création de son prénom... À la fin des années 1850, un parent de Jean Barthélémy, Jean dit « Petit Jeannot » Vié, deviendra le spécialiste du petit jeannot et de la gimblette, en produisant par centaines de milliers chaque année.*
Autrefois, on dégustait les petits jeannots en les trempant dans du vin parfumé à la cannelle. Les gens du Tarn les consomment aussi à l'apéritif, après les avoir laissés une nuit dans du Gaillac blanc sec avec du sucre.

**Biscuit d'origine moyenâgeuse qui tire son nom et son croustillant (léger, mais très ferme) du pochage dans l'eau chaude, suivi d'une cuisson au four.*

POMPE À L'HUILE

(pâtisserie ; Levezou-Ruthénois, bassin de Decazeville, vallon de Marcillac, Ségala, Grands Causses)
Autres appellations : fouacelle, andessa.

La pompe à l'huile est une sorte de plaque de pain, sucrée et imbibée d'huile de noix, ce qui lui confère un moelleux humide et luisant.
La pâte, abaissée sur une plaque à pâtisserie après avoir levé, est badigeonnée à l'huile de noix mélangée avec un ou 2 jaunes d'œufs. L'huile, pesant pour un quart du poids total des ingrédients, est versée en 3 ou 4 fois, le temps que la pâte la « pompe » (d'où le nom de la spécialité). La plaque panifiée, gorgée d'huile, est piquée (pour l'empêcher de gonfler), saupoudrée de sucre en poudre et d'amandes ou de noix effilées ou brisées, enfin soumise à une cuisson à assez haute température durant une vingtaine de minutes.
La pompe se découpe en parts et se vend au poids. Elle se consomme souvent tiède, nature ou tartinée de confiture.

HIST. *Différente de la pompe à huile provençale, la pompe rouergate était, autrefois, salée et confectionnée avec de la pâte à pain. En dessert, elle était prisée des mineurs du bassin de Decazeville qui l'emportaient dans leur musette. De nos jours, les artisans utilisent de la pâte à croissant, plus légère et adaptée au goût de notre époque.*

PUMPET

(pâtisserie ; Montagne Noire, Castrais, Lauragais)
Autre appellation : feuillât.

Le pumpet, ou poumpet (prononcer « poumpète »), est un feuilleté au citron de forme rectangulaire, assez plat et doré, dont la production est localisée dans le piémont de la Montagne Noire tarnaise.
Farine, œufs, beurre, sucre, citron et parfois bergamote entrent dans sa composition. La recette, qui requiert un

savant tour de main dans l'opération du pliage, se transmet d'artisan en artisan et de mère en fille... À noter qu'il existe aussi des pumpets aux coings, aux pommes, etc.
Ce feuilletage citronné et beurré procure en bouche des sensations fondantes et moelleuses. Il se déguste en fin de repas ou en goûter, avec une tasse de café ou un verre de blanc moelleux. L'été, il peut se servir avec une glace ou un sorbet.

HIST. *Cette pâtisserie, autrefois très grasse, élaborée à partir de saindoux ou de graisse d'oie (aujourd'hui de beurre), d'œufs, de farine, de sucre, de miel et de zestes de citron, reste circonscrite autour des villages de Soual, Sémalens, Saix, Lempaut et de la ville de Mazamet. Elle aurait été inventée par un pâtissier de Soual, du nom de Gélis, au début des années 1890. Celui-ci se serait inspiré du feuillât, remontant au Moyen Âge, que les ménagères exécutaient lors des grandes occasions festives. Le feuillât devint ainsi le poumpet, le « gâteau de fête » (« fête » se traduisant en patois occitan par pompa). Une Confrérie du Poumpet a vu le jour à Soual, rebaptisée « Confrérie du Feuillât ».*

RISSOLE

(pâtisserie ; Ségala, Bassin de Decazeville, Lévezou-Ruthénois, vallon de Marcillac, pays de Conques, Aubrac, Grands Causses, Viadène, causses du Quercy, Quercy blanc...)

La rissole est un petit chausson de pâte feuilletée ou brisée, à l'origine fourré de viande de porc, désormais, gorgé de pruneaux.
Réhydratés dans une infusion de thé fort, les pruneaux seront dénoyautés et écrasés avec du sucre.
La pâte (farine, sel, beurre, jaune d'œuf, lait), une fois abaissée, est découpée en disques du diamètre d'un bol moyen. « Compotés » sur une face, ces disques seront refermés en demi-lunes dodues, dorées à l'œuf et enfournées.
La rissole se consomme comme dessert, ou comme en-cas.

✱ **HIST**. *À la viande ou fourrée de prunes, la rissole est une spécialité du Rouergue septentrional, familière en Quercy, de même qu'en d'autres provinces, notamment en Savoie et dans le Haut-Dauphiné (voir rézule en Rhône-Alpes). Le village de Rieupeyroux (au nord du Ségala) s'en est fait une réputation. Jadis, on s'en régalait le lundi gras, lors de la « foire à la rissole », qui attirait foule. Le bal de la rissole, en février, réveille ces souvenirs, lorsque le village comptait encore une trentaine de cafés et que les ruelles du bourg résonnaient de rires et de musique. On peut encore trouver des rissoles dans les pâtisseries du Ségala. Quelques biscuiteries artisanales poursuivent sa fabrication (la Maison Roux, à Laguiole). En période de Carnaval reviennent les rissoles salées, farcies de chair à saucisse, d'œuf, de feuilles de blette, d'oignons, d'ail...*

SOLEIL DE MARCILLAC

(pâtisserie ; vallon de Marcillac)
Autre appellation : soleil de Saint-Christophe.

Le soleil, pâtisserie emblématique du vallon de Marcillac, est une fouace ronde, aplatie, avec un trou carré central figurant le soleil, et des « cornes » sur le pourtour pour les rayons. On la fabrique en différents formats.
Tous les ingrédients de la fouace aveyronnaise traditionnelle sont réunis, pétris : farine de froment, levure, sucre, beurre, œufs, eau de fleur d'oranger, auxquels s'ajoute de la poudre d'amande, pour donner cette pâtisserie croustillante agrémentée d'amandes effilées et de grains de sucre.
Son façonnage, à coups d'entailles au couteau, requiert un tour de main expérimenté. Avant son passage au four, la fouace est dorée à l'œuf.
La malicieuse étoile pâtissière, taillée en parts, illumine le dessert du repas ou les collations, trempée dans un verre de marcillac ou une boisson chaude.

HIST. *La date de naissance comme l'inspirateur de ce soleil pâtissier restent inconnus. Dans la première moitié du siècle*

précédent, les paysannes rouergates du vallon la portaient à cuire chez le boulanger après l'avoir confectionnée. Il semble que les noix remplaçaient les amandes. On l'appréciait en famille, ou entre hommes autour d'un verre.
De nos jours encore, elle apparaît lors des vins d'honneur, les mariages.

Violette de Toulouse

(confiserie ; pays toulousain)

Connu sous le nom de violette de Toulouse, le bonbon à la violette est une friandise de couleur violacée, élaborée à partir de fleurs fraîches de violette cristallisées dans le sucre. Certaines sont à croquer, d'autres servent à décorer les desserts (gâteaux, glaces).
Après le ramassage (d'octobre à mars), les fleurs de violette seront équeutées et trempées dans un sirop, saupoudrées de sucre et séchées, puis étuvées (pour les déshydrater). Une partie de ces fleurs déshydratées sera retrempée dans un sirop de sucre coloré et aromatisé, chauffé à plus de 100 °C. Égouttées et refroidies, les violettes seront, pour finir, séchées. La violette, à l'arôme subtil et suave, transporte ses adorateurs vers des saveurs d'antan. Outre en confiserie (fleurs de violette cristallisées, pétales confits, berlingots, caramels, papillotes, nougats) et en bouquets de fleurs fraîches ou séchées, on l'apprête à toutes les sauces : dans les plats cuisinés, les gâteaux, les chocolats, les glaces, les confitures, le vinaigre, les sirops, les liqueurs...

HIST. *Dans le Sud de la France, l'art de confire les fleurs est aussi ancien que celui de confire les fruits. Au Moyen Âge, la violette entrait dans la composition du « violat », boisson thérapeutique rare. Les violettes cristallisées dans du sucre existaient, elles, avant la fin du* XIX*e* *siècle.*
La violette toulousaine, à fleurs mauve pâle, très odorante, appartient au groupe des violettes de Parme. Apparues en France dans les jardins dès 1755, il faudra attendre 1845 pour que leur

production démarre, au nord de Toulouse (à Saint-Jory). Cette culture, gourmande en main- d'œuvre, devient la spécialité des maraîchers toulousains, car s'inscrivant bien dans les rotations de cultures légumières et permettant un revenu d'appoint en période hivernale. Jusqu'en 1907, les bouquets étaient vendus par les producteurs (on en comptait 400) au coin des rues du centre-ville, ou au marché aux Violettes des Jacobins, à des revendeurs qui les expédiaient en France et aux 4 coins du monde.
En 1908, une coopérative fut créée pour en contrôler la commercialisation. Les années 1950 marquent l'apogée de cette culture (600 producteurs). Suit un long déclin, lié à la dégénérescence et aux maladies de la violette, à la concurrence d'autres fleurs hivernales, à l'hésitation des jeunes à prendre le relais... sur fond de mitage. Si bien qu'à la fermeture de la coopérative, en 1983, ne restaient que... 3 producteurs. Depuis 1985, la culture de cette plante attachante a été relancée.

• • •

NORD-PAS-DE-CALAIS

BABELUTTE DE LILLE

(confiserie ; Flandre, Douaisis)

La babelutte de Lille, bonbon de caramel à la forme rectangulaire, doit sa couleur marron foncé à la vergeoise.
Sa composition intègre : sucre, beurre, lait, vergeoise et vanille. Papillotée dans un papier frappé des blasons de la Flandre et de Lille, elle est conditionnée en boîtes cartonnées rectangulaires ou dans des contenants cylindriques en métal.

HIST. *La babelutte (du néerlandais babbelen « parler beaucoup » et de uit « terminé », celui qui en mange n'étant plus en capacité de desserrer les mâchoires !) viendrait de Furnes et de toute la côte flamande, où on la retrouve longue et torsadée, aromatisée au miel ou à la vergeoise.*
Côté Flandre française, ce bonbon très populaire est mentionné à la fin du XIXe siècle sous le nom de « babillard » : les marchands chiffonniers de Roubaix et Tourcoing échangeaient cette friandise contre des chiffons, du vieux fer que leur remettaient les enfants. Dans le vieux langage, babelutte signifiait « babiole ».

DESPINOY
INVENTEUR
DÉPOSÉ
BÊTISES DE CAMBRAI
DESSERT DIGESTIF

Bêtise de Cambrai

(confiserie ; Cambrésis)

Fierté de la ville de Cambrai, souvent copiée*, la bêtise est un bonbon de sucre cuit étiré, parfumé à la menthe, de la forme d'un petit coussin de couleur blanche traversé par une rayure dorée de caramel.

Ce bonbon rectangulaire et bombé ne contient que du sucre, du glucose et de l'essence de menthe. Le sucre cuit est obtenu par la cuisson dans le vide d'un mélange de 60 % de sucre et de 40 % de sirop de glucose. Puis la masse de sucre cuit, étirée sur un batteur, incorpore alors des bulles d'air et blanchit. Lord de l'étirage, on ajoute le parfum, une menthe fine. Une rayure de sucre caramélisé est appliquée qui l'adoucit. Empapilloté et conditionné en de jolies boîtes, ce bonbon dur rafraîchissant existe, désormais, en d'autres parfums.

HIST. *Deux fabricants, Afchain et Despinoy, s'autoproclament les inventeurs de cette friandise, née, selon eux, des suites d'une erreur de manipulation produite vers 1850. Pour la marque la plus célèbre, Émile Afchain, apprenti confiseur chez ses parents, se serait trompé dans les proportions, ajoutant trop de menthe. Sa mère l'aurait réprimandé, lui reprochant d'avoir fait des « bêtises » en ratant ses bonbons... Or ceux-ci rencontreront un vif succès ! Créée en 1830, la fabrique familiale sera reconnue seule inventeuse des Bêtises de Cambrai en 1889.*

L'histoire est belle, mais ce serait oublier que la tradition bonbonnière de Cambrai remonte au moins au XIIIe siècle. Ainsi, les petits bonbons cuits découpés aux ciseaux que l'on pouvait acheter dans les baraques de forains lors du grand marché mensuel aux bestiaux de Cambrai, devaient être ces... « bêtises » que s'offraient les chalands. Le père Afchain aura sans doute eu l'idée d'améliorer ces bonbons en battant le sucre cuit pour l'aérer et en le parfumant à la menthe tout en l'adoucissant de sucre caramélisé.

La fabrication est devenue industrielle et la bêtise s'exporte dans le monde entier, avec de nouveaux parfums.

**Bêtise de Douai, sottise de Valenciennes, sottise de Lille...*

Cacoule

(confiserie ; Cambrésis)

Spécialité du Cateau-Cambrésis, la cacoule est un caramel en forme de berlingot triangulaire de couleur marron.
Miel, sucre et mélasse mélangés sont portés à plus de 130 °C. La masse brune est mise à refroidir sur le marbre, avant d'être suspendue à un crochet et étirée à la main (ce qui a pour conséquence de l'éclaircir). Finalement allongée en boudins d'environ 3 cm de diamètre, la pâte est coupée aux ciseaux, donnant ces berlingots. Ceux-ci, une fois refroidis, seront conditionnés en sachets transparents.
Chère au cœur des Catésiens, la cacoule ne compte plus qu'un dernier fabricant...

↷ **HIST**. *Ce berlingot de caramel fut mis au point par un confiseur forain, Jacques Béhar, à la fin du XIXe siècle, qui le vendait à l'occasion de la foire et de la ducasse du Cateau-Cambrésis (localité au sud-est de Cambrai). À sa mort, en 1936, son neveu, puis la fille de ce dernier, poursuivront sa fabrication. En octobre, la fête de la Cacoule, au Cateau, permet de remettre sur le devant de la scène une friandise en voie d'extinction, malgré son succès.*

Carambar

(confiserie ; Flandre)

Bâtonnet au goût et à la couleur caramel-chocolat, empapilloté de son papier jaune aux extrémités roses, le Carambar s'inscrit parmi ces friandises indémodables qui ont flatté les papilles et amusé de ses devinettes et rébus, écrits à l'intérieur de l'emballage, plusieurs générations de potaches.
La composition de cette friandise dure et collante fait état de : sirop de glucose, lait écrémé concentré sucré, sucre, huile de coprah hydrogénée, cacao maigre, sel, gélatine, arômes.
Ce bonbon, vendu à la pièce en épicerie, s'est étoffé d'une gamme de parfums avec des papiers protecteurs plus gais.

CARAMBAR
CARAMBAR
L'original
Caramel

HIST. *Notre Carambar « national » est né en 1954, dans la chocolaterie Delespaul-Havez, à Marcq-en-Barœul. S'il doit son goût inimitable à MM. Fauchille et Gallois, sa forme longiligne résulterait, elle, d'un incident : suite au dérèglement d'une machine, la friandise serait sortie en barre.*
Au début, Carambar (contraction de caramel et barre), s'écrivait Caram'bar. Ce n'est qu'en 1977 qu'il perdra son apostrophe. Variable, au fil des générations, sa taille est revenue à celle des débuts. Il s'en écoule près d'un milliard d'unités chaque année. Passé chez Danone, en 1980, le Carambar a été avalé par les Britanniques, avant de devenir américain (Kraft Foods ayant racheté Cadbury).

Chique de Bavay

(confiserie ; Avesnois)

La chique de Bavay est un bonbon à la menthe en forme de petit coussin carré bombé sur une face, de couleur brune.
La petite friandise se fabrique à partir de sucre de betterave (sucre glace, sucre cristallisé et sucre candi) mélangé dans une cuve et porté à près de 150 °C. L'arôme ajouté, le mélange est répandu sur une table de métal huilée. Une fois tiède, il est détaillé en boudins qui passent dans des moules de cuivre formant de petits carrés (auparavant, le sucre était coupé aux ciseaux). En refroidissant, les morceaux se détacheront.
Empaqueté dans des boîtes de métal bleu (provenant de la dernière ferblanterie du Nord), le bonbon fait les délices des autochtones et des touristes.

HIST. *Ce bonbon remonte à l'époque napoléonienne, quand les grognards déchiraient avec leurs dents les bouchons des charges de plomb des armes. Pour éliminer le plomb resté collé aux dents et se protéger du saturnisme, les militaires chiquaient et recrachaient du tabac. Leurs épouses, quand ils rentraient, préféraient leur préparer des caramels...*
S'inspirant de cette anecdote, Fortain Favier concevra, en 1875, ce bonbon aromatisé à la menthe Mitcham qu'il baptise « chique

de Bavay ». Son fils, Edouard, prend la relève en 1922, avant de vendre les secrets de fabrication à Georges Spriet, en 1949. Celui-ci les vend à son tour à Christian Kamette, qui les fabriquera jusqu'en 2010... La chique de Bavay est aujourd'hui fabriquée par l'entreprise Afchain.

CHUQUE DU NORD

(confiserie ; Douaisis, Flandre)

La chuque du Nord est un bonbon de caramel dur, aromatisé au café, fourré d'un caramel onctueux.
Emballées en papillotes rouges rayées de blanc, les chuques sont conditionnées en boîtes ou en sachets.

HIST. *C'est en 1887 que le confiseur douaisien Victor Piteau aurait eu l'idée de mêler le restant de son café aromatisé à la chicorée sur du caramel. Constatant avec surprise que l'intérieur du bonbon restait tendre, il baptisera son invention « chuque » (qui signifie « sucre, friandise »).*

COQUILLE DE NOËL

(pâtisserie ; Flandre, Douaisis, Boulonnais, Artois, Audomarois)
Autres appellations : volaren ou folarts (Flandre maritime), cougnolle, cugnolle, queugnot... queniole ou cuniole (Cambrésis, Valenciennois), quénieu (Champagne), cougnou et pain de Jésus (Belgique)

De début décembre à Noël, les boulangers et pâtissiers du nord de la France réalisent un gâteau en pain brioché appelé « coquille » dans la région lilloise, de forme oblongue et renflée, parfois pourvu d'une « tête » à chaque extrémité, censée évoquer un enfant emmailloté...
La croûte, de couleur marron, recouvre une mie jaune et moelleuse.
Farine, levure, sel, sucre, lait, œufs et beurre composent cette singulière viennoiserie en des proportions variant avec son format. Selon les endroits, ce gâteau prend des

noms différents et peut s'enrichir de raisins secs, de pépites de chocolat ou de grains de sucre.
Cette coquille s'apprécie avec un bol de chocolat chaud.

HIST. *Autrefois, les enfants trouvaient, en se réveillant le 25 décembre, dans leurs sabots placés près de la cheminée, une coquille et une orange. De nos jours, cette tradition se perpétue à Noël, surtout dans les écoles ou les clubs sportifs.*
Un écrit permet de faire remonter cette pâtisserie à la seconde moitié du XVIe siècle. L'origine du nom de coquille vient peut-être du diminutif de « coque », forme que prenait primitivement ce gâteau. Seconde hypothèse, il proviendrait du mot flamand et hollandais kocke, que l'on prononce « couque », et qui signifie gâteau.

Couquebaque

(pâtisserie ; Flandre, Douaisis, nord/Artois)

Grosse crêpe à la bière de la Flandre, appréciée jusqu'au bassin minier artésien, la couquebaque tire son nom du néerlandais koekebakken (koeck « gâteau » et bakken « cuire »). Cette crêpe se doit d'être plus épaisse (le double) qu'une crêpe normale pour mériter sa spécificité nordiste.
Elle comporte de la farine, de la vergeoise, du sel, des œufs, du lait coupé d'eau, du beurre fondu, de la bière et, souvent, de la chicorée liquide qui appose sa teinte foncée. Une grosse louche de pâte est versée dans une poêle graissée pour la cuisson. Elle se déguste avec de la cassonade, de la confiture, etc.

Cramique

(pâtisserie ; Flandre, Valenciennois, Douaisis, Cambrésis, Avesnois...)
Variantes et autres appellations : coukebootram (autre sorte de brioche aux raisins), cramique au sucre, craquelin de Boulogne, craquelin liégeois, etc...

Le cramique, brioche en forme de pain parallélépipédique, à la mie de couleur crème à jaune clair assez dense, est parfois

garnie de grains de sucre et fourrée de raisins secs.
Il se compose de farine, levure, sucre, sel, lait, beurre, œufs et, dans sa version « riche », de sucre perlé et/ou de raisins secs. La pâte, bien lisse, sera rabattue sur elle-même pour prendre l'aspect d'un pain. Une fois bien reposé et gonflé, doré à l'œuf, le cramique passe à four chaud.
Ce délice flamand, apprécié côté français, se découpe en tranches au petit déjeuner ou au goûter, se tartine de beurre, aux côtés d'un chocolat chaud. Certains restaurateurs le proposent en accompagnement du foie gras.

HIST. *Le cramique (nom masculin, issu du mot flamand kramiek) puise ses origines en Belgique (Flandre, Wallonie et région bruxelloise). La succulente brioche a été adoptée depuis longtemps par les boulangers de la Flandre française.*
Cette pâtisserie briochée se nomme aussi craquelin (craquelins de Lille, de Roubaix, de Tourcoing...), car on la cuisait au Moyen Âge selon le principe de l'échaudé, ce qui rendait sa texture craquante. On réalise aussi un craquelin en pâte feuilletée sucrée, prenant la forme d'un chevron, à Saint-Amand-les-Eaux, et d'un 8 à Boulogne-sur-Mer.

FALUCHE

(boulangerie ; Flandre, Valenciennois)

La faluche, un petit pain rond, assez plat, blanc (car peu cuit), mou, à la mie dense et moelleuse, demeure très appréciée dans le département du Nord.
Sa composition : farine, levure boulangère, eau, sel, huile.
Consommé tiède au petit déjeuner avec du beurre et de la vergeoise ou de la confiture, ce petit pain peut se muer en sandwich*, garni de crudités, de rillettes, pâté, jambon...

HIST. *Peut-être d'origine moyenâgeuse, la faluche, ou faluiche se cuisait, jadis, après la fournée de pains. Le boulanger l'enrichissait parfois de poireaux.*

**Rappelant en cela la fouée (Pays-de-la-Loire).*

Galette flamande

(pâtisserie ; Flandre)
Autres appellations : galette lilloise, galette beurrée.

La galette flamande, tarte ronde au goût marqué par la présence de rhum, constitue l'une des variantes du gâteau des rois. Elle se fait à partir de pâte briochée enrichie de crèmes pâtissière et au beurre.
La pâte est composée de farine, de levure, d'eau, de sel, auxquels sont ajoutés du sucre et du beurre. Une fois abaissée et cuite, elle se verra fourrée de sirop de rhum, ainsi que d'un mélange de crème pâtissière et de crème au beurre, dans laquelle on glisse une fève. Le tout saupoudré de sucre glace.
Cette galette se déguste au dessert avec la traditionnelle recherche de la fève.

HIST. *Mentionnée au début XIX*[e] *siècle dans un traité de pâtisserie, cette galette d'Épiphanie se confectionnait à partir d'une pâte briochée enrichie d'amandes, de noisettes et d'écorces d'orange confite**.
L'apport d'une crème au beurre et d'un sirop imbibé de rhum semble être issu de pâtissiers dunkerquois.

**Il existe une pâtisserie assez proche dite « orangine », parfois « tarte flamande ».*

Gaufre fourrée

(pâtisserie ; Flandre)

Au panthéon du patrimoine gastronomique nordiste se range la gaufre fourrée : un délice ovale, fondant en bouche, composé d'une pâte dorée emprisonnant un fourrage sucré.
D'une douzaine de centimètres de long, pour la moitié de large, cette gaufre exige farine, levure, sel, sucre, beurre, œufs et se cuit dans un four à main qui lui donne un aspect alvéolé.
Après cuisson, la gaufre est ouverte et fourrée d'une préparation à base de beurre et de sucre (blanc, vergeoise ou cassonade), parfois aromatisée à la vanille ou au rhum.

Cette gaufre adoucit de sa texture et de sa saveur chaque moment de la journée.

HIST. *Le Nord-Pas-de-Calais partage avec la Belgique la spécialité des gaufres : gaufre fourrée, mais aussi gaufre liégeoise (épaisse et molle, à grosses alvéoles, avec des morceaux de sucre blanc incrustés), gaufre de foire (dite aussi gaufre bruxelloise, rectangulaire et croustillante, à grosses alvéoles carrées, saupoudrée de sucre, de crème chantilly ou de chocolat), gaufre sèche (de petite taille, ronde et dure).*
Figurant parmi les doyennes des pâtisseries françaises, la gaufre plonge ses racines au Moyen Âge.
Il s'agissait de gaufres très fines, roulées en forme de cornet ou de bâton. La gaufre fourrée, elle, existe au moins depuis le XIXe siècle.
On sait, en effet, que la gaufre fourrée à la vanille de Méert est née en 1849, à Lille.
En 1864, le célèbre pâtissier deviendra le fournisseur officiel du roi des Belges, Léopold Ier.
Vendue fraîche, cette gaufre fourrée lilloise fait aussi l'objet d'une industrialisation ancienne.

NIEULLE

(pâtisserie ; Flandre, Artois)

Biscuit rond d'une demi-douzaine de centimètres de diamètre, plat et aux bords cannelés, de couleur marron clair, la nieulle fait la réputation d'Armentières. Lors de la fête locale, des nieulles sont jetées du beffroi et lors du passage des chars... Farine, sel, sucre, force beurre ramolli, jaunes d'œufs, mêlés et travaillés, donneront une pâte homogène, abaissée, puis découpée en cercles à l'emporte-pièce. La cuisson, assez brève, à four doux, donnera de gros « ducats » à peine dorés ! Les nieulles se dégustent à tout moment. Certains les apprécient au moment du café-chicorée et de la bistouille.

HIST. *Apparues entre Flandre et Artois vers le XIIe ou XIIIe siècle, les nieulles, selon la légende, seraient entrées dans l'histoire*

en 1510. Cette année-là, le seigneur d'Armentières, Jacques de Luxembourg, au cours d'un banquet offert aux échevins, se présenta au balcon au-dessus de la foule et eut l'idée de leur jeter des restes de gâteaux.
Depuis, cette tradition du jet des nieulles se perpétue. La coutume de lancer des objets des beffrois (symbole de communion entre peuple et gouvernants) se retrouve ailleurs en Flandre : harengs à Dunkerque, chats à Ypres, louches à Comines...

PAIN BOULOT

(boulangerie ; Artois, Flandre, Cambrésis, Douaisis, Boulonnais, Calaisis, Audomarois, Avesnois, Valenciennois)

Pain régional, le boulot présente un aspect... boulot, allongé et court à la fois, idéal pour confectionner les tartines. Sa croûte dorée, peu foncée, porte (selon son allongement), 3 à 5 larges entailles régulières. Tranché, il dévoile une mie de couleur blanc crème, légère et généreuse.
Sa fabrication implique d'incorporer à la pâte (farine, eau, sel) un mélange liquide fermenté de farine et d'eau comportant beaucoup de levure. Après le façonnage et un temps de repos, les pains sont enfournés.
Ce pain offre une alternative au gros pain de ménage ou à la baguette pour le petit déjeuner ou les repas.

HIST. *Le pain boulot existe en d'autres régions, en Bourgogne, en Île-de-France. Dans le Nord, il y est fait référence au XIXe siècle. Conçu en boule ou en miche, il s'allongera à partir des années 1960, prenant ainsi le nom de « pain à tartines » et « pain blanc cuit ».*

PAIN D'AMANDES

(pâtisserie ; Flandre)

Le pain d'amandes est un biscuit qui prend l'apparence de plaquettes de couleur ambrée, d'une finesse extrême, agrémentées d'amandes effilées, croustillantes en bouche et d'une saveur subtile. Entrent dans sa composition, farine, beurre, cassonades blonde et brune, blancs d'œufs montés en neige. Après pétrissage, des amandes mondées et effilées sont incorporées, parfois une pointe de chicorée ou des épices (cannelle, gingembre). Le pain est tranché très finement avant cuisson. Le petit biscuit craquant s'accorde avec le café ou le thé, mais aussi avec une glace, un sorbet, une salade de fruits.

HIST. *Répandu dans les Flandres françaises et belges, ce produit d'épicerie fine a suscité l'intérêt des biscuitiers industriels.*

P'tit quinquin

(confiserie ; Flandre)

Le p'tit quinquin est un bonbon plat et ovale de couleur rouge ou jaune, à la saveur sucrée acidulée. La friandise, frappée du sceau d'une dentelière à l'enfant, est empapillotée de cellophane blanc et rouge (les couleurs de Lille).
La fabrication demeure un secret jalousement gardé.
Ces p'tits quinquins sont conditionnés dans leur boîte en fer rose, attirant l'œil des touristes.

HIST. *Le nom de ce bonbon lillois, créé en 1921, s'inspire des couplets de la célèbre berceuse du poète lillois Alexandre Desrousseaux (1820-1892), illustrant la vie intime des ouvrières de l'époque et évoquant le sucre venant en récompense si l'enfant s'endort... Depuis 1933, la famille Brassart se transmet de génération en génération la recette.*

Sottise de Valenciennes

(confiserie ; Valenciennois)

Friandise de Valenciennes copiée il y a trois quarts de siècle sur la célèbre bêtise de Cambrai, la sottise est un bonbon aromatisé à la menthe, décoré d'un liseré de sucre rouge.
Ce bonbon rafraîchissant s'est étoffé d'une gamme plus large de différents parfums.

HIST. *La sottise de Valenciennes fut inventée en 1930 par le confiseur Gaby Gomiand. Après la Seconde Guerre mondiale, la marque « sottise de Valenciennes » passa à M. Spriet, en 1955, à Madame Sevez et, en 1969, à Paul Woestelandt. Depuis 2000, le pâtissier Philippe Guilbert, qui a rajouté 4 parfums supplémentaires (violette, coquelicot, rose et citron) perpétue la fabrication du succulent bonbon.*

Tarte à la rhubarbe

(pâtisserie ; Artois, Flandre, Douaisis...)
Variante : tarte à la rhubarbe meringuée.

La tarte à la rhubarbe est courante en Artois et dans les pays du département du Nord. En effet, cette plante qui prend l'aspect d'une tige ligneuse verdâtre y est l'hôte de nombre de jardins. Il existe une fête de la Rhubarbe à Cantin.
Épluchée et détaillée en courts tronçons, la rhubarbe peut être blanchie, mais le mieux, pour qu'elle ne mollisse pas trop en tarte, reste de l'utiliser crue, mise à dégorger dans du sucre toute une nuit. L'abaisse de pâte dans une tourtière beurrée recevra alors cette rhubarbe mélangée à du sucre. La cuisson au four dure le temps que le sucre caramélise bien.
Cette tarte à l'irrésistible goût acidulé de rhubarbe se déguste tiède ou froide, en dessert ou en goûter.

Tarte au libouli

(pâtisserie ; Flandre, Cambrésis, Douaisis, Boulonnais, Calaisis, Avesnois, Valenciennois, Artois, Audomarois)
Autres appellations : tarte au papin, tarte à gros bord, tarte à l'coloche, tarte au flan, tarte à l'pronée (avec des pruneaux).

Qui, dans le Nord-Pas-de-Calais, ne connaît la tarte au libouli, dite aussi tarte au papin : cette tarte à gros bord, emplie d'une belle épaisseur de flan crémeux, sucré et vanillé, à la surface jaune claire, plus ou moins brûlée par endroits ? Certains gardent les chutes de la pâte pour décorer la crème libouli de bandes entrecroisées.

Tarte à la rhubarbe

La pâte, légèrement briochée, est faite de farine, beurre, lait, œuf, levure boulangère et sel. On l'abaisse finement et on en garnit un grand moule. On verse ensuite la « crème libouli » (ou le « papin »), constituée de lait chaud battu avec une forte proportion de sucre, de la farine, des œufs, de la vanille. Il n'est pas rare d'y enfoncer quelques pruneaux, avant que le tout ne soit enfourné pour une demi-heure.
Cette tarte campagnarde (dont la seule différence avec la tarte au flan tient à la pâte briochée) fait la joie du dessert ou du goûter.

✱ **HIST**. *La tarte au (ou à) libouli s'inscrit dans cette catégorie de tarte à gros bords (ou tarte à ducasse, qui prend des noms différents, selon les régions, comme tarte au papin vers la côte d'Opale), le libouli (« lait bouilli ») désignant la crème qui la recouvre.*
La tradition des tartes en Flandre, et plus largement dans l'ensemble de la région, remonte au moins à la fin du Moyen Âge, associée aux réunions familiales et, surtout, aux ducasses (fête foraine dans le Nord). À cette occasion, les ménagères confectionnaient de multiples tartes, portées à cuire au four du boulanger, dont cette fameuse tarte à libouli ou à gros bords... « À gros bords », car on dit que, jadis, les familles modestes ne disposaient pas d'assez d'argent pour l'achat d'un moule.
On mettait donc la pâte à même la tôle du four, en en repliant le bord pour éviter que la crème ne déborde.

TARTE AU SUCRE

(pâtisserie ; Flandre, Cambrésis, Douaisis, Boulonnais, Calaisis, Avesnois, Valenciennois, Artois, Audomarois)
Variantes : galette au sucre (Champagne-Ardenne), galette bressane (Rhône-Alpes).

Incontournable dans le Nord, la tarte au sucre consiste en une pâte briochée, ronde et assez plate, surmontée d'une couche fondante et croustillante de vergeoise et de beurre.
Sa réalisation se réalise en 2 étapes : d'abord la confection

de la pâte briochée, avec de la farine, un œuf, du sel, et force beurre, le tout pétri avec la levure délayée préalablement dans du lait tiède. Une fois la pâte levée, on l'abaisse au rouleau, on en fonce un moule à tarte, et on la laisse à nouveau lever.
À l'issue de ce temps, on passe à la garniture : on répartit une bonne couche de vergeoise, brune ou blonde, et on verse dessus de l'œuf et du lait battu pour l'humecter.
Ne reste plus qu'à parsemer la surface de quelques noisettes de beurre et de passer au four une petite trentaine de minutes, jusqu'à ce que la garniture dore bien. Certains remplacent la vergeoise par de la cassonade, mais alors ce n'est plus la « véritable tarte au sucre du Nord » !
Servie tiède ou froide, cette « ch'tite tarte », à la pâte aérienne et à la garniture fondante, est un plaisir rustique qui ne se refuse pas au dessert ou au goûter.

HIST. *Pâtisserie répandue dans le nord-est de la France, en Belgique et même au Québec, la tarte au sucre semble être l'avatar de la tarte à la crème, réputée en Picardie dans la seconde moitié du* XVIIIe *siècle. L'adjonction de vergeoise coïncide avec l'implantation d'une puissante industrie sucrière, après la Révolution.*
Au XIXe *siècle, un repas de fête dans le Nord ne se concevait pas sans tarte. Et comme le Nord comptait de nombreuses raffineries de sucre, la tarte au sucre deviendra donc la tarte de référence.*

Vergeoise

(confiserie ; Flandre)
Variante et autre appellation : cassonade.

La vergeoise est un sucre à consistance moelleuse, d'une couleur brune plus ou moins foncée, provenant d'un sirop de betterave.
Recuit une fois, le sirop donne de la vergeoise blonde ; 2 fois, de la vergeoise brune, plus foncée et à l'arôme teinté d'une légère amertume.
Souvent confondue avec la cassonade*, la vergeoise, plus fine, plus moelleuse, s'utilise en pâtisserie et au quotidien

dans la région Nord-Pas-de-Calais : tarte au sucre, gaufre, crêpe, spéculoos. Son petit goût caramel, fondant en bouche, fait aussi merveille sur un yaourt nature ou sur des tartines beurrées.

**La cassonade est un sucre de canne, souvent blanc, auquel on ajoute de la mélasse (résidu de raffinage), ainsi qu'une couleur et parfois une saveur artificielle. La cassonade est donc ce sucre cristallisé roux obtenu directement à l'issue de la première cuisson du jus de canne... et non pas de betterave. Mais, où la chose se complique, c'est que dans le Nord, on n'emploie jamais le mot vergeoise, mais on parle que d'cassonate ! Pourtant, c'est bien la vergeoise que l'on évoque et non la cassonade !*

• • •

NORMANDIE

AGUIGNETTE

(pâtisserie ; pays de Bray)

Les aguignettes sont d'amusantes pâtisseries de la Saint-Sylvestre, aux motifs divers, le plus souvent d'animaux, faites d'une pâte feuilletée dorée par la cuisson, sèche, ou fourrée à la frangipane, aux pommes ou au chocolat.

Les représentations courantes sont celles du canard, du coq, du poisson, mais certains artisans augmentent leur bestiaire : cochon, tortue, lapin, éléphant, phoque, colombe, tête d'ours... Leur fabrication implique une pâte feuilletée, abaissée et coupée en double pour chaque sujet retenu à l'aide d'emporte-pièces. La première abaisse sera tartinée de la garniture choisie, avant d'être plaquée de la seconde abaisse jumelle. Les yeux, les bouches des sujets sont faits de raisins secs ou de pointes de chocolat, leurs stries, dessinées de la pointe d'un couteau. Chaque sujet, une fois bien gonflé, sera doré à l'œuf battu avec du sucre, avant le passage à four chaud.

Ces créatures croustillantes se vendent à la pièce ou au poids.

HIST. *Tradition normande héritée du Moyen Âge, les aguignettes (ou « haguignettes » ou encore « reguignettes »), doivent leur nom à la déformation de l'exclamation « au gui l'an 9 ». Le 31 décembre, les cortèges d'enfants déambulaient de porte en porte en chantant avec leurs aguignettes pour réclamer leurs étrennes.*
Aujourd'hui, les derniers boulangers rouennais qui lui restent fidèles la proposent la semaine suivant le jour de l'an.

BEURRÉ NORMAND

(pâtisserie ; Bessin, Cotentin...)

Le beurré normand est un gâteau de ménage rond légèrement bombé et doré, peu riche en beurre malgré son nom, mais « normand » par l'apport de pommes rissolées et de raisins secs macérés au calvados.
Il convient d'incorporer des pommes (de type reinette de préférence, coupées en dés et rissolées au beurre) et des raisins secs macérés dans du calvados à un appareil fait de jaunes d'œufs, de sucre, de farine et de blancs d'œufs battus en neige. La pâte obtenue, placée dans un moule à manqué beurré, cuira au four.
Au dessert ou au goûter, cette succulente pâtisserie ne recule pas devant une tasse de café allongée d'un doigt de calva.

HIST. *Si « beurré » fait référence à la réputation du beurre normand, le nom de ce gâteau léger n'en reste pas moins étrange, car le beurre n'y occupe qu'une place parcimonieuse, ne servant qu'à cuire les pommes pour éviter qu'elles ne rendent leur jus au cours de la cuisson. Son créateur aura sans doute voulu l'ancrer à la gastronomie régionale...*

BOURDELOT

(pâtisserie ; Suisse normande, Mortainais, campagne de Caen, Domfrontais, pays d'Auge, pays de Caux...)
Autres appellations : bourdaine (Pays de la Loire), rabote picarde (Picardie).

Dessert des campagnes normandes, le bourdelot consiste en une pomme évidée, fourrée de sucre parfumé et cuite dans de la pâte.
La pomme (d'une variété ferme, du genre reinette, calville, afin qu'elle tienne bien la cuisson), pelée ou non, mais évidée, est déposée au milieu d'une abaisse carrée de pâte, brisée ou feuilletée, assez large pour pouvoir l'enfermer. La cavité au centre du fruit est emplie de sucre semoule (parfois vanillé), mouillé d'un peu de calvados et operculée avec une noisette de beurre. Les angles de la pâte sont ramenés les uns vers les autres et soudés. La pâte est dorée au jaune d'œuf avant de gagner le four.
Cette pomme en croûte dorée offre une alternative aux pommes au four toutes simples, se dégustant en fin de repas ou au goûter, encore chaude ou froide, nappée de crème fraîche et arrosée de cidre bouché, voire même flambée au calvados.

HIST. *Naguère, profitant de la cuisson d'une fournée de pain, on enveloppait une pomme, souvent avec sa peau et ses pépins, d'un peu de pâte restante... le terme de « bourdelot », d'origine basse-normande, correspond à une petite « bourde » ou tarte aux pommes. La confrérie des Gouste Bourdelots du Bocage athisien (en Suisse normande) veille à la pérennisation de son dessert fétiche. Une variante du bourdelot utilise la poire : le douillon.*

BRASILLÉ

(pâtisserie ; plaine de Caen)

Une sorte de pain long et aplati en pâte feuilletée sucrée, riche en beurre : tel est le brasillé.

La réussite de sa pâte feuilletée repose sur le tour de main du boulanger, usant des ingrédients habituels, farine, levure, eau, beurre, avant de la placer au four.
Quelques rares artisans de la plaine de Caen et du Pré-Bocage (zone au sud du Bessin, au contact de la Suisse normande) proposent des brasillés : nature, au pommes ou au calvados.

HIST. *Au début du XXe siècle, ce morceau de pâte à pain, enrichi de lard et de sel, dont le nom évoque le brasillement de la braise, cuisait à l'entrée du four pendant l'enfournage. Retiré juste avant la fermeture du four, il servait d'en-cas au boulanger et faisait la joie de la clientèle matinale...*
Dans les années 1970, un boulanger de Clinchamps-sur-Orne (au sud de Caen), Émile Roussel, réactualisera ce produit avec un apport de sucre et de beurre.

CARAMEL D'ISIGNY

(confiserie ; Bessin)

Petits carrés marron clair, exhalant les riches produits laitiers du terroir, le caramel d'Isigny existe soit dur, soit tendre.
L'entreprise qui détient la marque « caramel d'Isigny » utilise des produits locaux : lait entier, beurre et crème, qui s'additionnent à la base classique du caramel (sucre et sirop de glucose cuits). La pâte obtenue est découpée et emballée. Cette confiserie lactée indémodable reste associée à l'authenticité d'un terroir.

HIST. *À Isigny, ville dont les produits laitiers (camembert, beurre et crème d'Isigny) jouissent d'une notoriété mondiale depuis le XVIIIe siècle, les premiers caramels* verront le jour en 1932 avec la mise au point par les établissements Galliot de la première recette de caramels durs à la crème d'Isigny appelé « isicrem ».*

**Nom issu d'un mot espagnol lui-même venant du latin cannamella signifiant « canne à sucre ». Cette substance aurait été inventée par les Arabes vers la fin de notre premier millénaire.*

CONFITURE DE LAIT

(confiserie ; pays d'Auge, Bessin, Cotentin, pays de Caux...)

La confiture de lait est une sorte de crème épaisse, onctueuse, de couleur caramel.
Sa fabrication repose sur le mélange d'environ deux-tiers de lait partiellement écrémé avec un tiers de sucre cristallisé, porté à ébullition, puis cuit à feu doux plusieurs heures, jusqu'à ce que la texture s'épaississe et se pare d'une teinte caramélisée. Le conditionnement se fait à chaud dans des pots en verre.
Cette pâte, au goût de lait au caramel, s'étale sur du pain, de la brioche, des crêpes.

HIST. *Bien qu'une légende du XIXe siècle en attribue la découverte à un chef cuisinier distrait de l'armée napoléonienne, la confiture de lait est une très vieille spécialité des campagnes laitières françaises, en Normandie, en Bretagne, en Picardie, jusqu'en Savoie, mais aussi universelle, puisqu'elle est très appréciée dans toute l'Europe.*

DOUILLON

(pâtisserie ; Suisse normande, Domfrontais... pays de Caux)

Le douillon consiste en une poire enveloppée d'une abaisse de pâte cuite au four.
La poire, évidée, prend place au centre d'un carré de pâte, feuilletée ou brisée, assez large pour l'enfermer. La cavité au centre du fruit permet d'y introduire de la gelée de groseille, ou encore cassonade, cannelle, pâte d'amande... avant de refermer le carré de pâte et d'en souder les angles.
La pâte est dorée au jaune d'œuf puis rejoint un four chaud.
Ce dessert, simple se déguste souvent tiède, nappé de crème, d'une sauce vanille ou caramel, ou d'une miellée au calvados...

-Historique : voir à bourdelot.

FALLUE

(pâtisserie ; Bessin, Cotentin, Bocage virois...)
Autres appellations : brioche coulante, fouace de Caen.

La fallue est une brioche assez plate et de forme ovale, souvent décorée d'épis sur la face supérieure, à la mie dense et claire proche de celle d'un pain au lait.
Sa réalisation nécessite farine, sucre, beurre, lait (ou crème fraîche), œufs, levure, sel, un peu d'eau.
Une fois pétrie et levée, la pâte est retravaillée, boulée et éventuellement disposée dans son plat spécial à hauts rebords.
Après avoir levé une seconde fois, elle cuira à four chaud.
Beurrée, confiturée ou trempée dans du cidre, cette brioche n'aime rien tant que se déguster, chaude ou froide, avec la teurgoule.

HIST. *Viennoiserie traditionnelle du Bessin, du Saint-Lois et du Coutançais (Cotentin), la fallue (ou falue) tire son nom du mot normand falle, désignant l'estomac, qui vient de fallur, « tube » en vieux norrois (langue des Vikings).*
À l'instar des gâteaux briochés, elle descend de ces pains enrichis nés au Moyen Âge, comme la gâche normande (avec laquelle elle se confond dans sa version dite « améliorée »). Cette brioche se servait à l'occasion de la fête des rois, avant d'être supplantée par la galette.

FLAN NORMAND

(pâtisserie : Bessin, plaine de Caen, pays d'Auge, pays de Bray, pays de Caux...)

Tenant de la tarte et du flan, le flan normand est une pâte sablée garnie d'un appareil crémeux supportant des lamelles de pommes roussies par la cuisson.
Ce délice alliant le moelleux frais du flan à la saveur de la pomme, parfois parsemé d'amandes effilées grillées, satisfait les fins de repas, les goûters autant que les petits creux de la journée.

✳ **HIST**. *Indissociable des pommiers et des prés à vaches, le flan normand est un dessert domestique immémorial que l'on retrouve à peu près partout en Normandie.*

GÂCHE NORMANDE

(boulangerie ; Cotentin)
Variante : fallue.

La gâche normande, moins riche que son homonyme vendéenne*, mais non moins savoureuse, est une brioche ressemblant à un pain ovale, rebondi et incisé sur le dessus. À la différence de la brioche, sa fabrication ne requiert ni de second pétrissage, ni de seconde levée, ce qui en raccourcit la mise en œuvre. Il s'agit donc d'une brioche faite à partir de farine mélangée avec des produits laitiers du terroir (lait, beurre), des œufs, de la levure et du sel. Le tout, pétri, donnera une pâte élastique, laissée à reposer, puis cuite au four.
La gâche se déguste nature ou avec du beurre, de la confiture.

↷ **HIST**. *La gâche (dite aussi « fallue ») est une vieille spécialité régionale. En témoigne un écrit de Randle Cotgrave qui, en 1611, présente la « gasche » comme un « gâteau de Normandie ».*
Dans son acception la plus simple, la gâche désignait, en Normandie, une galette de pâte à pain, placée brièvement à l'entrée du four pendant que cuisait la fournée et ressortie, assez molle. Cette gâche ordinaire servant à tester la température du four se mangeait aussitôt, avec du beurre ou trempée dans du cidre. Elle servait aussi pour le repas du midi. Avec le temps, cette gâche s'amenda, « briochant » avec l'apport de produits laitiers.

**La gâche vendéenne, voir à gâche (Pays de la Loire).*

MIRLITONS DE ROUEN

(pâtisserie ; pays de Caux)

Les mirlitons de Rouen sont des tartelettes de pâte feuilletée garnies d'une crème d'amande aux œufs parfumée à la fleur d'oranger. Ils sont décorés d'amandes effilées. Tièdes ou froids, les mirlitons font un excellent dessert familial.

HIST. *Ces mirlitons, dont le nom évoque une comptine enfantine ou une flûte servant à jouer des airs populaires, se confectionnaient autrefois avec les restes de pâte feuilletée. On trouve mention des mirlitons dans un livre de cuisine du XIXe siècle. Ceux de Rouen se caractérisaient par l'adjonction de crème, notamment de crème fleurette (formée spontanément à la surface du lait cru laissé à mâturer), et la ville s'en était fait une réputation. Il existe aussi d'autres mirlitons pâtissiers, à Pont-Audemer (sous la forme d'une cigarette russe garnie de mousse pralinée) et à Paris (à la confiture d'abricot). À la devanture des pâtisseries de Rouen, la tradition des mirlitons semble pratiquement perdue...*

PAIN BRIÉ

(boulangerie ; pays d'Auge, Avranchin, Bessin, pays de Caux...)

Pain traditionnel de Normandie, généralement en bâtard court plutôt qu'en boule, le pain brié se reconnaît à sa croûte blonde, incisée de 3 traits parallèles dans le sens de la longueur, et à sa mie d'une grande densité résultant d'un pétrissage particulier.

La préparation de la pâte (farine, levure et levain, sel, beurre et eau) exige, en effet, un mode de pétrissage consistant à plier, à compresser et à replier longuement la pâte à l'aide d'une brie, afin de chasser l'air, avec pour conséquence de resserrer la mie. Après le façonnage et les temps de repos, les pains cuiront pas moins d'une quarantaine de minutes dans le four. Cette cuisson longue augmente l'épaisseur de la croûte.

Compagnon des repas quotidiens, ce pain lourd à la mie serrée excelle avec les plateaux de coquillages et de fruits de mer.

HIST. *Le nom de ce pain, possiblement originaire du Bessin, provient de la brie, ustensile utilisé lors du pétrissage de la pâte. Ce nom vient du verbe normand brier qui signifiait « marteler », en* *rapport au martèlement effectué sur la pâte. La longue conservation de ce pain le rendait très apprécié des pêcheurs.*

PAIN NAPOLÉON

(boulangerie ; Cotentin)

Le pain Napoléon est un pain de campagne à la croûte dorée sur une mie blanche, de forme sensiblement ovale, replié sur lui-même avant son enfournage, ce qui lui donnera l'aspect de 2 miches encastrées l'une dans l'autre.
Ce pliage a pour conséquence de serrer la pâte, ce qui rend la mie moins aérée qu'une miche de campagne.
Ce pain du quotidien se consomme au repas, au petit déjeuner, au goûter.

HIST. *Celui que líon surnomme parfois « pain Napoléon » dans la région cherbourgeoise, du fait de sa ressemblance avec la coiffe que portait l'empereur, níest autre que le pain plié*. Le pliage avait pour avantage, en densifiant quelque peu la mie, de renforcer son goût et de permettre une meilleure conservation.*

**Pain plié (Bretagne).*

PÂTÉ AUX POIRES DE FISÉE

(pâtisserie ; pays de Bray)

Le pâté aux poires de fisée est une sorte de feuilleté, rond ou rectangulaire, élégamment doré, garni de ces poires à la chair rosée d'une saveur si particulière.
Épluchées, épépinées, taillées en lamelles, les poires de fisée devront cuire dans du vin rouge, avec une gousse de vanille et un clou de girofle, prenant ainsi leur teinte rosâtre. Une fois attendries, les lamelles seront coupées en morceaux et tassées entre 2 abaisses de pâte feuilletée. Après dorure au jaune d'œuf suivra une cuisson au four.
Ce délicieux chausson aux poires se sert, tiède ou froid, à la fin du repas.

HIST. *Dessert particulièrement réputé autour de Dieppe et de Neufchâtel-en-Bray, le pâté aux poires de pisée se dégustait vers la Toussaint, période de récolte de cette variété de petites poires. Celles-ci, devenues rares dans les vergers de nos jours, doivent leur nom de fisée (ou fizée, fizet) à leur forme effilée... en fusée. Leur chair se consomme cuite, dans du vin ou parfois du cidre, du vinaigre. Crue et pressée, elle entre aussi dans l'élaboration du poiré*.*

**Voir à poiré de Normandie.*

SABLÉ DE CAEN

(pâtisserie ; plaine de Caen)
Variantes : sablé de Bayeux, sablé d'Asnelles...

Rond, aux bords parfois dentelés, assez plat et tout clair, car non doré à l'œuf, le sablé de Caen présente souvent la particularité de se confectionner avec le jaune d'œufs durs.
La technique, des plus simples, consiste à mélanger de la farine, du sucre, une pincée de sel, du jaune d'œuf dur, du beurre frais, de la vanille, de la cannelle en poudre (ou du zeste d'agrume) et du calvados. La pâte sera ensuite étalée et coupée à l'emporte-pièce en petits disques ronds, cuits brièvement au four.
Les biscuits, qui se conservent plusieurs jours dans une boîte, s'apprécient au goûter, au dessert (avec une glace) ou en en-cas.

HIST. *Ce sablé, de vieille tradition, se servait souvent dans les auberges et restaurants de la région, en fin de repas avec un café.*

SOUFFLÉ NORMAND

(pâtisserie ; campagne de Caen, Bessin, pays d'Auge, pays de Caux...)

Le soufflé normand est une pâtisserie tenant du soufflé et du flan aux pommes, prenant soit l'aspect d'un gâteau de ménage assez rustique et haut, soit celui de tartes ou tartelettes plus raffinées...

Dans ce dernier cas, des pommes cuites et flambées au calvados sont posées sur un fond de pâte feuilletée et couvertes d'une crème délicate, légère et parfumée. Dans le cadre d'une fabrication domestique, un moule à soufflé beurré (possiblement tapissé de biscuits à la cuiller imbibés de calvados, façon charlotte), est empli d'une purée de pommes (ou de dés de pommes rissolés au beurre) mélangée à un appareil à soufflé (œufs, lait, farine ou maïzena, sucre, vanille) parfumé au calvados. Tout ceci cuit finalement au four.
Pâtissier ou familial, ce régal sucré s'apprécie en fin de repas ou au goûter.

HIST. *Ce dessert, qui ne répond à aucune norme culinaire précise, met en scène les ingrédients fondamentaux des terroirs normands : pommes, lait, beurre, œufs et calvados.*

SUCRE DE POMME

(confiserie ; pays de Caux)

Confiserie fétiche de Rouen, le sucre de pomme est un bâtonnet translucide, à la teinte orangée, emballé dans un étui papier à l'effigie de célèbres monuments historiques de la ville.
La fabrication de ce bonbon de sucre cuit parfumé à l'essence de pomme débute par la chauffe du sucre, à une température voisine de 130 °C. Durant cette phase de cuisson, sont incorporés de l'essence de pomme reinette et un filet de jus de citron. La pâte molle obtenue, de couleur ambrée, est coulée sur une table en marbre, puis roulée avec les doigts en bâtonnets prêts à être emballés.
La gourmandise ne manque pas d'éveiller l'intérêt des touristes.

HIST. *Ce bonbon est né au* XVIe *siècle, époque où le sucre de canne des Antilles affluait dans le port fluvial de Rouen et où les vergers du pays de Caux regorgeaient de pommes. L'alliance entre*

Tarte normande

ces 2 denrées ne pouvait que se faire... Au milieu du XIXe siècle, les confiseurs privilégieront la forme d'un cylindre d'une dizaine de centimètres, rappelant un bâton de maréchal ou un sceptre royal. Sous cet aspect, la friandise connaîtra une grande vogue sous le Second Empire. À l'heure actuelle, Barnier et Duret sont parmi les gros fabricants de sucre de pomme.

TARTE NORMANDE

(pâtisserie ; pays d'Auge, Bessin, Cotentin, campagne de Caen, Suisse normande, pays de Caux, pays d'Ouche...)

« Monument » incontournable de la cuisine régionale, la tarte normande allie la splendeur des productions de ses terroirs : crème, beurre, calvados et pommes anciennes.

Son approche varie d'une cuisinière à l'autre, mais la base demeure : sur une pâte sablée, voire, feuilletée, on dispose une couche de compote. Puis on pèle, on évide et on coupe des pommes. Les pommes anciennes, plus ou moins acidulées, plus ou moins amères, sont recommandées : reine des reinettes, cimetière de Blangy, frequin rouge, rouge duret, bénédictin, calville ou encore belle de boskoop... Les quartiers de pommes peuvent être disposés sur la tarte crus ou préalablement confits dans du beurre. Le tout est ensuite saupoudré de sucre et passé au four. Au sortir du four, la tarte peut-être flambée au calvados. On la sert avec une bonne cuillerée de crème fraîche.

Servie encore tiède, cette tarte au goût de l'enfance et des dimanches en famille oppose le chaud au froid (celui de la crème fraîche dans son pot), le croquant au moelleux.

HIST. *La tarte aux pommes, ce « gâteau de partout », que l'on retrouve mille fois décliné en Brie, en Sologne, en Alsace, en Provence, peut cependant être revendiqué à juste titre par la Normandie. La région est, en effet, le royaume des pommes.*

TEURGOULE

(dessert ; pays d'Auge, campagne de Caen, Bessin, Cotentin)
Autre appellation : terrinée.

Dessert typique de Normandie, la teurgoule (ou terrinée) est une sorte de riz au lait sucré, parfumé à la cannelle, cuit des heures à four très doux dans un plat spécial, jusqu'à acquérir ce moelleux parfait sous une fine peau brûlée.
La teurgoule se déguste souvent chaude, avec la fallue (brioche) et du cidre. Elle se fait à la maison et peut se trouver chez le traiteur, le boulanger, sur le marché ou en supermarché, ou à la carte des restaurants.

HIST. *Appelée quelquefois bourgoule, torgoule ou tergoule, la teurgoule devrait son nom au fait de « se tordre la goule » (la bouche), soit parce qu'on se hâtait de la manger encore très chaude, soit parce que la recette primitive n'avait pas acquis le degré de finesse qu'on lui connaît. On dit que le riz et la cannelle provenaient des cales des galions espagnols revenant des Amériques, capturés par les corsaires normands.*
De nos jours, la cannelle est parfois supplantée par de la vanille, du caramel, des zestes d'agrumes, voire du laurier. Une confrérie de la Teurgoule et de la Fallue de Normandie veille à la promotion de ces 2 trésors gourmands, préparés, autrefois, le dimanche et les jours de fête.

• • •

PAYS DE LA LOIRE

Berlingot nantais

(confiserie ; Pays nantais)
Variantes : berlingot de Carpentras (PACA), berlingot de Cauterets (Midi-Pyrénées), berlingot de Berck (Nord-Pas-de-Calais).

Le berlingot nantais, à la forme tétraédrique* et bombée, se décline selon une large palette de coloris, rouge, vert, jaune, violet, blanc... et d'arômes : framboise, cassis, citron, orange, menthe, anis... Les confiseurs ne se lassent pas d'inventer des parfums « tendance » : melon, banane, ananas, chocolat, caramel au beurre salé. La mode est aussi aux bi-couleurs et aux bi-arômes : réglisse-menthe, cassis-citron, framboise-vanille, chocolat-pistache...
Le succès de cette sucrerie indémodable, plus connue que sa concurrente, la rigolette nantaise, repose sur un savoir-faire savamment orchestré. Pour lui donner tout son croquant, le sucre est cuit avec du glucose et de l'eau, mêlé avec des colorants et arômes, puis malaxé sur un marbre. En refroidissant, le mélange durcit. Passé à la rouleuse, le boudin de sucre est ensuite laminé et découpé en mini berlingots. La vitrification qui succède tend à améliorer sa conservation. En sachets ou dans des boîtes rondes en fer, le bonbon fait

la joie des touristes et concurrence aussi la dragée pour les mariages...

HIST. *Probablement antérieur au célèbre berlingot de Carpentras, dont il se distingue par une taille plus réduite, un aspect opaque et l'absence de rayures, le berlingot nantais serait apparu à Nantes vers les années 1830, par l'entremise d'une certaine Madame Couët. Son nom dériverait du provençal berlingau qui signifie « osselet ». Madame Couët, cantinière dans les armées du Consulat et de l'Empire à la fin du XVIIIe siècle, l'aurait rapporté d'Italie, d'une marchande qui vendait des bonbons au caramel appelés berlingozzi (le mot désignant une sorte de friandise). Après en avoir fait profiter les grognards de l'Empereur, elle en aurait ensuite transmis la recette à sa fille, épouse d'un M. Dupont, concierge place Royale, qui se serait mis à fabriquer ces berlingots dans sa cuisine, puis à en faire commerce. Une chose est, au moins, sûre : les confiseurs ont prospéré à Nantes sous l'Ancien Régime grâce au commerce du sucre, débarqué en quantité des Antilles au XIXe siècle, puis raffiné. En 1863, 63 000 t de sucre sont produites à Nantes. Le berlingot avait alors la forme d'une coquille d'escargot et se vendait en cornets dans les rues.*

**De tétraèdre : présentant 4 faces triangulaires, comme une pyramide.*

BN

(pâtisserie ; Pays nantais)
Autres appellations : choco BN, goûter BN, goûter fourré BN.

Régnant sans partage sur les cours de récréation dans les années 1960 et 1970, avec son côté pratique, ludique, esthétique, qui croustillait bien sous la dent en libérant la saveur de ses ingrédients, notre fameux « choco BN » demeure enraciné dans la culture française.
Ce petit « sandwich » sucré se compose de 2 biscuits secs carrés, de couleur marron clair, soudés entre eux par un fourrage aux parfums variés : chocolat, vanille, fraise, abricot...

HIST. *Véritable « révolution » dans les années 1950, le choco BN fut lancé par la Biscuiterie Nantaise pour concurrencer les inamovibles tartines beurrées au chocolat de nos mères, grands-mères.*
Depuis, si les goûters fourrés occupent un segment majeur de l'industrie biscuitière, le BN a vu son leadership s'effriter.
Pour endiguer l'érosion des ventes et relooker son image austère, vieillotte et bourrative, le BN a hérité d'une bouche et de 2 yeux rieurs laissant entrevoir le fourrage.

BOTTEREAU

(pâtisserie ; Pays nantais, Mauges, Bocage vendéen)
Autres appellations : bottereau nantais, bottereau vendéen, cimoriot, foutimasson... tourtisseau (Poitou-Charentes).

Le bottereau est un losange de pâte dorée et dodue, saupoudré de sucre glace, à la mie aérée et moelleuse, parfumée à l'alcool et à la fleur d'oranger.
Beaucoup de personnes, rattachées à la région nantaise ou aux Mauges raffolent de ce beignet, y puisant souvent des souvenirs d'enfance... Il existe aussi des bottereaux fourrés à la crème, ainsi qu'une variante en pâte feuilletée.

HIST. *Beignet de carnaval, le bottereau est préparé à l'occasion de la mi-carême. Attaché à la région nantaise, on le prépare également sur ses marges angevines (dans les Mauges) et vendéennes (dans le Bocage vendéen et sur la côte, on tend davantage à parler de « foutimasson »).*

BOURDAINE

(pâtisserie ; Bocage mayennais)

La bourdaine est une belle grosse pomme, fourrée de confiture ou de sucre, empaquetée dans une pâte brisée dorée à l'œuf.

Voir bourdelot (Normandie).

Brioche vendéenne

(pâtisserie ; Bocage vendéen, Marais breton-vendéen, île de Noirmoutier, Talmondais, pays de Brem, Plaine vendéenne, pays d'Olonne, Marais poitevin, Mauges)
Autres appellations : alize vendéenne, pain de Pâques, galette pacaude (Poitou-Charentes).

Devenue l'emblème gastronomique de la Vendée, la brioche vendéenne réserve ses faveurs à tous nos sens : une mie ultra moelleuse, presque aérienne, se détachant comme de la barbe à papa... fondante au palais et libérant des saveurs subtiles de beurre frais, de sucre et de fleur d'oranger ou d'eau-de-vie... une croûte dorée, gonflée, tressée, exhalant des odeurs de boulange et de champ de blé tout à la fois
Cette brioche-là réclame des ingrédients basiques (farine, beurre, œufs, levure, sucre), mais, plus peut-être que pour toute autre viennoiserie, sa réussite repose sur les dosages, la qualité des produits, la façon de malaxer la pâte, son temps de repos, sa cuisson (voir gâche vendéenne). Les artisans la proposent en barre, parfois en briochette individuelle.
On la découpe en tranches d'un jaune clair homogène, plus ou moins épaisses, dont on se régale nature, beurrées ou confiturées.

HIST. *L'origine de la brioche demeure controversée. Au Moyen Âge, dans le Bas-Poitou (qui deviendra la Vendée avec la création des départements) chaque famille fabriquait pour Pâques sa propre gâche : une brioche à mie serrée en forme de pain également appelée galette pacaude, pain de Pâques, alize vendéenne (alize signifiant « dense », « compact », « serré »).*
Au XIXe siècle, le métier de boulanger se généralisant dans les campagnes, les artisans en modifièrent la recette et la présentation en la tressant. L'apparition de cette brioche tressée, parfumée à la fleur d'oranger ou à l'eau-de-vie avec ou sans crème fraîche, l'associera à un gâteau de fête. D'énormes brioches d'une dizaine à une vingtaine de kilos, portées sur des civières (plateaux), sont préparées pour la traditionnelle « danse de la Brioche » lors

des repas de noces. Généralement, il revenait au parrain et à la marraine de la mariée de l'offrir...
Les congés payés, à partir de 1936, contribueront à faire connaître cette pâtisserie. Cependant, ce n'est qu'au sortir de la Seconde Guerre mondiale que cette brioche deviendra « vendéenne » : en 1949, l'association des Vendéens de Paris organise une vente caritative au profit des prisonniers de guerre, faisant venir un grand nombre de spécialités vendéennes (mogettes, jambons, gâteaux, kamok) et, notamment notre fameuse brioche. On décide alors d'établir un distinguo entre la brioche dite « parisienne » et la brioche vendéenne.

CHAUSSON AUX POMMES DE SAINT-CALAIS

(pâtisserie ; Calaisien)

Saint-Calais* vénère son chausson aux pommes, au point de lui consacrer une fête populaire haute en couleur.
Il s'agit d'un chausson de pâte feuilletée, emplit d'une compote faite de gros morceaux de pommes fondus dans du beurre, avec du sucre et de la cannelle.
À sa sortie du four, il est saupoudré de sucre pour acquérir son brillant.

HIST. *Régal adoré des petits et des grands, le chausson aux pommes possède ainsi un « port d'attache », même si son origine obscure ne le rattache à nulle part... En 1580, une épidémie de peste faucha les deux-tiers de la population de Saint-Calais. On dit que la châtelaine aurait fait distribuer aux nécessiteux, contraints de rester en ville pour éviter la propagation de la maladie, un énorme « pâté aux pommes ». Depuis 1630, chaque premier dimanche de septembre, une procession commémore la fin de l'épidémie et l'on vend des chaussons aux pommes en souvenir de la distribution faite aux pauvres. La confrérie du Chausson aux Pommes pérennise cette tradition.*

**Tout comme Yffiniac. Voir chocard d'Yffiniac (Bretagne).*

CROQUANT ANISÉ

(pâtisserie ; Mayenne angevine)
Autres appellations : croquant à l'anis, croquette anisée.

Tenant à la fois du biscuit et du bonbon, le croquant à l'anis revêt l'apparence d'un disque doré d'une demi-dizaine de centimètres de diamètre, si fin qu'il en devient presque translucide. D'une texture cassante, il craque sous la dent, libérant ses arômes divers où domine celui de l'anis.
Sa composition mêle farine, sucre, œuf, beurre, lait et anis à différents parfums : gingembre, bergamote, jasmin, menthe...

HIST. *Depuis au moins la première moitié du XVIIIe siècle, on cultivait l'anis dans le Val de Loire tourangeau.*
Les pâtissiers régionaux entraient dans certains de leurs biscuits ces grains étoilés, réputés pour leurs propriétés digestives.
En créant ces croquants à l'anis, vers 1882, sans doute à l'intention de leurs malades, les sœurs hospitalières de Saint-Julien, à Château-Gontier, se seraient donc inspirées de cette tradition ancienne de biscuits anisés.
En 1898, les sœurs déposent la marque « biscuits hygiéniques anisés Saint-Julien » et signent un contrat de revente avec un négociant. Un dizaine d'années plus tard, elles vendront leur recette à un pâtissier de la ville.
Avant la Première Guerre mondiale, un nommé Danger se proclamait le seul fabricant de ces croquettes anisées digestives. Plusieurs artisans se repasseront la recette.

FION

(pâtisserie ; Marais breton-vendéen, île de Noirmoutier, Bocage vendéen, île d'Yeu)
Variante : flan maraîchin.

La fionnaïe, plus connue sous l'appellation elliptique de fion (fionc, fllon ou fllun, synonymes de flan en patois vendéen), compte parmi les desserts typiques de l'ouest de la Vendée : il s'agit d'une crème généreuse en œufs, lait, crème fraîche, parfumée à la vanille et à la cannelle, parfois avec de la fleur

d'oranger, qui se tient, droite et fière, dans le carcan d'une timbale de croûte sablée aux bords dentelés, croustillante. Toute la difficulté consiste à rendre hermétique ce cylindre de pâte d'une douzaine de centimètres de diamètre pour autant de haut lors de la cuisson. Il existe plusieurs recettes. Certains font bouillir le lait avec le sucre et la vanille, d'autres mélangent à froid les mêmes ingrédients avant de les mêler aux œufs battus. La tradition veut qu'ensuite on verse le tout dans le moule (parfois sans pâte... on parle alors de « fioné ») et qu'on fasse cuire à la douce chaleur du four, longtemps, très longtemps.
Pour compliquer la chose, la différence entre le fion et le flan maraîchin paraît bien ténue. Cette sorte de tarte rustique au flan ne ressemble pourtant pas tout à fait à un flan malgré ses apparences : contrairement au flan, le goût de l'œuf s'impose. Une couche dorée, très fine, sur le dessus, conclut le chef-d'œuvre. Tout comme le fion, le flan maraîchin se conserve très bien au frais durant quelques jours.

HIST. *Le fion puise ses racines au milieu du Moyen Âge. Il accompagnait les grandes fêtes, les repas de familles, les travaux des champs, le goûter des enfants... À la veille de Pâques, outre la gâche, il constituait l'autre spécialité marquant la fin du carême. Cette douceur reste un des desserts favoris dans le marais breton vendéen.*

Flan maraîchin

Voir à fion

Fouace nantaise

(pâtisserie ; Pays nantais)
Autres appellations : fouasse, fouace, fouace à 6 branches, corne.

À l'instar du tourton et du guillaret, la fouace nantaise appartient à cette famille de produits rustiques hésitant entre le pain et le gâteau, venus de l'époque médiévale.

Toujours appréciée localement, cette fouace-là, conçue par les viticulteurs de la Haye-Fouassière au XIXe siècle, reproduit la forme d'une étoile aplatie à 6 branches aux bords arrondis. Son diamètre, variable, peut atteindre une vingtaine de centimètres.

Réalisée à partir de farine, de levain, de lait et d'eau, enrichie en sucre et beurre, elle accompagnait la dégustation de muscadet à l'automne. Non loin, à Bouaye, se fabriquait une autre fouace à peu près identique mais... à 5 cornes.

HIST. *Au Moyen Âge, la fouace* désigne une pâte levée, comme le pain, mais se distingue de ce dernier par sa qualité d'article de luxe, enrichi au beurre, aux œufs, parfois au sucre. En Anjou, on la connaît sous le nom de fouée, prenant l'aspect d'une épaisse galette.*

Dans le vignoble nantais, la fouace exerçait un engouement tel que, durant la Révolution, Saint-Jean-de-la-Haye, devenu Notre-Dame-de-la-Haye, fut rebaptisé la Haye-Fouassière. Cette bourgade, principal centre de fabrication de la fouace en France, comptait à la veille de la Grande Guerre près de 90 fouaciers ! Beaucoup de ces fouaciers finirent par s'installer à Nantes dans le quartier de Chantenay (commune annexée à Nantes en 1908, connue pour la foire des Cornes lors de la Saint-Martin, durant laquelle s'avalaient force fouaces).

La marchande de fouace, avec son costume typique, était une figure locale. Le travail du boulanger consistait à pétrir la pâte en boule, puis en galette, avant de la pincer pour dessiner les cornes. Il y cachait une fève pour désigner, au moment de la dégustation, qui devrait payer sa tournée de fouace ou de vin. Car, pour accompagner le vin, la saveur un peu sèche d'une fouace bien fraîche demeure sans pareille.

**Issu du latin focus (« foyer »), qui a donné focacia en Italie, devenu fouace et fouée dans le nord de la France et fougasse dans le Sud. De forme ronde, elles symbolisaient le soleil, signe de vitalité chez les Gaulois.*

Fouée

(boulangerie ; Saumurois)

La fouée*, en Anjou méridional, demeure une tradition bien ancrée.
Il s'agit d'un petit pain à déguster chaud, à peine défourné, tartiné de rillettes, de mogettes, de beurre demi-sel, de fromage de chèvre, ou encore d'une ratatouille de légumes, de champignons.
De petites auberges aménagées dans les caves troglodytes du Saumurois proposent cette spécialité boulangère moyenâgeuse, cuite sous leurs yeux dans un four à bois. Des meuniers avec leur four à pain ambulant la proposent aussi à l'occasion de fêtes ou de foires.

HIST. *Autrefois, lors de la fabrication du pain dans les fermes, on attendait que le four atteigne la température suffisante pour y cuire la fournée de la semaine.*
Avec le reste de la pâte, on confectionnait de petites boules que l'on écrasait avec la paume avant de les passer au four un instant. On s'empressait de les garnir et de les manger bien chaudes.
Jusqu'à la Seconde Guerre mondiale, les boulangers du Saumurois préparaient, dès l'aube, des fouées pour leurs clients ouvriers qui les emportaient pour se les tartiner de rillettes ou de beurre dans un café voisin, en casse-croûte.
Après une période d'éclipse, la fouée est revenue, magnifiée par les restaurateurs qui en ont fait un produit ludique.

**Fouace et fouée sont toutes 2 issues du latin focus, signifiant le « foyer », d'où a été tiré le mot focacia, donnant « fouasse », « fougasse »...*

Foutimasson

(pâtisserie ; Marais breton-vendéen, Bocage vendéen)
Variantes : cimoriot, tourtisseau (Poitou-Charentes), merveille (Aquitaine).

Le foutimasson est un beignet de mardi gras à la fleur d'oranger, ventru et de couleur marron clair, à la mie aérée et moelleuse.

Il revêt diverses formes, le plus souvent rectangulaires ou en losanges. Fait d'une pâte levée composée de farine, d'œufs, de beurre, de sucre et frit à l'huile, il se déguste tiède, saupoudré de sucre glace.

HIST. *Mardi gras est le dernier jour des jours gras qui précèdent la période de carême et le jeûne dans la religion catholique. Au jeûne et à l'abstinence, on oppose la fête, le carnaval... Le terme de foutimasson désigne une pâtisserie assez identique au bottereau, mais sa localisation l'ancre en Vendée, dans le Marais breton et le Bas-Bocage.*

Françoise de Foix

(confiserie ; pays de la Mée)

Douceur emblématique de la ville de Châteaubriant, la françoise de Foix est un chocolat enrobant un praliné fourré de raisins macérés dans le rhum. Cette bouchée chocolatée, présentée dans une petite timbale recouverte d'une collerette rouge, se vend à l'unité ou en coffrets. Le fondant chocolat mi-amer associé à la ganache pralinée et aux raisins à l'alcool produit une friandise d'une exquisité envoûtante.

HIST. *Cette friandise raffinée fut créée dans l'entre-deux-guerres par Constant Lerochais, un maître-pâtissier de la ville, en hommage à Françoise de Foix (vers 1495-1537), épouse du comte de Châteaubriant, Jean de Laval, et amante supposée de François 1er, qui connaîtra une fin tragique.*

Gâche

(pâtisserie ; Bocage vendéen, Marais breton-vendéen, île de Noirmoutier, île d'Yeu, Talmondais, pays de Brem, Plaine vendéenne, pays d'Olonne, Marais poitevin)
Autres appellations : alize vendéenne, gâche sablaise (aux Sables-d'Olonne).

Plus proche de la tradition que la brioche vendéenne, la gâche se différencie de cette dernière par sa forme ovale et

par l'adjonction de crème fraîche, qui donne de l'onctuosité à la mie, celle-ci étant jaune claire, plus dense, mais aussi plus friable que celle de la brioche. Autre nuance, elle est plus souvent aromatisée au rhum.
Cette viennoiserie ancestrale, reconnaissable à l'incision de la croûte faite dans sa longueur, présente également l'avantage d'une meilleure conservation. Pour preuve, consommée le lendemain de sa préparation, elle offre une qualité gustative supérieure.

HIST. *La gâche, de même que la brioche, entre dans la catégorie de ces pains enrichis que l'on fabriquait dans les campagnes vendéennes. Son origine remonte au Moyen Âge. Ce gâteau riche en œufs et en sucre, avec du lait ou une crème fouettée, se préparait traditionnellement pour les fêtes de Pâques et les mariages. Il revenait au parrain et à la marraine de la mariée de la lui offrir.*

GALETTE DE SAINT-GUÉNOLÉ

(pâtisserie ; presqu'île de Guérande)

La galette de Saint-Guénolé, ou galette avel vor (« vent de mer », en breton), reprend une recette inchangée depuis près d'un siècle.
La pâte, composée de produits locaux (beurre, farine de froment, sucre, œufs, sel marin, levure) est découpée en petits cercles dentelés que l'on dore. Sorties du four, blondes et brillantes, les galettes sont conditionnées en sachets et en boîtes.
À la dégustation, la pâte sablée craque et fond sous la dent.

HIST. *Fondée en 1920, la biscuiterie doit son origine à une dame qui habitait près de l'église Saint-Guénolé à Batz-sur-Mer. Elle produisait pour sa consommation personnelle des galettes qui finirent par conquérir voisins et amis, donnant lieu à un petit commerce. Jusqu'à la fin des années 1940, plusieurs propriétaires se succéderont à la tête de l'affaire, ne cessant de la développer grâce à cette galette.*

Dans les années 1970, un ancien pâtissier en repris les rennes, rajoutant la fabrication de nouveaux produits. En 1987, l'entreprise changea encore de main.

Galette Saint-Michel

(pâtisserie ; pays de Retz)

La petite galette bretonne au beurre Saint-Michel fait toujours l'orgueil de la station balnéaire de Saint-Michel-Chef-Chef : ronde, de couleur marron brillant, avec pour motif un ange terrassant un dragon, croustillante et fondante, avec un arrière-goût salé...
Sa composition reste inchangée : farine de froment, beurre, sucre, œufs entiers, sel, arômes naturels, poudre à lever, sirop de glucose, lactose, protéines de lait, farine de maïs. Dorée avant cuisson, elle est conditionnée en paquets de 20 galettes.

✱ **HIST**. *Né en 1875 à Saint-Brévin-les-Pins, d'un père boulanger, Joseph Grellier fait d'abord un apprentissage de pâtissier à Nantes avant d'aller travailler sur Paris. Il ouvre une boulangerie-pâtisserie à Saint-Michel-Chef-Chef et, en 1905, y invente une grande galette au beurre et aux œufs, ronde et fondante : la galette Saint-Michel, qu'il vend auprès des premiers estivants sur la plage. En 1920, les neveux reprennent l'affaire et innovent avec le sablé de Retz (biscuit rond et sablé, croustillant d'un apport de noix de coco), et des gaufrettes. Quant aux galettes Saint-Michel, elles prennent la taille plus réduite que nous leur connaissons. En 1951, l'entreprise passe au stade industriel. En 1994, elle fusionne avec le groupe allemand Balshen.*

Gâteau minute

(pâtisserie ; Plaine vendéenne, Talmondais, Sud-Bocage vendéen, Marais poitevin)

Produit typique de la Vendée méridionale, le gâteau minute hésite entre la génoise et le quatre-quarts. D'une rondeur à peine dodue (15 à 20 cm de diamètre pour une demi-douzaine

de hauteur), sa croûte sucrée de couleur marron claire, sa texture moelleuse à cœur et son goût relativement neutre le disposent à se faire déguster sans façon autour d'une tasse de café, ou accompagné d'une crème fouettée ou de glace à la vanille et d'un vin blanc moelleux.
Il existe des variantes à sa réalisation. Certains utilisent les œufs entiers, d'autres séparent les jaunes des blancs pour les monter en neige, avant de les incorporer au mélange (beurre, sucre, farine, levure, sel). Certains ajoutent du lait, de la vanille. D'autres rehaussent son goût de yaourt, ou de chocolat, ou de fruits.

HIST. *Le nom de ce gâteau ne tient pas à sa vitesse de préparation, mais au fait que son excellente conservation permettait de le sortir à la « minute », en cas de venue à l'improviste d'amis. À l'origine, cette pâtisserie était réalisée par des femmes, spécialisées dans sa fabrication, qui se déplaçaient de ferme en ferme à l'occasion des mariages ou des communions, en cette partie sud de la Vendée. On n'utilisait pas de moule pour sa cuisson. Pour obtenir sa forme ronde, on mettait la pâte sur un papier gras, assez rigide, que l'on entourait d'une ficelle.*

GÂTEAU NANTAIS

(pâtisserie ; Pays nantais)

Inscrit dans cette tradition pâtissière de la ville de Nantes liée au commerce colonial, le gâteau nantais arbore une forme altière : ronde, nappée d'un glaçage blanc au rhum. Cette couverture blanche recouvre un biscuit moelleux, fait de farine, de sucre, d'œufs, de poudre d'amande, imbibé d'un généreux punch au rhum des îles et au citron, et parfois recouvert d'une gelée d'abricot. La pâte d'amande venant se mêler à la génoise lui confère une texture subtile, moelleuse et fondante.
Ce gâteau, qui se conserve plusieurs semaines, réclame qu'on ne le consomme pas avant un ou 2 jours après sa préparation, afin que sa texture se « fasse » et que le rhum y imprime son arôme.

HIST. *Le gâteau nantais est probablement né au XVIIIe siècle, alors que les quais de la Fosse ou de l'île Feydeau accueillaient les trésors en provenance des Antilles : sucre de canne, rhum ambré, vanille bourbon... Le chroniqueur Paul Eudel en attribue la paternité à un certain Rouleau, maître fouacier, installé en 1820 rue Saint-Clément. Ce dessert haut de gamme, que faisaient servir les maîtresses de maison à leurs invités quand elles tenaient salon, avait fini par sombrer quelque peu dans l'oubli jusqu'à sa relance par la biscuiterie LU, de 1910 à 1972. Depuis, les pâtissiers et les cuisiniers de la ville de Nantes en proposent des adaptations.*

Guillaret

(pâtisserie ; Pays nantais)
Autres appellations : guillaré, guiharé.

Le guillaret, une petite brioche rustique, ressemble dans sa composition à la fouace nantaise. Elle en diffère par la forme avec ses bords repliés en portefeuille.

HIST. *On la fabriquait notamment à la Haye-Fouassière, petite bourgade du Vignoble nantais, où s'activaient pas loin de 90 fouaciers jusqu'à la veille de la Grande Guerre ! Dès 1908, la production de guillaret y avait en partie remplacé celle des fouaces traditionnelles, jugées indigestes par les consommateurs de l'époque, séduits par de nouvelles pâtisseries, l'introduction de sucre, de caramel, d'angélique.*

Merice

(pâtisserie ; île d'Yeu)
Variante : betchet.

La merice est un gros gâteau allongé de couleur dorée avec des croisillons sur le dessus, fabriqué à l'île d'Yeu. Son aspect, assez compact, un peu aplati, ressemble à celui d'un pain de campagne. Sa mie, volontairement serrée et sucrée, permet une longue conservation. Pour sa préparation, du beurre ramolli est additionné de farine, de sucre, de sel, de levure, puis de lait et de rhum. Les pains, une fois façonnés, seront dorés à l'œuf puis incisés sur le dessus de losanges, avant de passer au four. La merice se consomme en l'état ou additionnée de beurre ou de confiture. Les artisans la proposent aussi en parts individuelles : rondes, parfois avec des pépites de chocolat, celles-ci prennent alors le joli nom à consonance anglo-saxonne de betchets.

HIST. *Pâtisserie nourrissante, d'une conservation à toute épreuve, la merice comptait parmi ces denrées alimentaires qu'on embarquait, autrefois, à bord des bateaux qui quittaient l'île d'Yeu pour mener des campagnes de pêche pouvant durer plusieurs mois. « Gâteau de survie », très consistant et très sec, il se conservait de ce fait parfaitement bien en mer.*

PÂTÉ AUX PRUNES ANGEVIN

(pâtisserie ; Val d'Anjou, Segréen, Mauges)

Dans la région d'Angers, l'été, les pâtissiers confectionnent le fameux pâté aux prunes (« pâté » au sens de « pâte ») : une abaisse de pâte tapissée de reines-claudes dénoyautées, légèrement sucrées, recouverte d'une seconde abaisse de pâte, dorée au jaune d'œuf avant cuisson et dotée d'une cheminée centrale.
Ce dessert doit sa succulence à la qualité des fruits produits localement autant qu'au couvercle de pâte qui provoque leur ébullition et concentre leurs arômes. Il se sert tiède et se marie à la perfection avec un coteaux-du-layon.

HIST. *Judis on cuisait cette tourte rustique à même la plaque, non moulée dans un plat. Ces pâtés peu coûteux se servaient souvent à l'occasion des noces, où ils prenaient des tailles monstrueuses (certains chroniqueurs décrivent des pâtés de 2 ou 3 m de longueur) pour satisfaire les appétits de la foule des convives. Dans les Mauges, à Beausse (au sud-est de Saint-Florent-le-Vieil), se déroule, en juillet, la fête des Rillauds et du Pâté aux prunes.*

PETIT-BEURRE

(pâtisserie ; Pays nantais)
Autres appellations : véritable petit-beurre, petit Lu.

Quatre oreilles et toujours ses 48 dents[1]... on ne présente plus le petit-beurre, « star » de la biscuiterie industrielle à l'échelle mondiale depuis plus d'un siècle !
La mythique tablette dorée de 65 mm de long, 54 mm de large et quelque 8 g appartient bien à notre patrimoine pâtissier national, au même titre que le choco BN ou le paille d'or. La « franchise » de son goût exhale les images rassurantes de champs de blé mûri au soleil, de bon beurre produit en nos vertes campagnes...
Son succès, le petit beurre le doit à un parfait équilibre entre les ingrédients qui le composent : 73,4 % de farine de blé, 13,6 % de beurre, le reste en sucre, lait écrémé en poudre, sel, poudre à lever, acide citrique et arôme...

✳ **HIST**. *Inspiré par l'industrie biscuitière britannique très en vogue à l'époque en France, Louis Lefèvre-Utile, un pâtissier nantais de la rue Boileau, se porta acquéreur d'une ancienne filature, quai Baco, qu'il transforma en fabrique moderne de biscuits. Il y conçut plusieurs gammes de biscuits et, un jour de 1886, lui vint l'idée simple d'un biscuit à base de farine, de beurre, de sucre et de lait, dont il dessina la forme légendaire aux bords découpés et aux 4 coins saillants. La légende veut qu'il se soit inspiré des napperons en dentelle de sa grand-mère...*
Consommés par un quart des foyers français, les petits-beurre restent la marque phare de Lu. Plus de 9 000 t de véritables petits beurres (l'équivalent d'1 milliard de biscuits, ou de 41 millions de paquets) sortent chaque année de l'usine de La Haye-Fouassière[2].

---

1 « Quatre oreilles et 48 dents » est un slogan célèbre décrivant le petit-beurre de Lu.
2 Voir à fouace nantaise.

Petit mouzillon

(pâtisserie ; Pays nantais)

Biscuit très sec et léger, ni gras, ni salé, friable lorsqu'on le casse, croustillant lorsqu'on le croque, le petit mouzillon fait la fierté de la commune éponyme depuis un siècle et demi.
La composition de ce biscuit en forme de couronne dentelée d'une demi-douzaine de centimètres de diamètre, assez épaisse, percée d'un trou en son centre, comprend de la farine de froment, du sucre, des œufs frais, de la poudre de lait, de la poudre d'amandes, des agents levants, des arômes naturels et artificiels (dont de la vanille). Pétris la veille, tous ces ingrédients forment une pâte qui sera découpée à l'emporte-pièce manuel.Cuits dans un four-tunnel, les biscuits se voient dorés à l'œuf et au lait avant leur conditionnement en sachets plastifiés ou en boîtes cartonnées.
Fidèle compagnon du muscadet, ce biscuit reste encore lors des mariages et vins d'honneur.

HIST. *Le petit mouzillon, créé en 1848 par M. Guillaud, un boulanger de Mouzillon, bourgade postée au cœur du vignoble nantais (au sud de Vallet), connaîtra bien des repreneurs au cours de sa longue « carrière ».*
Par sa composition, excluant sel et matières grasses, il s'inscrit dans la catégorie des gâteaux diététiques, sans pour autant négliger son image gourmande.*

*En cela il rappelle le croquant anisé de Château-Gontier, qui a, lui, des vertus digestives.

Petit sarthois

(pâtisserie ; Calaisien, Pays manceau)

Le petit sarthois s'inspire probablement d'une vieille recette régionale, remise au goût du jour, voici une vingtaine d'années, par un cuisinier de Vibraye (bourgade située aux confins du Maine et de la Normandie). Il s'agit d'un entremets froid à base de pommes acidulées (reinette du Mans, en saison), flambées au calvados, placées sur un fin biscuit à l'ancienne, nappées d'une crème et arrosées d'un caramel au cidre.

PRÉFOU

(boulangerie ; Plaine vendéenne, Talmondais, Marais poitevin, Bocage vendéen, pays d'Olonne)

Le préfou, produit traditionnel de la Vendée méridionale, consiste en un pain à peine levé, long d'une trentaine de centimètres, garni à l'intérieur d'un hachis d'ail frais et de beurre salé.
Délicieux à l'apéritif, ce produit au goût très relevé se déguste chaud. On le réchauffe au four quelques minutes pour que le beurre imprègne la mie et que la croûte soit bien craquante... Il s'accorde aussi avec le gigot en période de fête.

HIST. *Autrefois, les boulangers posaient ce bout de pâte aplati, allégé en levure, sur une tuile chauffée à la gueule du four, afin d'en tester la température. Une pratique évoquant celle du sous flamme* ou de la fouée. Pour ne pas perdre ce petit pain à peine cuit, ils le beurraient largement d'un mélange de beurre aillé et s'en régalaient en en-cas. Le produit, disponible dans les années 1980 seulement dans quelques boulangeries, se fabrique désormais en masse, en boulangerie comme dans les supermarchés de Vendée.*

**Sous flamme (Poitou-Charentes).*

QUERNON D'ARDOISE

(confiserie ; Val d'Anjou)

Le quernon, petit carré de chocolat bleu de 3 mm d'épaisseur imitant l'apparence d'une ardoise et enrobant une nougatine caramélisée aux amandes et aux noisettes, s'est imposé comme « la » douceur sucrée d'Angers.
Sous la fine couverture de chocolat blanc (teinté de bleu) fondant, le croquant de la nougatine révèle une croustillance exquise. Fabriqués artisanalement, les quernons sont

présentés dans différents coffrets dont la couverture, une aquarelle d'après une gravure ancienne, décrit l'opération du quernage de l'ardoise.

HIST. *La production d'ardoises tint, en effet, une place prépondérante en Anjou, comme en témoigne l'immense ardoisière de Trélazé, près d'Angers.*
Du bloc de schiste brut, appelé quernon, le fendeur extrait les ardoises qui couvriront les maisons angevines.
Quant à ces palets de nougatine au chocolat, ils furent créés en 1966 par M. Mailleau, un pâtissier-chocolatier d'Angers.

Rigolette nantaise

(confiserie ; Pays nantais)

La rigolette nantaise, bonbon à l'enveloppe légèrement croquante et au cœur fondant, se présente à la vue comme un petit rectangle aux bords arrondis, brillant, ou mat lorsque givré de sucre glace. Il s'agit d'une fine coque de sucre fourrée de marmelade de fruits.
Ces rigolettes se déclinent en différentes couleurs, selon les 5 parfums naturels qui les « habitent » : ananas, cassis, citron, framboise, mandarine.
Ce délice résulte d'une méthode de fabrication complexe. Celle-ci débute par la réalisation de la coque de sucre, cuite à la vapeur, puis étirée lors de son refroidissement. Survient ensuite l'élaboration du fourrage, à partir de véritable pulpe de fruit et de sirop de glucose, auxquels se mêlent quelques adjuvants.
Conditionnée en sachets ou en boîtes rondes métalliques joliment décorées, la rigolette a ses inconditionnels et fait aussi le bonheur des touristes. Produit de fête, on l'achète souvent à l'occasion des mariages.

HIST. *C'est à Nantes, terre d'élection du sucre, qu'en 1902 Charles Bohu eut l'idée de créer une confiserie plus sophistiquée que le berlingot nantais, qu'il vendait dans son épicerie. Il la* *baptisa « Rigolette », du nom de sa chatte. Cet amateur d'opéra l'avait dénommée ainsi en hommage à Verdi et à son Rigoletto.*

SABLÉ DE SABLÉ

(pâtisserie ; pays Sabolien/Pays manceau)

Rond, blond, craquant, sucré, sableux, le sablé de… Sablé est une fine galette, d'une demi-dizaine de centimètres de diamètre, qui se croque depuis des générations…
Composé de farine de froment, de beurre, de sucre, d'œufs, de sel et d'eau, on l'abaisse au rouleau sur un plan fariné, avant de le découper en rondelles à l'aide d'un emporte-pièce. Sorti du four, le savoureux sablé rejoint, pour son conditionnement, un sachet ou une boîte en carton ou en fer.
Ambassadeur gourmand de la ville de Sablé-sur-Sarthe, le sablé sabolien a son histoire, son musée et même sa confrérie.

HIST. *La première mention de ce sablé est établie dans la correspondance entre Madame de Sévigné et sa fille. Il semblerait que, en 1670, la marquise de Sablé, Madeleine de Souvre, femme de Lettres, en offrit à Monsieur (frère puîné de Louis XIV, futur Louis XVIII), qui les trouva « fort à sa convenance et d'honnête légèreté ». Mais l'aventure pâtissière démarre véritablement en 1924, lorsqu'Yvon Étienne, un pâtissier de la ville, dépose le brevet d'invention et de marque « petit sablé de Sablé », recréant ainsi la recette et l'intitulant par un savoureux jeu de mots. Le succès ne tardera pas.*
Depuis 1932, la Maison Drans propose elle aussi un sablé de Sablé. En 1963, une biscuiterie industrielle ouvrait ses portes, basant sa réputation sur ce sablé.

Tarte aux fraises

Tarte aux fraises

(pâtisserie ; Val d'Anjou)

La tarte aux fraises, ce grand classique de notre pâtisserie nationale, se trouve particulièrement célébrée sur les bords de la Loire. Elle s'inscrit en plein dans cette « douceur angevine » chantée par Joachim du Bellay (1522-1560) dans le dernier vers des « Regrets ».

Tarte aux pruneauxde l'île d'Yeu

(pâtisserie ; île d'Yeu)
Variante : chausson aux pruneaux.

La tarte aux pruneaux de l'île d'Yeu, dite aussi tarte de noce ou tarte des mariés, bien que confectionnée à partir d'ingrédients dont tous ne sont pas locaux, constitue une authentique spécialité ogienne*.
Cette tarte ronde, généralement d'une vingtaine de cm de diamètre, à pâte feuilletée au beurre demi-sel, recouverte d'une compote de prunes sèches parfumée à la cannelle, au rhum et à la fleur d'oranger et elle-même couverte d'un damier de croisillons de pâte, reste très appréciée des Islais. Autrefois, on ajoutait également un peu de vin à la compote de pruneaux.

✳ **HIST**. *La présence des pruneaux à l'île d'Yeu remontant au* XVII*e siècle (ceux-ci ont suscité une pléiade de spécialités islaises), il semble que la tarte qui nous intéresse date de cette époque. En effet, les navires de l'île d'Yeu naviguaient le long des côtes de l'Atlantique, transportant les vins de Bordeaux et d'autres denrées. Les marins emportaient de grosses quantités de pruneaux séchés, achetés dans les ports, comme conserve pour leur consommation pendant les voyages. Une fois de retour, les cuisinières utilisaient les restes pour agrémenter les plats familiaux. Les marins de l'île d'Yeu ramenaient aussi des grands ports comme La Rochelle, Nantes ou Lorient des épices (safran, curry, cannelle), des aromates (vanille, fleur d'oranger) et des alcools (rhum) alors inconnus par ici...*

Traditionnellement consommée lors des mariages, la tarte aux pruneaux de l'île d'Yeu est parfois offerte de nos jours aux proches qui n'ont pu assister à l'événement. De nombreux pâtissiers la proposent tout au long de l'année.

**De l'île d'Yeu. On dit aussi islaise.*

TOURTON

(pâtisserie ; Pays nantais, pays de la Mée, Grande Brière/ presqu'île de Guérande, lac de Grand-Lieu/pays de Retz)

Le tourton*, préparation intermédiaire entre le pain et la brioche, se présente sous la forme d'une boule à la croûte légèrement rougeâtre, incisée sur le dessus. Sa mie de couleur crème, dense, le rend d'une excellente conservation.
On le consomme encore autour de Blain, Nozay, Campbon et dans des localités de la vallée de l'Erdre jusqu'à Nantes, comme pain aux repas du midi et du soir, mais aussi au petit déjeuner, au goûter, ainsi que les jours de fête.

HIST. *Spécialité en partie oubliée, tout droit venue du Moyen Âge, le tourton était fait avec un peu de pâte enrichie de beurre que l'on faisait cuire en même temps que le pain de ménage et que l'on mangeait chaud.*

**À ne pas confondre avec le tourton du Champsaur (PACA).*

• • •

PICARDIE

CONFITURE DE LAIT DE PICARDIE

(confiserie ; Thiérache)

Gourmandise lactée au goût caramel, la confiture de lait de Picardie revêt l'aspect d'une crème épaisse de teinte marron. La région de Vervins se veut l'un des fiefs de cette confiture de lait picarde, qui se décline nature, au beurre salé, au chocolat, à la noisette, à la vanille.

Voir confiture de lait (Normandie).

CRÈME CHANTILLY

(spécialité culinaire ; Valois)

Blanche, aérienne, mousseuse, comme un nuage frais, doux et sucré en bouche, la chantilly est cette crème fouettée à la saveur vanillée, mondialement connue.
La technique consiste à battre au fouet de la crème fluide de lait, de façon à lui faire absorber de l'air et ainsi l'amener à une consistance ferme et onctueuse. Ce travail s'effectue à froid. Sucre et vanille sont incorporés en fin de battage. Il existe des machines à chantilly, comme le syphon.

Crème chantilly

La chantilly, hôte indissociable du chou à la crème, décore de sa fantaisie immaculée gâteaux, tartes, crêpes, couronne les coupes glacées (pêche melba, banana split), les fraises. Elle coiffe aussi le café viennois.

HIST. *La création de cette crème sublime reviendrait à François Vatel, au XVIIe siècle, qui l'aurait baptisée en l'honneur du château de Chantilly, propriété de son maître, le duc de Condé. Vatel l'aurait inventée dans son lieu de résidence, à Gouvieux (commune voisine), et c'est lors d'une réception donnée par Fouquet en l'honneur de Louis XIV qu'il l'aurait faite connaître. Cependant, la première mention de cette délicieuse crème ne remonte qu'au 18 juin 1784, dans un écrit de la baronne d'Oberkirch. De plus, si Vatel l'a mise en lumière, les pâtissiers de Catherine de Médicis fouettaient déjà la crème fraîche à l'aide de tiges de genêts...*

CROUSTILLON PICARD

(pâtisserie ; Vermandois)
Variantes : croustillon du Nord, croustillon belge, croustillon hollandais.

Le croustillon picard, petite boule dorée saupoudrée de sucre glace à la façon de tous les croustillons, s'en distingue par l'apport de fromage blanc.
Celui-ci, fouetté avec des œufs et additionné de farine, sucre semoule et sucre vanillé, sel, donnera une pâte homogène et épaisse. De petites boules en seront prélevées à la cuillère et déposées dans un bain de friture chaud. Une fois bien dorés, les croustillons seront saupoudrés de sucre glace.
Ils se dégustent en encas ou au goûter. Une entreprise commercialise cette pâtisserie populaire de Saint-Quentin et de ses environs, parfois vendue en cornet sur les marchés.

GÂTEAU BATTU

(pâtisserie ; Vimeu, Ponthieu, Marquenterre, Amiénois)
Variante : gâteau mollet (Champagne-Ardenne).

Le gâteau battu, l'un des symboles de la gastronomie picarde, est une pâtisserie cylindrique, assez haute, crénelée, de belle couleur jaune à marron foncé. Sa texture, plus aérée que celle d'une brioche, donne en bouche un fondant exquis.
Riche en jaunes d'œufs et en beurre, il se compose également de farine, de sucre, de levure, de sel, ainsi que d'alcool (rhum, cognac, tantôt genièvre).
La pâte, longuement malaxée, puis laissée au repos, sera disposée dans le fameux moule à gâteau battu, ou à défaut d'un moule haut et ondulé, en forme de toque de cuisinier. Lors de la cuisson au four, la surface du gâteau doit brunir tout en gardant sa texture aérienne à l'intérieur.
Moelleux, légèrement sucré, ce véritable délice qui peut se conserver plusieurs jours avant de commencer à sécher, se déguste nature ou avec de la confiture, de la pâte à tartiner...

✳ **HIST**. *Transmise de génération en génération, la recette du gâteau battu (appelé « gasteau mollet » ou « pain aux œufs » par les Flamands) semble s'être fixée peu à peu en Picardie occidentale (« l'épicentre » se situant dans l'Abbevillois).*
Ce gâteau était autrefois dégusté pour Pâques, pour des cérémonies familiales (mariage, baptême, communion) ou des fêtes de village. La confrérie du Gâteau battu, à Abbeville, veille sur ce fleuron régional, qui apparaît à l'occasion de l'apéritif ou lors de cocktails.

HARICOT DE SOISSONS

(bonbon) (confiserie ; Soissonnais)

Légume sec et... confiserie, le haricot de Soissons est aussi un bonbon praliné feuilleté, enrobé d'une fine couche de sucre de couleur beige, imitant la forme d'une fève. La friandise se décline en versions nature ou au chocolat.

La fabrication reste un secret gardé par les confiseurs qui le commercialisent sous son appellation de « haricot de Soissons ». Souvent, ces friandises se vendent dans des petits sacs en jute ou dans des sachets en plastique transparent.
Croquant et friable en bouche, ce haricot-bonbon fait la joie des touristes de passage à Soissons.

HIST. *Rappelant la place qu'occupe le haricot de Soissons dans la gastronomie locale, ce fleuron des productions maraîchères locales semble être apparu en bonbon dans l'entre-deux-guerres, création d'un pâtissier tenant boutique place de la cathédrale. Ses successeurs poursuivront cette production, et le confiseur Jaquin la fera passer au stade industriel. Son repreneur, Levasseur, a transféré cette production en région francilienne...*

MACARON D'AMIENS

(pâtisserie ; Amiénois)

Aux antipodes du macaron multicolore et lisse*, le macaron d'Amiens dévoile l'aspect d'un palet épais et irrégulier à l'ancienne, moelleux et blanc en dedans, doré et croustillant au-dessus, fait d'une pâte d'amandes additionnée de sucre, de fruits, de blancs d'œufs et de miel.
Si chaque artisan conserve ses secrets, le processus de fabrication revient à associer de la poudre d'amandes, du sucre, du miel, de la vanille, en y incorporant peu à peu des blancs d'œufs, ainsi qu'une gelée d'abricot ou de pomme et de l'extrait d'amande amère. La pâte, laissée au repos plusieurs heures, sera façonnée en rouleaux et débitée en tranches de 2 cm d'épaisseur, ou encore arrangée à l'aide d'une poche à douille. Les pièces sont placées sur du papier sulfurisé et dorées au jaune d'œuf. La cuisson dans un four à température modérée dure une vingtaine de minutes. Les macarons devront y dorer, mais sans brunir.
Spécialité phare de la capitale picarde, le macaron se déguste à tout moment en en-cas et fait la joie des touristes.

HIST. *Amiens brille au firmament des villes « macaronières » françaises. Déjà, au XVIIe siècle, la Maison Degand, célèbre pour son pâté de canard, proposait ce gâteau à sa clientèle. Mais c'est la confiserie Trogneux, sise place de la cathédrale, qui fera naître le macaron d'Amiens.*

**Voir macaron parisien (Île-de-France).*

MIEL DE PICARDIE

(miel ; Valois, Amiénois, Santerre, Laonnois, Clermontois, Thiérache...)

La Picardie produit plusieurs variétés de miels, surtout des mono-floraux : ceux de la forêt, tilleul, acacia, ronce... et ceux de la plaine, colza, luzerne, tournesol... Il existe aussi des miels poly-floraux dits « toutes fleurs ».
Le plus emblématique reste le miel de tilleul, à la texture fine, légèrement granuleuse, d'une teinte claire, exhalant de rafraîchissants arômes mentholés. Les tilleuls abondent, en effet, dans les forêts du sud de l'Oise. De juin à juillet, leurs fleurs parfument les massifs, sécrétant un précieux nectar dont raffolent les abeilles.
Traditionnellement, les apiculteurs déplacent leurs ruches en forêt pour permettre à leurs abeilles de butiner. Au printemps, une hausse, dans laquelle les abeilles déposent leur excédent de miel, est posée sur la ruche. La récolte unique intervient souvent au mois d'août : les abeilles sont chassées des hausses par de la fumée ou des produits répulsifs, les cadres de la hausse désoperculés sont passés à l'extracteur. Le miel qui s'en écoule est laissé à décanter 2 ou 3 jours avant son conditionnement.
Connu pour ses vertus thérapeutiques, le miel se déguste sur du pain, dans une boisson chaude (thé, tisane) et s'utilise en pâtisserie (du pain d'épices au macaron d'Amiens) ou en cuisine. Cette production de miel permet toujours la fabrication de l'hydromel.

Miel de Picardie au tilleul

✱ **HIST**. *La Picardie est souvent citée pour son miel jaune et son miel de tilleul. La production de miel était autrefois importante autour de Montdidier et d'Amiens, mais aussi autour de Laon, Clermont, Soissons... Le sucre de betterave a fait reculer sa consommation, mais le miel reste ancré dans les traditions, comme en témoigne un musée consacré à l'abeille, à Corbeny (vers Laon).*

PETS D'ÂNE

(pâtisserie ; Amiénois)
Autre appellation : beignets d'Amiens.

Spécialité surannée de la ville d'Amiens, les pets d'âne sont de petits beignets ronds et dorés, à base de fromage frais de chèvre et de moelle de bœuf.
Outre de la moelle et du fromage de chèvre, l'originalité de cette pâte est qu'elle contient aussi du vin blanc sec, du zeste de citron râpé et du sucre, du jaune d'œuf et le blanc monté en neige. Le tout est frit à l'huile ou au saindoux. Pour ce faire, on prélève des parcelles de cette pâte, à l'aide d'une cuillère à café, que l'on plonge dans le liquide bouillant.
Ces beignets se servent tièdes, poudrés de sucre glace.

RABOTE PICARDE

(pâtisserie ; Beauvaisis, Clermontois, Amiénois, Noyonnais, Soissonnais, Vermandois, Santerre, Vimeu, Ponthieu, Marquenterre, Thiérache, Laonnois, Valois...)
Variantes : bourdelot (Normandie), bourdaine (Pays de la Loire), riboche, raboche (Nord-Pas-de-Calais), gomichon (Champagne-Ardenne).

Dessert du temps jadis, la rabote (ou rabotte) picarde, appelée aussi talibur dans la région, est une pomme « empaquetée » dans une pâte feuilletée, dont le dessus apparaît joliment doré après cuisson.
Les pommes sont pelées, évidées, emplies de sucre et d'une noisette de beurre. Chaque fruit est placé au centre d'un carré

de pâte, qui servira à l'envelopper et dont on soudera les bords. Après dorure à l'œuf battu, cette « pomme en cage », comme on la surnomme, est ensuite passée au four.
Ce dessert rustique fait revivre un peu du temps jadis...

HIST. *Anciennement fait avec le reste de pâte à tarte, ce dessert se confectionne, de nos jours, avec une fine pâte feuilletée et se déguste tiède, avec un verre de cidre. De la crème Chantilly et quelques pruneaux, une boule de glace à la pomme ou à la vanille peuvent lui faire escorte.*

TARTE À L'BADRÉ

(pâtisserie ; Santerre, Vermandois, Amiénois, Ponthieu, Vimeu)
Variante : tarte au libouli (Nord-Pas-de-Calais).

La tarte à l'badré est une tarte rustique aux bords dorés, garnie d'une crème jaunâtre évoquant la texture d'un flan. Certains l'enrichissent d'une farce aux fruits (pomme ou pruneau), d'autres décorent le dessus de croisillons de pâte, ce qui lui donne alors un aspect davantage « gâteau ».
Cette sorte de tarte à la crème repose sur une pâte brisée (à base de farine, levure, sucre, sel, beurre, œuf, eau), assez liquide, sur laquelle prend place l'badré (crème de farine et de lait bouilli, avec sucres semoule et vanillé, un peu de maïzena), avant la cuisson au four.
Régal d'enfance, qui emplit les papilles de souvenirs de grand-mère ou de vieille tante, la tarte se déguste au dessert d'un repas ou à l'heure du goûter.

HIST. *Cette tarte rustique, associée aux dimanches et aux jours de fête, fit la réputation des pays de la Somme dès le XVIe siècle. De nos jours, elle semble un peu tombée dans l'oubli... comme les coechons d'oeillette (petits chaussons garnis d'une farce aux graines de pavot, fabriqués autrefois dans la région de Nesle. Avec ces mêmes graines de pavot blanc, on confectionnait également une « tarte à l'oeillette », qui est une sorte de génoise).*

TUILE EN CHOCOLAT

(confiserie ; Amiénois, Beauvaisis)

Délice d'Amiens et de Beauvais, la tuile est une mince lamelle ronde de chocolat agrémentée d'éclats d'amandes.
Ces tuiles chocolatées se déclinent en 3 parfums : chocolat noir, chocolat au lait et chocolat blanc.
Cette gourmandise fondante, craquante et légère se déguste au dessert, ou s'accorde avec une glace, un gâteau ou un café.

✳ **HIST**. *Les tuiles en chocolat, l'une des spécialités de la ville d'Amiens, rappelent qu'au XIXe siècle la capitale de la Picardie comptait de nombreuses fabriques de chocolat.*

• • •

POITOU-CHARENTES

Angélique de Niort

(confiserie ; Niortais)

Étroitement liée à la ville de Niort, l'angélique confite est une confiserie réalisée à partir de la tige de cette plante éponyme, surnommée « l'herbe des anges ».
Le produit fini se présente sous la forme de bâtons cannelés d'un vert translucide, longs d'une trentaine de centimètres et creux à l'intérieur. Leur texture fibreuse et fondante se compose à 30 % d'angélique contre 70 % de sucre, de glucose et d'eau. Pour le givrage, on utilise du sucre cristal.
L'angélique confite reste surtout réservée à la pâtisserie : gâteau à l'angélique, confiture à l'angélique, chocolats à l'angélique, sujets moulés en pâte d'angélique. On peut cependant l'accommoder dans des plats salés (poissons, viandes) et dans des desserts.

HIST. *L'angélique, une plante ombellifère originaire de Scandinavie, pouvant atteindre 2 m de haut et donner 2 récoltes par été, possède des propriétés aromatiques, toniques, stimulantes, digestives et antispasmodiques. Ce sont à ces vertus médicinales, ainsi qu'à de supposés effets anti-pesteux, que l'on doit l'introduction de l'herbe des Anges en Europe occidentale, par les moines, au*

Moyen Âge. Des anges l'auraient apportée aux hommes en cadeau de Dieu pour soulager leurs misères physiques et éloigner le mauvais sort. C'est, d'ailleurs, lors d'une épidémie de peste en 1602 que cette plante aurait protégé les Niortais.
Ce sont les religieuses de Niort qui, au XVIIIe siècle, ont eu l'heureuse initiative de produire l'angélique confite.
À Niort, l'angélique a sa confrérie, la confrérie de l'Angélique du Marais Poitevin, et son association, l'association de Promotion de l'Angélique Niort-Marais Poitevin.

BOIS-CASSÉ

(confiserie ; Basse Saintonge, Royannais)

Le bois cassé est un bonbon en sucre cuit, assez mystérieux par son apparence, son goût, sa texture autant que par sa « confidentialité ». Il se présente en courts tronçons à l'aspect du bois de 3 à 4 cm de long (sur 1 de diamètre) vendus en sachets.
Son goût caramélisé résulte d'une alchimie entre du sucre, du sirop de glucose et du beurre. En bouche, son feuilleté et sa friabilité laissent une impression de légèreté. Enfin, sa rareté fait qu'on ne le trouve que chez un confiseur de Saint-Jean-d'Angely et chez quelques dépositaires comme à Mornac-sur-Seudre, où il se décline selon une gamme de parfum variée : mandarine, vanille, framboise, cassis, banane, café, etc.

HIST. *Ce bonbon aurait disparu si un artisan de Saint-Jean-d'Angély n'avait repris les secrets de fabrication du confiseur Boutinon. Le bois-cassé remonterait à 1904 et durant l'entre-deux-guerres, il connut une certaine notoriété.*

BRIOCHE VENDÉENNE

(pâtisserie ; Bocage bressuirais, Gâtine, Niortais) : *voir à Pays de la Loire.*

Brioche vendéenne

Broyé du Poitou

(pâtisserie ; Poitevin, Mirebalais, Chauvinois, Châtelleraudais, pays de Lusignan et de Vouillé, Civraisien, Gâtine...)
Variantes : gâteau broyé, galette du Poitou.

Grosse galette dorée, le broyé du Poitou se distingue des autres galettes de ménage, telle la galette charentaise, par sa dureté qui n'a d'égale que sa friabilité.
Cette friabilité résulte d'une technique de pétrissage assez inhabituelle : tout en malaxant la pâte, on doit lui arracher de petits morceaux qu'on lui réintègre, avant de recommencer l'opération derechef et ainsi de suite... Composition du produit : farine, beurre, sucre, œufs, eau-de-vie (ou eau de fleur d'oranger), sel. Dorure : jaune d'œuf et lait.

HIST. *De la dureté du caillou donc, cette galette se partageait sur la table familiale d'un coup de poing en son centre, ce qui la « broyait » d'où son nom, permettant ainsi à chacun de choisir à toute heure un morceau conforme à sa faim. « Gâteau d'assemblée », le broyé se préparait aussi pour les foires, s'offrait à l'église lors de communions et de mariages. Il accompagne toujours les vins d'honneur, mais peut aujourd'hui s'apprécier au petit déjeuner ou au dessert, rafraîchit d'une salade de fruits.*

Cartelin

(pâtisserie ; Mellois, Civraisien, Niortais, Basse Saintonge...)
Autres appellations : carcalin, carquelin, craquelin (Bretagne), coireau ou échaudé (Pays de la Loire).

Le cartelin est un gâteau sec de type échaudé (cuit à l'eau bouillante) lié, à l'origine, aux cérémonies religieuses : rond et mince, doré et dentelé, brillant du sucre dont on le recouvre, craquant comme le craquelin breton avec lequel il partage une lointaine parenté.
Il se compose de farine de froment, de beurre, de sucre et d'eau-de-vie (cognac, rhum). La technique revient à préparer une pâte, qu'on laisse reposer une nuit, avant de l'abaisser au

rouleau pour en découper à la roue dentelée des cercles d'une douzaine de centimètres de diamètre ou encore des triangles, que l'on plongera dans l'eau bouillante salée. Lorsque les gâteaux remontent en surface, on les retire à l'écumoire, on les égoutte, on les sucre et on les passe au four jusqu'à ce qu'ils prennent cette teinte dorée luisante.
On les grignote en en-cas, parfois au goûter.

HIST. *Les cartelins actuels constituent une version très améliorée des rustiques échaudés, non cuits au four, non sucrés, venus du Moyen Âge. Ces derniers, plus larges, assez fades, s'achetaient alors pour le Carême. Très courants au sud du Poitou au XIXe siècle, ainsi qu'en Aunis et en Saintonge, on les accrochait aux branches à bénir lors du dimanche des Rameaux. Au fil du temps, ces craquelins du Poitou devinrent aussi des gâteaux de fête que l'on consommait avec du vin, beaucoup de vin.*
Une entreprise les commercialise aujourd'hui en sachet plastique, la biscuiterie Goimier, à Brioux-sur-Boutonne.

CASSEMUSEAUX

(pâtisserie ; Poitevin, Mirebalais, Chauvinois, Châtelleraudais, Loudunais)
Variante : casse museau de Brassac (région castraise, en Midi-Pyrénées).

Les cassemuseaux (casse-museaux ou casse-muses) sont des biscuits croquants faits de farine, d'œuf, de sucre et de fromage frais, parfumés au rhum, au citron ou à la fleur d'oranger.

HIST. *Autrefois, le jour de la procession des Rogations, au début mai, on les jetait à la figure des assistants, d'où leur nom.*
À Poitiers, on les enfournait avec des cerises encore vertes dans la gueule d'un dragon appartenant à la mythologie du Poitou, la grand'goule, marchant en tête de la procession.

CORINETTE

(pâtisserie ; Haute Saintonge, Saintonge romane)
Autres appellations : madeleine longue, colibrette, colinette.

La corinette est une madeleine allongée en forme de bâtonnet. Farine, œufs, sucre, huile végétale ou beurre entrent à parts égales dans sa fabrication.
Facile à attraper pour les bébés, elle fait le bonheur des enfants comme celui des adultes.

HIST. *Inventée par l'entreprise Le Petit Colibri (aujourd'hui Colibri), la corinette est devenue une pâtisserie presque « authentique ». Pâtissier depuis 1896, Colibri appartient à cette lignée d'entreprises basée à Pons qui firent de cette ville, placée aux confins de la Saintonge romane et de la Haute Saintonge, l'un des hauts lieux de la biscuiterie française durant l'entre-deux-guerres et jetèrent les bases d'un processus de fabrication industriel. On parle toujours de « biscuit de Pons », même si certaines unités de production ont été délocalisées.*

CORNUELLE

(pâtisserie ; Mellois, Basse Saintonge, Niortais, Cognaçais, Ruffécois, Angoumois, Pays d'Horte et Tardoire...)
Autres appellations : cornue, cornelle, corniche, cornouelle, cornette.

La cornuelle est une pâtisserie triangulaire (à peine de la taille d'une main) constellée de grains d'anis roses ou blancs, aux bords souvent côtelés et au centre percé d'un trou, préparée à l'occasion de la fête des Rameaux.
En tant que gâteau de Carême, sa base reste assez sobre : une pâte sablée faite de farine, de beurre, de lait, de sucre, de levure et de vanille ou citron. Un badigeon au jaune d'œuf lui donne son aspect doré.
D'autres cornuelles plus sophistiquées existent : cornuelles à base de pâte feuilletée, fourrées à la crème chantilly ou à la crème mousseline, à la vanille, au citron ou à la fleur

d'oranger ; cornuelles en pâte à choux, fourrées de crème pâtissière ; enfin, la cornuelle de Chizé (la seule à ne pas posséder d'orifice central), en pâte à fouace, à la texture moelleuse et au parfum de fleur d'oranger.

HIST. *Le nom de cornuelle lui vient de sa forme plate à 3 cornes. Certaines sources font remonter la cornuelle au Moyen Âge, voire, aux fêtes païennes célébrant le début de printemps. Selon quelques spécialistes, ce triangle de pâte évoquerait un pubis féminin, le trou circulaire devenant ainsi une évocation de la fécondité. D'autres y voient plutôt le symbole de la Trinité (le Père, le Fils, le Saint-Esprit). Après la Bénédiction des rameaux de buis à l'église, les cornuelles se dégustaient au retour à la maison. Plusieurs communes se disputent la paternité de ce biscuit, à l'instar de Villebois-Lavalette, où une foire leur était consacrée.*
Tout comme la pine ou la douzane, la cornuelle se consomme toujours aujourd'hui aux alentours du jour des Rameaux, 2 semaines avant et 2 semaines après. Certains pâtissiers en proposent même jusqu'au jour de Pâques.

Cruchade

(pâtisserie ; Angoumois, Cognaçais, Saintonge romane, Haute Saintonge)
Variantes : cruchade landaise, cruchade bordelaise...

La cruchade est une sorte de galette faite d'une bouillie associant généralement farine de maïs* et farine de blé. Dorée et croustillante à l'extérieur, elle est assez onctueuse à l'intérieur. Elle est parfois associée, par confusion, à la galette charentaise, celle-ci pouvant se faire « à la cruchade », du nom d'un mélange de farine de maïs et de froment bien connu en Gascogne, mais aussi en Saintonge.
Nature ou tranchée, puis frite, elle remplaçait autrefois le pain, faisant merveille avec les plats de viande ou de gibier en sauce. Dorée à la poêle, on la dégustait aussi sucrée, confiturée, ou miellée.

✳ **HIST**. *Appelée « escoton » ou encore « broye » du côté des Landes et du Béarn, très présente en Saintonge et dans le Bordelais, connue dans l'Agenais (sous le nom de « rimote ») et le Périgord (sous le nom de « pou »), la cruchade évoque la polenta italienne.*

**Également ingrédient de base du millas charentais.*

Douzane

(pâtisserie ; Saintonge romane, Basse Saintonge, Rochefortais...)
Autre appellation : rameaux.

La douzane est une pâte briochée finement tressée, longue d'une dizaine à une quinzaine de centimètres, se terminant à son bout par un orifice qui permettait de l'accrocher à un rameau à bénir.
Composée d'un peu de farine de froment et de beaucoup de sucre, de beurre et de levain en parts égales, ainsi que d'œufs, de sel, d'eau, de vanille et de rhum, elle continue à satisfaire les appétits des gourmands au petit déjeuner et au goûter. Les pâtissiers la réalisent une quinzaine de jours avant la fête des Rameaux et une quinzaine de jours après.

HIST. *Cette pâtisserie appartient, avec la pine et la cornuelle, à cette longue tradition chrétienne des pâtisseries fabriquées à l'occasion des Rameaux (souvenir de l'entrée du Christ à Jérusalem). Le nom de douzane dérive, d'ailleurs, de l'un des cantiques, le hosanna, chanté durant la célébration religieuse marquant cet événement.*

Duchesse d'Angoulême

(confiserie ; Angoumois, Cognaçais)

Nougatine* fourrée d'un praliné aux amandes (qui n'est pas sans évoquer la nougatine de Nevers, en Bourgogne), la duchesse d'Angoulême s'est imposée comme un must de la gourmandise angoumoisine, au même titre que la marguerite

d'Angoulême. Conditionnée dans des ballotins, dans des boîtes de luxe ou simplement en sachets de cellophane, cette friandise se présente, enveloppée dans un papier doré ou argenté, sous la forme de courts bâtonnets. D'une délicate couleur dorée, elle se montre croquante à l'extérieur et fondante à l'intérieur. Son goût, qui peut être légèrement chocolaté, résulte de l'union du sucre et de l'amande. On peut également trouver la « duchesse » habillée d'une fine pellicule de chocolat lorsque vendue sans son papier d'emballage.
Pour élaborer cette noble confiserie, le sucre est d'abord fondu à sec, afin qu'il revête cette couleur dorée particulière. Des amandes hachées lui sont incorporées, puis la nougatine brûlante est retirée du feu, aplatie sur une plaque de marbre et prédécoupée au moyen d'un laminoir en bronze. Les morceaux sont roulés manuellement autour d'une tige en aluminium, remplacée plus tard par le fourrage au praliné. Celui-ci est obtenu à partir d'un sucre cuit au petit boulé. Des amandes entières lui sont rajoutées. La masse, préalablement sablée (obtention d'une coloration blanche) et les amandes caramélisées une seconde fois, passe ensuite à la broyeuse. Du beurre de cacao ou du chocolat au lait peut être adjoints. Les bâtonnets sont fourrés à l'aide d'une douille.

HIST. *Le nom de duchesse d'Angoulême semble se référer, tout comme la marguerite d'Angoulême, à la sœur de François 1er, même si il se fabriquait une autre « duchesse » dans les années 1930, à Niort.*

**Voir également nougatine du Poitou.*

Fromaget

(pâtisserie ; Mellois, Niortais, Gâtine, Civraisien, Ruffécois)
Variantes : tourte au fromage blanc, tarte au fromage, galette du laboureur, fromageou, tourteau fromager, pétatou.

Le fromaget (ou gâteau fromagé, galette fromagère ou encore « fromager », spécialité de Mansle, au sud du Ruffécois)

réclame exactement les mêmes ingrédients que ceux du tourteau fromager : fromage frais de chèvre, œufs, sucre, farine, sel... à la différence qu'il se présente sous forme de tarte. Celle-ci, d'une belle épaisseur, n'est pas brunie à la façon du tourteau fromager, mais simplement dorée. La recette est identique, de même que le temps de cuisson et la température... Une différence, pourtant : il ne convient pas de préchauffer le four à des températures extrêmes comme on le fait pour le tourteau fromager.
D'autre part, on déguste le fromaget surtout en dessert à la fin d'un repas, ou au goûter, rarement à l'apéritif... où il se marie pourtant parfaitement avec le pineau blanc.

Galette charentaise

(pâtisserie ; Rochefortais, Royannais, Aunis, Saintonge romane, Haute Saintonge, Cognaçais, Angoumois...)

Dans cette région où le beurre règne sans partage, la galette charentaise se différencie de ses cousins, broyé du Poitou et gâteau de Surgères, par une texture plus moelleuse.
Riche et dorée, facile à réaliser, elle honore la table régionale depuis des siècles.

✳ **HIST**. *Jadis, on la dégustait à l'occasion des mariages, communions et autres festivités villageoises. Progressivement, sa consommation s'est généralisée : on la servait, selon l'heure, accompagnée d'un café, d'un verre de blanc ou de pineau. Aujourd'hui, elle s'invite au petit déjeuner ou encore au goûter.*

Galette pacaude

(pâtisserie ; Bocage bressuirais)
Variante : gâche (Pays de la Loire), alize vendéenne, pain de Pâques.

La galette pacaude (prononcer pacaoude), perpétue à Bressuire (dont le Bocage « regarde » toujours vers la Vendée,

malgré son appartenance à la région Poitou-Charentes) une viennoiserie ancestrale, de forme ronde, originale lorsqu'elle intègre des pruneaux.
Pour sa fabrication, beurre, sucre, œufs, farine et levure successivement mélangés donneront une pâte, laquelle sera étalée dans un moule, ou bien partagée en 2 pâtons. Dans ce cas, la première abaisse, étalée au fond du moule, accueille une purée de pruneaux (dénoyautés et réhydratés par une cuisson à l'eau, puis écrasés à la fourchette avec leur jus). La seconde abaisse, posée sur le fourrage et soudée à la pâte sera dorée au jaune d'œuf mêlé d'un peu de lait, avant de gagner le four.

HIST. *Au Moyen Âge, à l'occasion de la fête de Pâques, la tradition voulait que chaque famille du Bas-Poitou (future Vendée) fabrique sa brioche à mie serrée. Au* XIXe *siècle, certains artisans-boulangers se mettront à en modifier la recette, incorporant qui de la fleur d'oranger, qui de l'eau-de-vie, qui de la crème fraîche. Certains, se mettront même à la tresser.*

Gâteau saintongeais

(pâtisserie ; Saintonge romane, Haute-Saintonge, Royannais, Cognaçais...)
Variante : gâteau charentais.

Le gâteau saintongeais, sorte de tourte aux amandes, moelleuse à cœur, s'inscrit dans la famille des « galettes de ménage ».
Il convient de rassembler un même poids en œufs, farine et sucre pour le réaliser. Les jaunes d'œufs sont battus avec le sucre en poudre jusqu'à ce que le mélange blanchisse, puis additionnés de sel, farine, blancs battus en neige et amandes effilées. La préparation est ensuite versée dans une tourtière beurrée, saupoudrée du reste des amandes et de sucre cristallisé, avant de rejoindre le four. Une fois tiédi, le gâteau doit être démoulé avec précaution et posé sur une grille pour qu'il refroidisse de manière homogène. Lors de

sa préparation, on peut aussi lui incorporer une poignée d'angélique finement coupée et macérée dans un fond de cognac.

Gouéron

(pâtisserie ; Gâtine, Bocage bressuirais, Niortais, Poitevin...)
Variantes : gouerre, grimolle.

Le gouéron du Poitou est une sorte de crêpe épaisse aux pommes, mais qui peut se cuire dans un moule.
La procédure de la recette est simple : d'abord, des pommes épluchées en ôtant les cœurs et coupées en dés, poêlées dans du beurre en les gardant un peu croquantes, puis, déglacées à l'eau-de-vie. Ensuite, des œufs battus avec du sucre, dans lequel on incorpore du yaourt, de la farine et de la levure. L'appareil est alors mélangé avec les pommes et cuit soit à la poêle, soit au four dans un moule beurré.
Ultra-rapide à réaliser, surtout en cas de visite imprévue, cette pâtisserie de ménage, ancêtre du gâteau au yaourt, se servait tiède avec un café, un verre de vin blanc ou de pineau.

Grimolle

(pâtisserie ; Mellois, Civraisien, Gâtine, Montmorillonnais)
Variantes : gouerre, gouéron, clafoutis.

La grimolle (ou grimollée) est une sorte de pâte à crêpe fourrée de lamelles de pommes, ou de poires, cuite traditionnellement au four sur une... feuille de chou.
Pour la recette : farine et levure (diluée dans un peu de lait tiède), augmentées de sucre, d'œufs entiers, d'huile et d'eau-de-vie donnent une pâte, que l'apport de lait rendra onctueuse. Les pommes, pelées et coupées en lamelles se joindront à la pâte.
Les feuilles de chou, à peine blanchies et dénervurées, laissent un goût particulier qui peut rebuter. Aussi, certaines ménagères préfèrent-elles cuire leurs grimolles à la poêle à la

façon des crêpes, d'autres sur une tôle allant au four sur des morceaux de papier sulfurisé.

Macaron du Poitou

(pâtisserie ; Montmorillonnais, Pays de Lusignan, Niortais, Thouarsais)
Variantes : macaron de Montmorillon, macaron de Lusignan, macaron de Niort, macaron de Thouars, macaronés.

Spécialité emblématique de Montmorillon, comme de Niort et de Lusignan, le macaron est ce petit gâteau rond de 4 à 5 cm de diamètre, d'un poids d'une vingtaine de grammes à peine, à base de sucre, de blancs d'œufs et d'amandes.
Il s'agit d'un macaron à l'ancienne, non du riant gâteau aux 2 faces d'une rondeur parfaite soudées entre elles par un trait sucré, aux parfums et aux coloris audacieux, devenu un « must » que l'on s'arrache à prix d'or aux 4 coins de l'hexagone*. En effet, il convient de distinguer ces macarons multicolores des véritables macarons à l'ancienne, ronds eux aussi, mais d'une perfection moins géométrique, dorés à la surface, plus ou moins dodus et qui contiennent les mêmes ingrédients de base. Qu'il s'agisse du macaron de Lusignan, au moelleux incomparable que seule égale la tendresse de celui de Montmorillon, ils sont présentés sur leur feuille de cuisson, en général à la douzaine. Le macaron de Niort se parfume, forcément, de copeaux d'angélique, celui de Thouars peut faire appel à la frangipane... Certains ajoutent du beurre, d'autres de la vanille, d'autres du kirsch. Il existe aussi de très gros macarons, appelés macaronés, qui se consomment accompagnés d'une salade de fruits ou avec de la crème anglaise. Le macaron de Cormery, en Touraine voisine, présente, lui, un aspect cylindrique évidé à l'intérieur.

HIST. *Le macaron est arrivé d'Italie au début du XVIe siècle, par l'entremise de Catherine de Médicis, épouse du roi Henri II, à une époque où « macaron » et « macaroni » étaient cousins. Le*

macaron désignait alors une pâte alimentaire. Peu à peu, le produit évolue et devient une pâtisserie, même si on continue à l'appeler macaron. Il faudra l'intervention du lexicographe Furetière, en 1690, pour clarifier les choses. Les Carmélites contribueront à leur diffusion, poursuivant le principe de Thérèse d'Avila : « les amandes sont bonnes pour les filles qui ne mangent pas de viande ».
Les premières traces du macaron à Montmorillon remontent au XVIIIe siècle. Au milieu du XIXe siècle, les 2 sœurs Chartier, habitantes de la ville, se spécialisèrent dans la confection des macarons. Elles reprirent la forme de petite couronne ducale déjà usitée, perfectionnèrent la recette et connurent le succès. La maison Rannou-Métivier, établie au XIXe siècle à Montmorillon et la maison Brunet à Lusignan entretiennent la tradition. À noter que, jusqu'à la Seconde Guerre mondiale, on trouvait également des macarons à Lussac-le-château.
À Montmorillon, un musée rend hommage au macaron et à l'amande, fruit qui puise ses origines en Asie Mineure et arrive en France au Moyen Âge.

**Macaron parisien (Île-de-France).*

MARGUERITE D'ANGOULÊME

(confiserie ; Angoumois, Cognaçais)

Bonbon au chocolat noir amer (tantôt au chocolat au lait ou au chocolat blanc) parfumé à l'écorce d'orange confite, la marguerite d'Angoulême fait la fierté des pâtisseries de la capitale de l'Angoumois et de ses alentours, à l'instar de la duchesse d'Angoulême. Proposé à la vente en ballotins, en boîtes de luxe ou en sachets de cellophane, ce chocolat à la texture croquante et brillante reprend la forme d'une marguerite d'environ 3,5 cm de diamètre et de 5 mm d'épaisseur.
Pour obtenir cette noble friandise, les barres de chocolat sont mises à fondre une douzaine d'heures à 55° dans une étuve, où sont versés les dés d'écorce confite. Le mélange, ramené à une température inférieure, est réparti ensuite dans des moules en marguerite, frappés contre un marbre

pour prévenir la formation de bulle dans les chocolats. Les chocolats refroidissent une dizaine d'heures à température ambiante.

✱ **HIST**. *La marguerite d'Angoulême serait « l'œuvre », vers 1876, de Jules Duceau, dont l'un des héritiers perpétue la renommée. Son nom semble se référer à la sœur de François 1er, Marguerite de Valois-Angoulême, née au château des comtes d'Angoulême, en 1492, femme de lettres et esprit politique affirmé, qui fut impliquée dans l'« Affaire des Placards » (écrits jugés irrévérencieux à l'égard du roi, placardés dans les rues de Paris).*

Merveille

(pâtisserie ; Angoumois, Bocage bressuirais, Civraisien, Cognaçais, Aunis, Saintonge romane, Royannais, Haute-Saintonge...) : voir à région Aquitaine.

Millas charentais

(pâtisserie ; Royannais, Haute Saintonge, Saintonge romane, Rochefortais, Cognaçais, Aunis, Angoumois...)
Variantes : milloque, milocre, flan au maïs, saligalais, garouillaud.

À mi-chemin du gâteau et du flan, le millas charentais (ou milla, milliat) est une préparation à base de farine de maïs encore visible dans les campagnes saintongeaises.
Il convient d'échauder la farine de maïs avec de l'eau bouillante, de la laisser refroidir, avant de lui incorporer des œufs battus et du sucre (certains pâtissiers ajoutent de la farine de froment pour le rendre plus digeste), puis d'ajouter du lait et des pruneaux (dénoyautés et macérés la veille dans de l'alcool), ainsi que quelques gouttes de cognac. L'appareil est versé dans un moule à manqué et cuit au four. Avec un fond de pâte feuilletée ou brisée, on parlera davantage de flan au maïs...

Qu'il soit avec des pruneaux, des pommes ou nature, le millas se consomme généralement au dessert ou comme en-cas. Démoulé chaud, on peut le servir tiède, accompagné d'une crème anglaise. Certains préfèrent le faire frire en morceaux à la poêle, pour le doré et le craquant.

HIST. *Le millas est une spécialité du Sud-Ouest, que l'on retrouve du Midi toulousain au Bordelais en passant par le Périgord et la Gascogne. L'ancêtre de cette pâtisserie populaire, le milliassous, une bouillie au lait de millet consommée en Aquitaine depuis l'Antiquité, lègue son nom au millas bien que le maïs dont celui-ci se compose soit une plante américaine, appelée « blé de Turquie », introduite en Europe au XVI*[e] *siècle. Sa culture se développe particulièrement dans la région de Saintes, donnant naissance à plusieurs autres spécialités pâtissières comme la cruchade.*

Nougatine du Poitou

(confiserie ; Poitevin)

La Nougatine du Poitou, un succulent bonbon de couleur rose pâle, appartient au patrimoine gastronomique de Poitiers depuis 1894, date de sa création par un artisan local.
Cette boule de nougatine légèrement aplatie, d'un diamètre de 3 cm, fondante au palais et d'une texture croquante, s'obtient à partir d'un sucre cuit avec des amandes broyées (25 %) et parfois des noisettes, puis enrobé d'une pellicule de glace royale (ou de chocolat rose pour la maison Rannou-Métiviers de Montmorillon).
Ces nougatines sont proposées en vrac en bocaux, ou dans des sachets transparents, ou encore dans des coffrets de luxe.

Pine

(pâtisserie ; Haute-Saintonge, Petit Angoumois, Cognaçais)

La pine (ou pigne) est une de ces pâtisseries confectionnées pour le jour des Rameaux : sorte de triangle de pâte gonflée et dorée dont l'un des angles, plus allongé et bulbeux,

exprime une forme phallique. Dans sa version traditionnelle, ce gâteau, de type échaudé, se compose de farine, de levain, d'œufs, d'eau-de-vie. Une fois la pâte aplatie, puis découpée et modelée en sujets cornus d'une dizaine de centimètres de long, on plonge ceux-ci dans l'eau frémissante. Placées dans un linge, les pines trempent toute une nuit dans de l'eau salée froide, avant d'être enfournées à four chaud, où elles prennent leur doré. À l'instar de la cornuelle et de la douzane, autres gâteaux des Rameaux, la pine possédait en son centre un trou ménagé pour y placer un brin de buis.
De nos jours, on tend à simplifier la recette en utilisant une pâte à brioche tressée représentant un phallus. Par ailleurs, les fameuses pines de Barbezieux se distinguent, elles, par leur pâte à choux, agrémentée de chantilly ou de mousse crémeuse. Certains pâtissiers en accentuent le côté sexuel, provoquant rires gras ou gênés, selon les convives.

Sous flamme

(boulangerie ; Angoumois, Cognaçais, Confolentais)
Variantes : flambade, soufflâme.

Le sous flamme est un pain plat, triangulaire ou carré, dont les 3 ou 4 fentes latérales qui entament sa croûte brune évoquent la fougasse du Sud-est français. La mie, relativement peu cuite, est aérée de larges cavités.

HIST. *Survivance d'une pratique ancienne visant à enfourner un morceau de pâte à pain très plat sitôt après la chauffe du four au bois afin de vérifier le degré de chaleur, le sous flamme permettait également d'apprécier la qualité de la fournée. En effet, sa faible épaisseur permettait de le déguster en primeur des gros pains dont le refroidissement mettait davantage de temps. Encore chaud, tartiné de beurre, il faisait le délice de la ferme ou des clients de la boulangerie arrivés en avance.*

Tourteau fromager

(pâtisserie ; Mellois, Niortais, pays de Lusignan et de Vouillé)
Variantes et autres appellations : fromaget, fromagé, fromageou.

Le tourteau fromager (ou fromagé), ce surprenant gâteau de forme sphérique à la surface d'un noir charbon, s'inscrit parmi les symboles gastronomiques du Poitou. La croûte du chapeau, d'apparence calcinée, mais qui n'a pas le goût de brûlé, recouvre une pâte fondante et humide, à la texture aérienne, à peine sucrée, fraîche en bouche, sur un support de pâte brisée.

D'une composition simple (farine, beurre, œufs, sel, sucre, lait, fromage de chèvre frais ou faisselle égouttée), le tourteau fromager exige cependant une grande technique pour sa cuisson.

On le déguste au goûter, aussi bien au petit déjeuner qu'à l'apéritif.

✳ **HIST**. *Naguère, cette sorte de soufflé dont on aurait carbonisé le dessus pour qu'il ne retombe pas était de toutes les fêtes, familiales ou sociales. Chaque famille possédait ses moules à tourteaux marqués ou décorés. La famille de la mariée les fabriquait pour le vin d'honneur du mariage et se voyait jugée âprement sur leur qualité. Les femmes se réunissaient pour la préparation et portaient la pâte chez le boulanger pour la cuisson.*

• • •

PROVENCE-ALPES-CÔTE D'AZUR

BERLINGOT DE CARPENTRAS

(confiserie ; Comtat Venaissin)

Bonbon à l'origine à base de sirop de fruit confit, le berlingot de Carpentras est cette fameuse petite pyramide dure et translucide, nervurée de rayures blanches, dont la couleur indique le goût : rouge (étonnamment) pour la menthe, vert pour l'anis, jaune pour le citron, orange pour l'orange. De nouveaux parfums se sont ajoutés : melon, cerise, fraise-mandarine, pomme, framboise, violette, chocolat, café et même coca.

Quatre étapes se succèdent pour sa fabrication : la cuisson du sucre et du glucose mélangés à l'extrait de parfum qui donnera le sirop, l'étirage, le malaxage du gros boudin de sucre, enfin, le découpage à la berlingotière et la mise sur claies. Suivra l'emballage.

Ce bonbon amusant et multicolore fleure bon le passé.

HIST. *Le nom de berlingot* viendrait du provençal berlingau (signifiant « osselet »), ou bien de l'italien berlingozzo. La légende en attribue la paternité à un certain Sylvestre, pâtissier du pape*

Clément V au début du XIVe siècle… oubliant que ce type de confiserie est probablement d'origine arabo-andalouse.
En Provence, son inventeur est François Pascal Long qui, en 1840, eut l'idée de recuire un sirop de fruits confits. Rajoutant de la menthe, il étira un ruban irisé de couleur ambrée sur lequel il aura l'idée de plaquer une pâte sucrée blanche donnant ces fines rayures claires qui resteront la marque distinctive du berlingot de Carpentras. D'autres confiseurs se mettront à fabriquer ce berlingot qui fait fureur sur les foires et marchés. L'un d'entre eux, Gustave Eysseric (1824-1897), se met à les conditionner dans de jolies boîtes en métal, contenant à l'intérieur un déshumidificateur. Son successeur innove à son tour en mettant au point la berlingotière (appareil de découpe rapide).
La dernière guerre provoque la déstabilisation de la production du fait du rationnement en sucre. Celle-ci redémarre, mais un nouveau déclin s'amorce au début des années 1960.

**Autres types : berlingot de Cauterets (Midi-Pyrénées), berlingot nantais (Pays de la Loire), berlingot de Berck (Nord-Pas-de-Calais), berlingot de Pézenas (Languedoc).*

Biscotin d'Aix

(pâtisserie ; pays d'Aix)
Variantes : biscotin de Bédarieux (Languedoc-Roussillon), biscotin de Camarès (Midi-Pyrénées).

Biscuit typique de la gastronomie aixoise, le biscotin d'Aix est une petite sphère de pâte sablée parfumée à la fleur d'oranger, enrobant souvent une noisette grillée.
Farine de blé, sucre, beurre, fleur d'oranger et eau entrent dans sa composition. La recette moderne intègre une noisette grillée roulée dans des tronçons de pâte. Les biscotins sont ensuite déposés sur une plaque huilée et vivement passés au four à haute température, afin qu'ils durcissent au mieux. Ces billes amusantes opposent à la dent une dureté sans pareille, où réside leur originalité.

✳ **HIST**. *Les biscotins ne sont pas l'apanage exclusif d'Aix-en-Provence, mais leur fabrication y est attestée depuis 1740 et c'est dans cette ville qu'ils connaîtront la « consécration ».*

BRASSADEAU

(pâtisserie ; Comtat Venaissin)

Le brassadeau est une sorte de petit bracelet de pâte à la fleur d'oranger, ébouillanté, puis cuit au four.
Les ingrédients assemblés (farine, levure, œufs, sucre, beurre fondu, sel, eau, eau de fleur d'oranger et zestes d'agrume), on les pétrit en une pâte homogène. Une fois reposée, on y taille des serpentins auxquels on donne une forme de bracelets, que l'on soude aux 2 extrémités. Puis on jette les brassadeaux dans de l'eau bouillante. Dès leur remontée en surface, on les écume et on les met à sécher plusieurs heures. Ensuite, on dispose ces anneaux sur une plaque beurrée pour une seconde cuisson.
Doré et moelleux à sa sortie du four, le brassadeau s'accorde avec thé ou café.

HIST. *Ce gâteau sec, de type échaudé (technique de cuisson à l'eau bouillante qui date son origine au Moyen Âge), doit son nom à sa forme de bracelet. Selon la tradition, les jeunes mariés le portaient au poignet... Ces brassadeaux, appelés aussi gimblettos, se vendaient par les rues de Marseille. Lors des fêtes villageoises ou religieuses, ils étaient vendus au bout d'un bâton, enfilés en chapelet. Et pour les Rameaux, on les portait à l'église pour les faire bénir.*
Désormais, leur fabrication s'est raréfiée et ils apparaissent surtout à Pâques. On trouve aussi ce biscuit dans le Comtat Venaissin, jusqu'au mont Ventoux, mais aussi aux lisières méridionales du Rhône-Alpes : dans le Tricastin, dans les Baronnies, le Diois et la Valdaine.

CALISSON D'AIX

(confiserie ; pays d'Aix)

Orgueil d'Aix-en-Provence depuis des siècles, le calisson est un petit losange fait d'une fine pâte de melon confit et de poudre d'amande* posée sur une feuille de pain azyme et nappée de glace royale.

Calissons d'Aix

La fabrication du calisson débute par la réalisation de la pâte : les amandes, mondées puis broyées avec des melons confits, sont additionnées de sirop de fruits.
La pâte obtenue est déposée sur une feuille d'hostie et nappée de glace royale. Ce glaçage est fabriqué à partir de sucre, de blancs d'œufs, de vanille et légèrement teinté avec du caramel.
Seconde étape, on procède au découpage des calissons en navettes, dont la forme effilée rappelle celle de l'amande, et on les cuit à feu doux.
La durée de conservation des calissons reste limitée.
La qualité d'un calisson tient au subtil équilibre entre sa texture (la dent butte sur le glaçage, s'enfonce dans la mollesse de la pâte, rencontre l'élasticité asséchante de la fine couche de pain azyme) et son goût (sucré, amandé, melonné).
Cette friandise exquise qui s'apprécie à tout moment, compte aussi parmi les treize desserts provençaux de Noël.

HIST. *Les exégètes locaux se querellent depuis des lustres au sujet de l'étymologie du mot « calisson » (canisson ou canissoun en occitan provençal).*
L'hypothèse la plus vraisemblable penche vers une origine italienne. En effet, on retrouve une friandise à base de pâte d'amandes tant au XIIe siècle qu'au XVe siècle à Padoue et à Rome, dite calisone.
Aix, l'une des plaques tournantes du négoce de l'amande, ne verra s'implanter les premières fabriques de calissons qu'au XIXe siècle. On en recensera une vingtaine au début du siècle suivant...

**L'amande de Provence étant meilleure que la californienne... mais plus chère.*

CASSE-DENTS

(pâtisserie ; Marseillais)
Variantes : casse-dents d'Allauch, petit casse-dents, croquant (aux amandes ou à la fleur d'oranger), croquet, croquette, biscotin...

Le casse-dents, qui appartient à la famille des croquants, croquets et autres croquettes, répandu dans le sud de la

France, est un biscuit dur aux amandes et au miel en forme de bâtonnet de couleur marron clair.
Farine, sucre, miel et eau entrent dans sa composition. À la différence du croquant classique, le casse-dents est plus riche en amande, ce qui accentue sa dureté, laquelle est renforcée par une seconde cuisson au four.
Le mince biscuit très sec se grignote à tout moment de la journée.

HIST. *Le nom de casse-dents (cacho dent en provençal) fait référence au fait qu'il faut le « casser » avec les dents et non qu'il casse les dents ! Il s'agit d'un croquant amélioré, de qualité supérieure.*

CHICHI FRÉGI

(pâtisserie ; Marseillais, Toulonnais)
Autre appellation : beignet de l'Estaque.

Le chichi frégi est ce long beignet torsadé, frit dans l'huile, débité en tronçons roulés dans le sucre, au bon goût de fleur d'oranger. Les bâtonnets dorés, croustillants en surface, délivrent un moelleux savoureux à cœur.
La pâte du chichi associe farine, levure, sucre en poudre, sel, fleur d'oranger et eau (certains rajoutent de l'huile d'olive). Introduite dans une poche à douille, elle est coulée en serpentin dans de l'huile bouillante.
Une fois bien gonflé et doré, le beignet est écumé, coupé en morceaux, roulés dans du sucre.
De toutes les fêtes foraines, sur les foires, sur les plages, dans la rue, ce délice simple, un peu gras, mais diablement bon, se déguste brûlant à même son cornet d'emballage en papier.

HIST. *Le chichi frégi n'est autre que la version provençale du churro, un peu plus mince. À l'origine, il était fait de farine de pois chiche, comme l'indique son nom de chichi signifiant en provençal « petit morceau de pois chiche frit ». Il fut une véritable institution à l'Estaque (nord-est de Marseille), où il subsiste quelques kiosques des années 1930.*

Confiture de gigérine

(confiserie ; Comtat Venaissin, Crau, pays d'Aix, pays d'Apt)
Autres appellations : confiture de citre, confiture de méréville, confiture de pastèque.

La gigérine (ou citre), variété de pastèque provençale à la chair fine, se consomme surtout en confiture. Sa chair verdâtre contient des graines rouges.
Spécialité des confiseurs de la Provence occidentale, cette confiture est réalisée à partir de gigérines, écorcées et épépinées, coupées en dés mis à mariner une nuit avec du sucre, de la vanille et des zestes de citron. La cuisson se fait en chaudron, à petits bouillons. La confiture est cuite lorsque les fruits deviennent translucides.

HIST. *Restée longtemps ménagère, ce produit porte le nom de confiture de citre dans l'arrondissement d'Apt, et de confiture de méréville dans celui de Carpentras.*

Fougasse

(boulangerie ; tous les pays de la région PACA)

Tout le Midi aime la fougasse, ce pain plat de forme allongée, ronde ou rectangulaire, fendu de larges ouvertures obliques. Aux côtés de la fougasse traditionnelle, il en existe des garnies : aux grattons ou aux lardons, aux anchois, aux olives, aux noix, aux tomates, au fromage, au thym, au romarin... Si la plupart des fougasses sont salées, certaines sont sucrées : fougassette, pompe à l'huile de Noël...
La fabrication de la fougasse réclame farine, levure boulangère, sel et eau. La pâte doit être longuement pétrie avant d'être allongée et entaillée. La cuisson se fait dans un four très chaud.
Ce pain provençal est un véritable plaisir. Garni, il peut presque tenir un rôle de sandwich.

✳ **HIST**. *Le nom de fougasse provient du latin panis focacius, désignant un pain plat cuit sur un foyer ou sous les cendres d'un feu. À l'origine, la fougasse permettait au boulanger de mesurer la température de son four, avant de lancer sa fournée. Ce petit pain craquant faisait le bonheur du matin.*

Fougassette

(pain ; pays de Grasse, Pays niçois, Vençois, pays de Fayence... Comtat Venaissin)
Variantes : pompe à l'huile, fougassette d'Orange.

Sorte de brioche plate, ronde ou ovale, percée de 7 trous, la fougassette se caractérise aussi par son parfum à la fleur d'oranger, sa couleur crème-dorée sur le dessus et son moelleux à l'intérieur.
Il s'agit en fait d'un pain très léger, enrichi de levure de bière, d'œufs, d'huile d'olive (ou de beurre), de sucre et d'eau de fleur d'oranger. Une fois pétrie, selon une méthode très particulière, la pâte est abaissée au rouleau, lardée de trous, puis à peine saisie lors de sa cuisson.
Excellente à déguster à tout moment de la journée, la fougassette s'inscrit parmi les treize desserts traditionnels du Noël provençal.

HIST. *La forme ovale qu'elle prend à Grasse et les trous représentent le visage du Christ et ses 7 orifices (bouche, narines, yeux, oreilles). Comme son nom l'indique, la fougassette est une adaptation de la fougasse qui semble remonter à la seconde moitié du XIXe siècle. La fougassette de Nice est, elle, de forme circulaire. On trouve aussi de la fougassette à Orange qui intégrait dans sa composition non de l'huile d'olive, mais du beurre. Beurre qui tend d'ailleurs à être utilisé, désormais, même en régions niçoise et grassoise.*

FRUIT CONFIT D'APT

(confiserie ; pays d'Apt)

Apt est la capitale mondiale du fruit confit, une confiserie glacée au sucre, qui se déguste seule comme une bouchée ou s'utilise en pâtisserie.
La production concerne essentiellement la cerise (surtout le bigarreau), le melon, l'abricot, la poire, la prune, la figue, la clémentine, ainsi que l'angélique, les écorces d'orange et de citron, le cédrat ou l'ananas... de la pastèque, de la fraise et même de la violette et du mimosa. Le confisage vise à remplacer l'eau des fruits par du sucre, en un procédé d'osmose. Plongés dans un sirop porté à ébullition, les fruits refroidissent ensuite lentement dans leur bain. L'opération est répétée jusqu'à une dizaine de fois. À chaque étape, le sirop est remplacé par un sirop à densité supérieure. Le procédé demande au minimum un mois, mais plusieurs sont nécessaires pour confire certains types de fruits.
Le fruit confit, vendu au poids, en panières ou en boîtes, est une gourmandise d'apparat qui ravit ses amateurs. En pâtisserie, le produit sert à garnir et à décorer gâteaux, brioches et, bien sûr, cakes.

HIST. *La conservation par confisage est apparue en Provence dès le haut Moyen Âge. Les fruits étaient alors confits dans du miel, jusqu'à ce que le sucre, introduit pendant les Croisades, permette d'améliorer la technique. Apt fera de sa « confiture sèche », comme on l'appelle alors, l'une de ses spécialités, dont la renommée date de la venue des Papes en Avignon au XIVe siècle. En 1868, l'anglais Mathieu Wood découvre cette spécialité aptésienne et favorise l'ouverture du marché britannique. Aussi au XIXe siècle de grands confiseurs aptésiens apparaissent... Cette activité florissante occupera près de la moitié de la population urbaine d'Apt en 1901. Aujourd'hui, les usines d'Apt ne produisent plus qu'environ 15 000 t de fruits confits par an. La confrérie du Fruit Confit d'Apt veille à maintenir vivace ce fleuron de la gastronomie provençale.*

GÂTEAU DES ROIS

(pâtisserie ; Marseillais, Crau, Camargue, Comtat Venaissin, pays d'Apt, pays de Forcalquier, Brignolais/centre Var, Dracénois, Toulonnais, pays de Grasse, Vençois, Pays niçois, vallées de la Roya et de la Tinée, Haute Vallée du Var..)
Autres appellations : couronne ou brioche des rois.

Les rois mages, qui apportèrent l'or, l'encens et la myrrhe, sont fêtés en Provence au travers d'une appétissante couronne briochée (dite gâteau des rois) saupoudrée de grains de sucre et garnie de fruits confits : tranches d'orange, cédrat, melon, cerise, etc. La recette, qui requiert un solide savoir-faire, nécessite farine, œufs, beurre, levure de boulanger, eau de fleur d'oranger, fruits confits. La couronne façonnée, on introduit la fève. Puis on dore la couronne à l'œuf battu, on la saupoudre de grains de sucre, avant de l'enfourner dans le four préchauffé. Ne restera plus qu'à décorer avec les fruits confits.
La savoureuse brioche exhalant la fleur d'oranger cache en son sein la fève porte-bonheur...

✳ **HIST**. *Ce gâteau en forme de brioche torique décorée de fruits confits remonterait au moins au XIVe siècle. Il est la version méridionale de la galette des rois que l'on trouve partout en France pour fêter l'Épiphanie. Pour tirer les rois, en Provence, 2 fèves sont traditionnellement dissimulées dans le gâteau : un sujet en porcelaine, représentant un personnage de la crèche, et la fève proprement dite.*

MIEL DE PROVENCE

(miel ; pays d'Aix, Comtat Venaissin, pays d'Apt, pays de Sault, pays de Forcalquier, Préalpes de Digne, Sisteronais, Embrunais, Ubaye, Queyras, Gapençais, pays du Verdon, pays d'Aigues, Dracénois, Brignolais/Centre Var, pays de Fayence, pays de Grasse, Maures, Esterel, Toulonnais, Marseillais, Crau, vallée de la Roya...)

Des Préalpes du Sud au littoral azuréen, la Provence déploie un tapis végétal bigarré (prairies fleuries, orées forestières,

maquis et garrigues buissonneuses, haies arbustives, cultures légumières, fruitières, céréalières, plantes aromatiques) que restitue le large éventail des miels qui en naissent, monofloraux comme polyfloraux.
Les plus courants sont les miels de lavande, de romarin, de bruyère, toutes fleurs, d'acacia, de montagne, de châtaignier, de forêt... Plus rares sont les miel de thym, de sarriette, d'arbousier, de tilleul. Confidentiels : ceux de sauge sauvage, serpolet, farigoulette, ronce, sainfoin, mélilot, framboisier, petit trèfle, aubépine... Outre son utilisation pour sucrer les boissons chaudes ou tartiner du pain, des crêpes, le miel sert à la confection de nombreux produits (pain d'épice, nougat blanc ou noir, croquant, bonbons, hydromel) et s'utilise dans de multiples plats gourmands.

HIST. *Ses bienfaits alimentaires et thérapeutiques ont fait du miel l'un des aliments les plus anciens connus de l'homme. Autrefois, les ruches de liège étaient portées à dos d'homme ou de mulet à l'heure de la transhumance, du printemps à la fin de l'été. De nos jours, la production provençale est estimée à 2 000 t annuelles, soit 8 % de la production nationale. Celle-ci, comme celles de toutes les régions françaises, est durement affectée par la surmortalité des abeilles.*
À ce miel de Provence, certifié par une Indication géographique Protégée (IGP), s'ajoute une production de gelée royale.

NAVETTE

(pâtisserie ; Marseillais)

Attachée à Marseille et à sa région, la navette est un biscuit en forme de barquette (losange allongé, fendu sur le dessus), assez dur, peu sucré et généralement aromatisé à la fleur d'oranger.
Farine de blé, poudre levante, sucre, beurre, fleur d'oranger, entrent dans sa composition. La pâte, soigneusement pétrie, est divisée en boudins (de différentes tailles), ovoïdes et allongés. Placés sur une plaque beurrée, incisés dans leur

longueur et dorés avec du jaune d'œuf dilué dans de l'eau, ils cuiront au four jusqu'à coloration.
Vendues à la pièce (pour les plus grandes), en vrac ou en sachets, les navettes se savourent aussi bien au petit déjeuner qu'à l'heure du goûter.

HIST. *Selon la légende, ce biscuit symboliserait la barque (la nave, d'où son nom de « navette ») qui amena les saintes Maries sur les côtes de Provence. Depuis toujours, il est associé aux fêtes de la Chandeleur célébrées en l'abbaye Saint-Victor. Après la distribution du pain béni dans la crypte, il était de tradition d'offrir une navette que les Marseillais gardaient chez eux, avec le cierge vert attaché près du crucifix, au chevet de leur lit. Depuis 1782, les navettes bénies ne se vendent plus à l'abbaye, mais au Four des navettes (la plus ancienne boulangerie de Marseille).*
Parfumées à la fleur d'oranger dans leur version originale, les navettes se sont aujourd'hui enrichies de toutes sortes d'épices.

NOUGAT BLANC

(confiserie ; Marseillais, Toulonnais, Maures, pays d'Aix, Comtat Venaissin, pays de Sault, pays du Verdon, pays de Forcalquier, Sisteronais, Préalpes de Digne)
Variante : nougat aux fruits.

Le nougat blanc est une confiserie de couleur laiteuse et tendre, confectionnée avec des blancs d'œufs, du miel, des amandes, ces dernières pouvant être remplacées par des noisettes ou des pistaches.
La fabrication est plus « évoluée » que celle du nougat noir. L'incorporation de blancs d'œufs au miel et au sucre permet d'obtenir une pâte aérée et blanche. Il convient d'abord de faire cuire le miel de Provence au bain-marie. Puis on lui incorpore un sirop de glucose et des blancs d'œufs montés en neige bien ferme. On laisse cuire encore quelques minutes, en remuant, avant d'ajouter les amandes demi-grillées et chaudes. On peut ajouter de la vanille, de l'eau de fleur d'oranger. Une fois le mélange rendu bien homogène, on

le déverse dans un cadre en bois au fond tapissé de papier hostie (feuille azyme). On recouvre ensuite du même papier et on tasse avec une planche surmontée d'un poids. Une fois refroidie, on démoule la plaque pour la détailler en barres.
Le nougat blanc, l'un des treize desserts* de Noël de Provence, se déguste toute l'année. À la coupe ou en petits cubes ou en bâtons ou bâtonnets enveloppés de papier, vendu au détail, en sachets ou en coffrets, il fait la joie des touristes.

HIST. *Il existait en Provence 3 catégories de nougat : le blanc, le noir et, moins connu de nos jours, le rouge (à la rose et aux pistaches). Une dizaine de localités provençales (dont Allauch, Sault et Signes, ainsi qu'Ollioules, Peyruis, Saint-Tropez, Marseille...) continuent à se faire une réputation de la fabrication de cette spécialité ancestrale. Historique et précisions supplémentaires sur le nougat, voir nougat de Montélimar (Rhône-Alpes).*

**Les treize desserts de Noël, voir à pompe à l'huile.*

Nougat noir

(confiserie ; Marseillais, Toulonnais, Maures, pays d'Aix, Comtat Venaissin, pays de Sault, pays du Verdon, pays de Forcalquier, Sisteronais, Préalpes de Digne)

Le nougat noir est une confiserie très dure, composée à parts égales d'amandes grillées et de miel, et dont le mélange, « noirci » au feu, est déposé sur du papier azyme. Fleuron des treize desserts du Noël provençal* avec le nougat blanc, ce nougat noir, corsé et craquant, fait le délice des gourmands à longueur d'année.

HIST. *Il existait en Provence 3 catégories de nougat : le blanc, le noir et, moins connu de nos jours, le nougat rouge, à la rose et aux pistaches. Le noir, confectionné avec du miel et des amandes, était appelé « nougat de ménage », car facile à fabriquer chez soi. Détails supplémentaires sur le nougat, voir à nougat de Montélimar (Rhône-Alpes).*

**Les treize desserts de Noël, voir à pompe à l'huile.*

Oreillette

(pâtisserie ; Comtat Venaissin, pays d'Apt)

Le nom d'oreillette désigne une pâte frite à l'huile, généralement parfumée à la fleur d'oranger et saupoudrée de sucre glace, très mince, légère et craquante, qui revêt des formes et des noms différents selon les régions : « oreillette » en Provence rhodanienne et occidentale, dans le Comtat Venaissin, le Luberon, les monts de Vaucluse... « bugne » dans le Briançonnais, le Champsaur et le Valgaudémar... « merveille » dans les Alpes provençales... « mensonge » dans la vallée de la Vésubie et la vallée de la Roya... « croquant » en Ubaye... « gause » dans le Pays niçois...
Ce beignet se compose de farine, de levure, de sucre, d'œufs entiers, de beurre fondu et d'une pincée de sel. Peut se rajouter de l'eau de fleur d'oranger ou un zeste de citron râpé. Des losanges de pâte d'une dizaine de centimètres de long sont détaillés dans la pâte abaissée et fendus en leur centre. L'une des extrémités de chaque pièce est ensuite repliée et passée dans la fente. Puis, les oreillettes sont jetées dans l'huile de friture.
Après les avoir égouttées, on les saupoudre de sucre glace pour leur dégustation.

HIST. *Cette pâtisserie ménagère, boulangère et pâtissière est d'une fabrication traditionnelle en Provence entre le jour de l'An et Pâques. Cependant, son pic de consommation est atteint le mardi gras. Présente aussi sur la table lors des fêtes familiales, elle apparaît dans les foires, les fêtes foraines.*

Pain d'Aix

(boulangerie ; pays díAix)

Fait dans les règles de l'art, le pain d'Aix est une boule légèrement allongée, fendue d'une large fente sur l'un des côtés, due aux effets de la cuisson. Son secret de fabrication réside dans un mélange de diverses farines légères et de

levain, auxquels s'ajoutent eau et sel, ainsi qu'à un pliage spécifique. Certains artisans badigeonnent la croûte de jus de citron qui donne une couleur presque « caramélisée ».
Ce pain à la jolie croûte, croustillante, fine et fondante, est de bonne conservation. En rassissant légèrement, sa mie dense et moelleuse devient encore plus digeste et se tartine mieux.

HIST. *Puisant ses origines au sortir du Moyen Âge, on dit que ce pain renommé devait sa légèreté à son pétrissage avec les eaux thermales de la ville.*

PAPALINE D'AVIGNON

(confiserie ; Comtat Venaissin)

Friandise de la cité des Papes, la papaline d'Avignon représente un chardon rose hérissé de piquants, fait de 2 couches chocolatées emprisonnant un intérieur alcoolisé à base d'origan du Comtat.
Sitôt croquée dans la bouche, cette dualité improbable ravira les papilles des gourmands.

HIST. *La papaline, ainsi nommée en souvenir du passage des papes en Avignon, fut créée en 1960 par les maitres pâtissiers de Vaucluse.*

POMPE À L'HUILE

(pâtisserie ; Marseillais, Toulonnais, pays d'Aix, Crau, Comtat Venaissin, Brignolais/Centre Var, Dracénois, Maures, pays d'Aigues, pays de Forcalquier...)
Variantes : gibassier, fougassette.

En Provence, la pompe à l'huile est une brioche plate et ajourée, réalisée avec une pâte à pain améliorée d'œufs, de sucre et d'huile d'olive. Il s'agit davantage d'un pain enrichi que d'une pâtisserie.
Sa fabrication débute par la préparation d'une « pouliche » (levain) en mélangeant de la farine, de la levure et un peu d'eau

tiède. Pendant que la pouliche lève, les autres ingrédients, farine, sucre, œufs, huile d'olive, eau de fleur d'oranger, sont mêlés entre eux. La pouliche rajoutée, on pétrit longuement, avant de laisser se reposer la boule de pâte plusieurs heures. Puis, on la partage en pâtons, que l'on abaisse en galettes de 3 cm d'épaisseur, ajourées ou marquées d'un joli quadrillage sur le dessus. On les laisse lever, puis on les passe à four assez vif. Le gibassier (ou gibassié) est une pompe à l'huile moins gonflée et plus sèche.
La pompe à huile se mange seule, ou accompagnée d'une crème, de confiture.

HIST. *La pompe symbolisait la réussite. Selon la tradition, il faut la rompre comme le Christ a rompu le pain et, surtout, ne pas la couper, sinon on risque de se voir ruiné l'année suivante. Mais bien difficile, aujourd'hui, de trouver de véritables pompes à l'huile, la plupart des boulangers-pâtissiers qui en confectionnent utilisant du... beurre.*
La pompe à l'huile fait partie des 13 desserts de Provence, confectionnés à l'occasion du « Gros souper », où elle se dégustait avec du vin cuit.*

**Les 13 desserts (chiffre rappelant le Christ et ses 12 apôtres) suivaient le « gros souper ». Leur liste varie en fonction des régions et de l'aisance des familles. Citons les mendiants, représentant les différents ordres religieux catholiques ayant fait vœux de pauvreté: noix et noisettes pour les Augustins, figues sèches pour les Franciscains, amandes pour les Carmes et raisins secs pour les Dominicains ; les pommes et les poires d'hiver, le melon vert, le nougat noir et le nougat blanc, les raisins frais, les mandarines, la pompe à l'huile ou la fougassette, les confiseries (truffes au chocolat, fruits confits, calissons...), la pâte de coing ou d'autres fruits, les oreillettes, les dattes... Manger un peu de chaque dessert portait chance pour l'année.*

SUCE-MIEL D'ALLAUCH

(confiserie ; Marseillais)

Friandise d'antan, le suce-miel est une sorte de barrette de miel serrée entre 2 papiers pour la protéger de la lumière, de

la chaleur et de l'humidité. Une cuisson du miel et du sucre dans de l'eau, suivie d'une nouvelle cuisson avec apport de glucose, permet d'obtenir une pâte brune.
Celle-ci, coulée sur le marbre, à l'ancienne, ou sur un refroidisseur, sera étirée par une machine, procédé qui lui conférera une teinte jaune clair. Le produit, préalablement étiré en rubans posés entre 2 feuilles de papier sulfurisé et découpé, est conditionné en accordéon par sachets de 10 unités.
D'une douceur savoureuse, le plat bâtonnet de miel se suce après l'avoir réchauffé dans la main.

HIST. *Cette friandise attachée à la ville d'Allauch (banlieue nord-est de Marseille) est l'une des plus vieilles confiseries puisque datant du Moyen Âge. À cette époque, la seule matière sucrante utilisée en confiserie était le miel. À Allauch, le suce-miel apparaissait parmi les treize desserts de Noël.*

TARTE DU CHAMPSAUR

(pâtisserie ; Champsaur/Valgaudémar)

La tarte du Champsaur est une tarte à la confiture, typique de la vallée du Champsaur. Fourrée aux fruits sauvages des Alpes, myrtille, framboise, argousier... elle se décline aussi selon les saveurs d'autres régions de la Provence : abricot, figue... La réalisation de cette pâtisserie implique une pâte sablée très fine, recouverte d'une couche de confiture et décorée de bandelettes de pâte entrecroisées, badigeonnées au jaune d'œuf. La cuisson au four ne doit pas s'éterniser, afin que la tarte puisse conserver son moelleux.
Tièdes ou froides, ces savoureuses tartes champsaurines sont de véritables régals, en fin de repas, avec un café, comme au goûter.

HIST. *Cette tarte très ancienne permettait d'offrir un dessert en hiver en utilisant les confitures de fruits réalisées durant l'été... À l'origine, on utilisait une crème de pruneaux, puis une confiture de* *framboises ou de myrtilles... avec le temps, les tartes de champsaur se sont diversifiées dans leurs parfums de fruits.*

TARTE TROPÉZIENNE

(pâtisserie ; Maures)

La tarte tropézienne* est une plate et ronde brioche sucrée, partagée à l'horizontale d'une épaisseur jaunâtre de crème au beurre et de crème pâtissière, aromatisée à la fleur d'oranger. Sa large diffusion se décline, « nature » ou aux fruits, en 4 formats, de l'individuel au familial.
Une vingtaine d'établissements du golfe de Saint-Tropez proposent ainsi à leur devanture cette star... contestée de la pâtisserie locale, mais qui appartient au « paysage » gastronomique.

HIST. *La « tropézienne » reprend la recette familiale de la grand-mère d'un émigré polonais, Alexandre Micka, qui ouvrit une boulangerie-pâtisserie à Saint-Tropez au début des années 1950. Cette brioche encrémée deviendra à la mode grâce à Brigitte Bardot qui en raffole sur le tournage du film de Roger Vadim, « Et Dieu... créa la femme », en 1955. C'est l'actrice, elle-même, qui aurait conseillé de baptiser cette pâtisserie du nom de Saint-Trop'.*
Succédant à Alexandre Micka, en 1985, Alfred Dufrêne fait entrer cette tarte dans l'ère de la grande production en « frais ». Cette pâtisserie a aussi fait des émules aux quatre coins de France.

**Cousine du nid d'abeille (Alsace)*

TORTILLADE

(pâtisserie ; Crau, Marseillais)
Autre appellation : torque.

Pain brioché parfumé aux graines d'anis, la tortillade est une couronne (de 15 à 20 cm de diamètre), faite de 2 boudins de pâte tressés qui lui donnent un aspect « hélicoidal », joufflu et doré.

Farine, sucre, levure, beurre, œuf, huile d'olive, eau, graines d'anis, mélangés et pétris, donnent naissance à une pâte, mise au repos, puis partagée en 2 boudins de longueurs identiques, qui seront tressés en couronne. Celle-ci cuira à four moyen une trentaine de minutes.
Assez grasse, cette brioche comblera les amateurs d'émotions gustatives nouvelles par sa texture inattendue, compacte, granuleuse, friable, fondante en bouche, anisée. Ceux-ci préféreront la tremper dans un thé ou café, plutôt que dans du vin comme autrefois...

✱ **HIST**. *Moins connue que la pompe à l'huile et la fougasse, cette pâtisserie boulangère doit son nom ainsi que sa forme à cette torque (collier métallique rigide ou hausse col) que portaient les Gaulois, puis les soldats romains. Les propriétaires de chevaux se devaient d'en offrir à leurs bêtes, car elle possède la vertu de prévenir des maladies... En effet, ce produit, dont les origines remonteraient à l'Antiquité, se déguste lors de la fête de la Saint-Éloi, saint patron des orfèvres et artisans, protecteur des chevaux, mulets et ânes. Cette importante manifestation (qui a sa confrérie) donne lieu à un défilé en costumes provençaux, à une bénédiction des chevaux et à une distribution de pains bénits (devenus cette fameuse tortillade).*

TOURTE DE BLETTES

(pâtisserie ; Pays niçois, Vençois, pays de Grasse, vallée de la Roya)

La tourte de blettes, spécialité niçoise emblématique, présente la singularité d'être à la fois sucrée et salée : en effet, en dépit de la présence de blettes, il s'agit davantage d'une « pâtisserie » avec son support et son couvercle en pâte brisée sucrée emprisonnant une farce subtile organisée autour du tryptique feuilles de blettes, pignons de pins et raisins secs. À cette base immuable viennent se mêler d'autres ingrédients improbables : quartiers de pommes, figues, œufs, beurre... fromage, huile d'olive, jus de citron, cassonade, poudre d'amandes, marc (ou rhum). Dans la version « salée », il convient d'amalgamer à cette farce du parmesan râpé, éventuellement du riz à la place (ou pas) des pommes.

Une fois sortie du four, la tourte est mise à refroidir à température ambiante et souvent nappée de sucre glace. Ce régal sucré-salé peut ainsi apparaître à l'orée d'un repas, en entrée, au milieu, en plat principal, ou en fin, en dessert… et même au goûter. Cette tourte se mange généralement froide, voire tiède.

HIST. *La torta de blea (en langage nissart) est l'un des avatars de ces « tourtes aux herbes » (« herbes » au sens de légumes-feuilles, par opposition aux légumes-racines) moyenâgeuses, mêlant sans distinction légumes, fruits (blette, courge, pois chiche, châtaigne…) et fleurs, sucre et sel, Épices et plantes aromatiques, fromage et huile. À cette époque, ce qui est dans notre esprit « plat salé » et « dessert sucré » ne faisait qu'un. Cette pratique survivra à la Renaissance et jusqu'à nos jours dans la région de Nice au travers de cette tourte, s'enrichissant même de nouveaux ingrédients : amande, épinard, écorce de citron confit, raisins secs, pignons, etc.*

• • •

RHÔNE-ALPES

Bescoin

(pâtisserie ; Faucigny, massif des Bornes/Genevois)
Variantes : pain bénit, main de Sainte-Agathe.

Le bescoin est une brioche allongée tenant du pain au lait, nantie aux deux extrémités d'un tortillon de pâte, à la pâte fine safranée, fourrée à l'anis.
Composition des bescoins : farine, levure de boulanger, sel, beurre, lait, safran et graines d'anis. Les pièces, une fois confectionnées, sont laissées à gonfler, puis dorées à l'œuf et cuites au four.
Il semble conseillé de laisser rassir le bescoin, avant de le savourer beurré ou tartiné de confiture et trempé dans une boisson chaude.

HIST. *Originaire de la vallée savoyarde de l'Arve, le bescoin ou biscoin était fabriqué par les boulangers à l'occasion de la « vogue » et des fêtes religieuses. Outre une forme allongée, il pouvait prendre celle d'une petite couronne ou d'un cœur, ce qui permettait de l'accrocher aux rameaux de buis que les enfants portaient à bénir à la messe le dimanche précédant Pâques. Au*

Grand Bornand, avant la guerre, les boulangers personnalisaient les bescoins en rajoutant des initiales ou un oiseau. Les parrains offraient cette fantaisie à leurs filleuls à Noël ou à Pâques. L'apport du safran rappelle que la plante fut cultivée en Savoie.

Bouffette de Mens

(pâtisserie ; Trièves)

La bouffette, petite pâtisserie attachée à Mens (capitale du Trièves), unit 2 génoises ovales autour d'une crème au sucre. La composition de cette crème sucrée reste un secret. Du sucre et du beurre lui donnent un fondant fort agréable sur la langue.
Ce délice simple et suranné se déguste à l'heure du café ou du thé.

✱ **HIST**. *Créée par Hiacinthe Auguste Baup (1829-1899), pâtissier-confiseur à Mens, la bouffette semble connue dans les années 1870. Toutefois c'est Louis Bernard qui déposa la marque en 1926. Aujourd'hui la tradition de ce gâteau se perpétue avec Bernard Perrier.*

Brioche de Bourgoin

(pâtisserie ; Terres Froides)

Régal des yeux et des papilles, la brioche de Bourgoin revêt l'apparence d'une pogne (voir pogne de Romans), décorée de granulés de sucre rouge et blanc, garnie de pralines et de dragées.
Pétrie avec de la farine, du sucre, du sel, du lait, du beurre, des œufs et du levain, la pâte est mise au repos, avant son façonnage en couronne. Remise au repos jusqu'à en doubler de volume, elle sera entaillée sur le dessus et enfournée à une température élevée. Refroidie, elle sera décorée de bandes de sucre rouges et blanches en alternance, assorties de pralines (sur les blanches) et de dragées (sur les rouges).
Quand on a la chance de la dénicher chez l'un des pâtissiers

de Bourgoin-Jallieu, cette brioche assure bien du plaisir au petit déjeuner. On peut l'apprécier l'après-midi avec un thé ou un café, ou même en fin de repas, avec une salade de fruits et un verre de blanc moelleux.

HIST. *Selon la tradition, cette couronne briochée fleurie de sucreries aurait été créée par les pâtissiers bergealiens en l'honneur du dauphin de France, Louis II (futur Louis XI), en séjour dans leur ville, voici plus de 5 siècles. Rien n'est moins sûr... D'aucuns se demandent si il n'existerait pas un lien de parenté entre cette brioche de Bourgoin et le gâteau aux pralines Labully (brioche de Saint-Genix).*
Cette brioche sera associée aux grandes foires et braderies de Bourgoin, à l'occasion desquelles on en préparait d'énormes. Plus tard, certaines familles en commanderont de « spéciales » (décorées de blanc) lors d'un mariage ou d'un baptême. À l'heure actuelle, leur production augmente durant la fête des Rois ou à Pâques.

Brioche de Saint-Génix

(pâtisserie ; Terres Froides, Bugey, Savoie Propre, Chambarrans, Valentinois...)
Variantes : tarte aux pralines, épogne aux pralines (Mont-Blanc).

Les pralines, des amandes enrobées d'un sucre rouge, affolent la brioche de Saint-Genix, donnant à ses rondeurs dorées, saupoudrées de grains de sucre, un constant air de fête. En version ronde, mais aussi vendue au poids, cette brioche (dite aussi « gâteau de Saint-Genix » ou « saint genix »), produite à Saint-Genix-sur-Guiers (village aux confins de la Savoie centrale, du Bugey et des Terres Froides), a fait des émules auprès de nombreux artisans savoyards, dauphinois ou ardéchois.
La réalisation de cette brioche, à la mie aérée et moelleuse, exhalant un parfum de fleur d'oranger, repose sur des ingrédients habituels (farine, blé, œufs, sucre, levain, beurre), mais dont les proportions restent le secret de chaque artisan.

Il importe de préparer la pâte la veille, afin qu'elle se repose. Le lendemain, on la repétrit et on y insère les pralines concassées, avant de la placer dans le copet (moule rond en bois de tilleul). Suit la cuisson au four.
Cette brioche de luxe, classiquement emballée dans du papier sulfurisé rouge et blanc, se déguste comme un gâteau, au goûter, au petit déjeuner, autant qu'en fin de repas pour accompagner une salade de fruits ou un café. Elle peut faire office de présent. Bien réussie, elle s'avère d'une subtilité gustative inoubliable...

HIST. *L'origine de cette brioche se rattacherait à sainte Agathe, martyre sicilienne du IIIe siècle. Ayant repoussé les avances du proconsul romain qui aurait voulu, en vain, lui faire abjurer sa foi chrétienne, elle aurait eu les seins coupés... ceux-ci auraient miraculeusement repoussé et, lorsqu'elle monta sur le bûcher, la terre trembla, tuant ses bourreaux. La Savoie s'appropria la légende après le rattachement de la Sicile au duché, en 1713, et les femmes se mirent à réaliser un gâteau en forme de sein au jour anniversaire de la sainte.*
Localement, l'histoire nous apprend que Françoise Guillaud, originaire des Abrets, en Isère, en épousant l'hôtelier Pierre Labully, amena la recette de cette brioche à Saint-Genix-sur-Guiers. Dès 1860, le gâteau, orné de quelques pralines à son sommet, se taille une belle réputation.
Mais le succès viendra en 1880, lorsque François Labully-fils a l'idée de placer également des pralines à l'intérieur. Pour se garantir des copieurs, il déposa sa recette sous son nom personnel « Gâteau Labully » et non sous l'appellation « Saint-Genix ». Ceci explique que de nombreuses brioches assez peu fidèles à l'originale portent aujourd'hui le nom de Saint-Genix.

Bugne

(pâtisserie ; Lyonnais, Isle-Crémieu, Dombes, Bugey, Beaujolais, Terres Froides, Chambarrans, Forez, Roannais, Haut-Vivarais, Valentinois... Savoie Propre, Genevois)
Autres appellations : bugne l'éperon, oreillette (dans le Vivarais).

Incontournable institution lyonnaise, que l'on retrouve dans toute la région rhonalpine (dans le Forez, en Savoie, dans le Dauphiné, le Vivarais), la bugne appartient à la vaste famille des beignets.

Il existe 2 types de bugnes : les « moelleuses », réalisées à partir d'une pâte levée, plus épaisses, et les « craquantes », plates et croustillantes, à la pâte très fine sans levure. Cuites dans une huile très chaude, elles se composent de force farine, d'œufs, de beurre, de sucre, de sel et peuvent être aromatisées au cognac ou au rhum, avec 1 zeste de citron ou de la fleur d'oranger. Égouttées, elles seront saupoudrées de sucre glace. Généralement, les bugnes craquantes se présentent sous l'apparence de plaques rectangulaires (une douzaine de centimètres de long pour la moitié de large) et dorées empilées les unes sur les autres, tandis que les moelleuses sont losangées et de couleur plus foncée. À noter que la bugne dite « lyonnaise » doit sa spécificité à sa forme en nœud, obtenu en pratiquant une fente au centre de la bandelette de pâte.

Les bugnes se consomment en période de carnaval, durant tout le mois de février, et même 2 semaines avant et 2 semaines après. On peut les acheter chez les boulangers-pâtissiers autant que chez certains charcutiers.

✱ **HIST**. *L'une des plus anciennes références faite à la bugne, à Lyon, date de 1538. Son nom dériverait de buigne, signifiant « bosse » en vieux français. Ce terme est à l'origine du mot beignet, désignant toute pâtisserie passée à la friture. La présence, étrange, des bugnes dans les charcuteries lyonnaises s'explique par le fait que les artisans voulaient se rappeler au bon souvenir de leurs clients sur le point de débuter le carême et donc de délaisser leurs commerces.*

Chaudelet

(pâtisserie ; Bergealien/Terres Froides)

Le chaudelet est une petite galette dorée de pâte brisée salée, aromatisée de grains d'anis, vendue en vrac.
Longtemps pétrie, la pâte est mise en forme, puis pochée à l'eau bouillante. Refroidies à l'eau froide, les galettes se verront ensuite égouttées et couchées au frais pendant 1 ou 2 jours. À l'issue de ce temps, elles seront cuites et dorées dans un four à feu très vif.
On grignote les chaudelets au petit déjeuner, ou pour l'apéritif.

HIST. *Cette galette aux grains d'anis, moins sèche que la rioute, aurait été mise au point à la fin du XIXe siècle par un boulanger de Bourgoin qui la vendait sur les quais de la gare de la ville. L'architecte et écrivain Nizier du Puitspelu évoque ce petit gâteau « fait avec de la pâte de pain au lait, de l'anis, du raisin de Corinthe et du lait », cuit sur le principe des échaudés moyenâgeux. Le pâtissier Pierre Broizat (à Bourgoin-Jallieu) poursuit leur fabrication.*

Cocon de Lyon

(confiserie ; Lyonnais)

Aux devantures des pâtisseries et épiceries fines : le cocon de Lyon arbore son fourreau jaune clair de pâte d'amande à l'ancienne, fourré d'un praliné parfumé à l'orangeat et à la liqueur de curaçao.
Ce bonbon de la taille d'une arachide, au charme suranné, se veut représenter le cocon du ver à soie qui fit la fortune de la ville.

HIST. *En 1953, Jean Auberger, meilleur ouvrier de France, fut chargé par le maire, Édouard Herriot, d'inventer une friandise représentative de la ville. Il souhaita perpétuer l'image du cocon, duquel les ouvriers canuts dévidaient la précieuse matière, avant de la tisser.*

Chocolyon (entreprise basée à Caluire-et-Cuire) en possède l'exclusivité, en produisant plusieurs dizaines de tonnes chaque année.

Copeau

(pâtisserie ; Haut-Vivarais)

Le copeau, un biscuit sec et torsadé, parfumé à la fleur d'oranger, doit son nom à sa forme étonnante, en ressort ou en tire-bouchon, évoquant un copeau de bois !
Pour l'obtenir, une bandelette de pâte (à base de farine, de blancs d'œufs, de sucre et de fleur d'oranger) longue d'une cinquantaine de centimètres, est détaillée à la machine. Cette sorte de « tagliatelle » sera enroulée sur elle-même autour d'un cylindre en fer, aussitôt après sa cuisson au four, avant qu'il ne refroidisse et durcisse. Le tire-bouchon doré et craquant prend la place qui lui revient à l'apéritif, aux côtés d'un vin des coteaux de Saint-Perray, ou sur du champagne. Rien n'empêche de le grignoter à l'heure du café ou du thé.

HIST. *Cette production s'inspire d'une recette régionale qu'un pâtissier de Saint-Perray (localité viticole de la rive ardéchoise du Rhône, en face de Valence), Henri Malavieille, aurait reprise et améliorée en 1871. À Saint-Perray, un artisan poursuit cette fabrication.*

Coussin de Lyon

(confiserie ; Lyonnais)

Le coussin de Lyon est une ganache de chocolat parfumé au curaçao enfermée dans 1 carré de pâte d'amande candie, vert pâle avec un filet vert foncé.
Les coussins se vendent à la pièce ou dans des boîtes en velours vert rappelant la forme originelle du coussin de soie.

HIST. *Cette gourmandise de prestige, créée au début des années 1960 par la maison Voisin, fait revivre une légende : en*

1643, pour combattre une épidémie de peste, les échevins lyonnais firent le vœu d'organiser une procession à Fourvière pour implorer la Vierge. En offrande, ils déposèrent 1 cierge et 1 écu d'or sur son coussin de soie. Cette friandise au succès indémodable est commercialisée par la famille Boucaud qui en détient le monopole. La société fabrique quelque 80 tonnes de coussins de Lyon par an.

COUVE DE CREST

(pâtisserie ; Bas-Diois/Diois)

La couve est une galette dorée en pâte sablée, parfumée à l'orange, épaisse d'environ 2 cm, au rebord cannelé, ornée sur le dessus de petites boules et de poussins, incrustés dans la pâte, figurant un nid de poule... d'où son nom.
Vendue en format familial ou individuel, la couve comporte de la farine de blé, du sucre, des œufs, du beurre et de l'écorce d'orange confite. On aplatira la pâte (humidifiée d'un peu d'eau) en lui donnant une forme ronde avec une bordure cannelée. Un peu de pâte prélevée permettra de confectionner poussins et œufs décoratifs, bien enfoncés sur le dessus. Dorée à l'œuf battu et une pointe de miel, la couve reposera une nuit, avant de cuire à four moyen une vingtaine de minutes.Gâteau inattendu, assez sec, la couve fait le régal des enfants au goûter, ou termine un repas avec un café ou une coupe de clairette.

HIST. *Avec la défarde, la couve est la spécialité de la petite ville drômoise de Crest, située aux confins du Bas-Diois et de la plaine valentinoise. Datant du début du XVIIIe siècle, à l'origine provençal, ce « sablé » (qui ne comporte pas de levure dans sa version originale) se servait pour Pâques. Il aurait inspiré la recette du suisse de Valence.*

CRÈME DE MARRONS

(dessert ; Bas-Vivarais)
Variante : confiture de châtaignes.

La crème de marron est un délice onctueux très prisé en Ardèche.

Crème de marrons

La pulpe du fruit (châtaigne d'Ardèche), débarrassé de sa peau, cuit dans un sirop de sucre vanillé, avant d'être écrasée en une fine purée et conditionnée.
Se déguste au naturel, avec du fromage blanc ou sur des crêpes, ou bien apporte sa saveur aux tartes, macarons, glaces (l'incontournable coupe ardéchoise : boules vanille, crème de marron, chantilly).

✳ **HIST**. *La crème de marrons fut inventée en 1885 par un industriel, Clément Faugier, qui eut l'idée de réemployer les brisures de marrons créées pendant la période de production du marron glacé.*

Croquette aux amandes

(pâtisserie ; Diois, Baronnies...)
Autres appellations : croquant, croquande, croquet, craquante...

Petit biscuit dur et croquant typique de la Provence, la croquette aux amandes se présente sous l'aspect d'une tranchette ovale, plus ou moins épaisse, brunie sur le dessus, claire et compacte à l'intérieur.
Ces pâtisseries unissent farine, sucre ou miel, œufs, vanille ou citron, et amandes. Ceux-ci donneront une pâte, partagée en boudins aplatis, dorés au jaune d'œuf, puis portés au four jusqu'à ce que la déshydratation les rendent craquants. Les boudins encore chauds seront détaillés en tranches laissées à refroidir sur grille.
Ce « petit plaisir » se trempe dans du café, du thé, assiste un vin doux, une coupe de clairette.

↷ **HIST**. *Croquets, croquettes, croquants... au* XIX*e siècle, on trouvait de ces gâteaux durcis par la cuisson en maintes cités françaises (dont Lyon, Saint-Étienne). À Saillans (Bas-Diois), la biscuiterie « Le Père Craquant » poursuit la fabrication ancestrale de toute une gamme de craquants : amandes, écorce de citron, d'orange, pépites de chocolat. À Nyons (Baronnies), la biscuiterie Aujoras vend des croquettes aux amandes à l'aspect de bâtonnets* *rectangulaires. À Vinsobres, les croquettes aux amandes sont réputées depuis 1908. À Nyons, on trouve des croquets aux olives, aux tomates, au fromage, à la figue.*

GALETTE BRESSANE

(pâtisserie ; Bresse, Dombes)

Variantes : galette de Pérouges, brioche au sucre (foyesse), tarte au sucre (Nord-Pas-de-Calais), galette au sucre (Champagne-Ardenne).

Véritable institution pâtissière dans le pays dont elle se réclame, la galette bressane, ronde et assez plate (une trentaine de centimètre de diamètre), jaune clair au centre, mordorée sur le pourtour, n'est autre qu'une pâte briochée, garnie de crème saupoudrée de sucre.
La formule est simple : farine, sucre, levure, sel, œufs et beurre pour le disque brioché, crème et sucre pour sa garniture... la boule de pâte doit préalablement lever. Abaissée une première fois, elle doit lever à nouveau, puis être étalée en rond. Il suffit ensuite de badigeonner de jaunes d'œufs, de couvrir de crème et de sucre en grain, avant d'enfourner.
Cette galette fait les beaux jours des manifestations festives. L'occasion aussi de rallumer l'un des nombreux fours à pain pour l'y mettre à cuire.

HIST. *Dessert incontournable des repas dominicaux, la galette bressane l'était autrefois lors des fêtes villageoises, notamment des « vogues » (passant d'un village à l'autre, avec bal populaire, manèges et animations). La plupart du temps, il s'agissait d'une pâte à pain enrichie avec des œufs, du beurre et du sucre. Dans la région de Crémieu et vers le Bugey, on réalise la « foyesse », une spécialité voisine, légèrement plus épaisse que la galette bressane. Une autre variante, encore plus originale, se trouve dans le village médiéval dont elle porte le nom : la galette de Pérouges. De surcroît, cette galette bressane n'est pas sans évoquer la galette de ménage franc-comtoise et ses dérivés : galette de goumeau, papet jurassien et toutché.*

Galette de Pérouges

(pâtisserie ; Dombes)

Spécialité exclusive de la cité médiévale de Pérouges, la galette locale diffère de la galette bressane dont elle s'inspire : plus mince et surtout plus large (une cinquantaine de centimètres de diamètre), sa pâte briochée au sucre et au beurre présente un dessus brun mordoré, caramélisé et croquant.
Sa pâte réclame farine, beurre, œuf, levure, sel, zeste de citron. Bien travaillée, puis laissée au repos, elle est ensuite abaissée en rond. Les bords sont ourlés afin d'empêcher l'écoulement du beurre qu'on lui étale, saupoudrés de sucre semoule. Une fois piquée a la fourchette, l'astuce consiste à la cuire dans un four très chaud (300 °C), en 2 temps : 3 mn dans le bas du four, afin que cuise la pâte de la galette, 3 mn en haut du four pour que sa garniture caramélise. Sitôt sa sortie du four, certains lui projettent quelques gouttes d'eau pour lui conférer davantage de brillance. Il convient de découper les parts de la galette lorsqu'elle est encore tiède.
Cette galette fait la joie des touristes. Elle se déguste avec du cidre, un verre de pétillant du Bugey, ou une boisson chaude. Les restaurants la servent avec un peu de crème. Elle apparaît également lors des grandes occasions, mariages, fêtes.

HIST. *Une certaine madame Thibaut, de l'Hostellerie du Vieux Pérouges, aurait, vers 1910, modifié la galette bressane, la rendant plus mince et caramélisée. Il faudra attendre les années 1950 pour que cette inspiration fasse des émules auprès d'autres restaurateurs et pâtissiers et ne devienne cette spécialité pérougienne courue des amateurs.*

Gâteau aux noix

(pâtisserie ; Grésivaudan)

Gâteau fourré à la noix, rond (une quinzaine de centimètres de diamètre) et assez plat, emballé dans du papier d'aluminium, le gâteau aux noix est une spécialité grenobloise vendue par

plusieurs pâtissiers. Sa composition associe une pâte sablée (farine, beurre, œufs, extrait de vanille et zeste de citron) à un fourrage fait de miel ou de sucre, de crème fraîche et de cerneaux de noix. Le tout cuit rapidement au four.
Pré-emballée, cette délicieuse pâtisserie a ainsi le mérite de pouvoir se conserver plusieurs jours. Une aubaine pour les touristes de passage dans la capitale du Dauphiné désireux d'en rapporter chez eux. Ce gâteau se déguste de préférence au moment du café ou du thé, en fin de repas ou au goûter.

HIST. *Œuvre, sans doute, d'un artisan inconnu, cette pâtisserie ne daterait que de l'orée du XXe siècle. Repris par un industriel (qui le propose en petit palet rond individuel ou en format familial), cette gourmandise est de toutes les épiceries fines.*

GÂTEAU DE COURGE

(pâtisserie ; Lyonnais, Bresse, Dombes...)
Variante : pain de courge.

Spécialité d'automne et d'hiver, le gâteau de courge* appartient à la vieille tradition lyonnaise. La chair de la courge, taillée en cubes et blanchie dans une eau bouillante salée, sera laissée à égoutter toute une nuit dans une passoire. Le lendemain, on fait bouillir du lait avec une gousse de vanille fendue. On place la pulpe de courge bien sèche dans une terrine, on y ajoute du sucre, des œufs entiers, et on bat l'ensemble au fouet, avant de délayer avec le lait vanillé bouillant (en ôtant la gousse). La préparation, versée dans un plat creux allant au four, cuira une demi-heure. À la sortie du four, ne reste qu'à saupoudrer de sucre vanillé.

** Le « pain » de courge, lui, encore présent chez de rares boulangers de la Drôme provençale (secteur du Tricastin), est une espèce de brioche comportant des copeaux de la cucurbitacée.*

GÂTEAU DE SAVOIE

(pâtisserie ; Savoie Propre, Genevois, Beaufortain, Faucigny, Chablais, Tarentaise, Maurienne... Bugey)

Gâteau d'une légèreté nuageuse du fait de sa forte proportion en blancs d'œufs battus en neige, le « Savoie » se présente sous une forme ronde. Son chapeau, à peine bombé, de couleur beige, grumeleux, révèle à la découpe une tranche jaune allant du clair au neigeux.
Outre les blancs d'œufs montés en neige, il se compose de jaunes d'œufs, de sucre, de farine et de fécule, d'un zeste de citron ou bien de vanille. Une fois le mélange sucre-jaunes d'œufs travaillé jusqu'à ce qu'il blanchisse et retravaillé avec la farine et la fécule, la clef de sa réussite repose sur la délicate incorporation des blancs en neige, sans les « casser », avec cette mixture. Cette condition réunie, il gonflera durant la cuisson dans son moule à charlotte, au préalable fariné. Démoulé, il sera saupoudré de sucre cristal.
À noter qu'il existe une variante au gâteau de Savoie appelé « régent », couvert d'amandes.
Ce biscuit aérien, mousseux, découpé en jolies parts triangulaires, sert de base aux desserts (salade de fruits, fromage blanc, crème, glace vanille), ou « glisse » avec un café, un thé.

HIST. *Ce dessert aurait été créé à la cour de la Maison de Savoie au XIVe siècle, et servi au comte de Savoie, Amédée VI, vers l'an 1348. Pierre de Yenne, un maître-queux, en aurait officialisé la recette. En 1416, Amédée VIII l'aurait fait réaliser à Chambéry dans une forme représentant son duché pour l'offrir à l'empereur Sigismond...*
Devenu dessert de fête pour les Savoyards, puis pâtisserie du dimanche, ce biscuit se vend autant dans les commerces qu'il ne se fabrique dans les foyers. On le retrouve parfois en couronne, car coulé et cuit dans un moule à cheminée centrale.

Gaudrioles

(pâtisserie ; Bresse, Dombes)

Leur nom l'indique, les gaudrioles sont des sablés aux gaudes. Il s'agit de délayer des œufs avec des sucres semoule et vanillé, d'y incorporer les gaudes en pluie, ainsi que de la levure, un peu de sel et du beurre en petits carrés.
La pâte, étalée sur une épaisseur d'un demi-centimètre, sera détaillée à l'emporte-pièce. Les pièces (d'une demi-dizaine de centimètre), posées sur une tôle, seront dorées au jaune d'œuf. Leur surface sera rayée avec une fourchette, avant leur cuisson à four préchauffé durant un quart d'heure.
Ces sablés se dégustent à toute heure.

Lunettes de Romans

(pâtisserie ; Romanais/Valentinois)

Pâtisserie de notre enfance et de celle de nos parents... les lunettes de Romans continuent à séduire notre progéniture avec leurs deux orbites de confiture gélifiée : fraise, abricot ou mûre, ménagés dans un sablé pâtissier, ovale et dentelé, poudré de sucre glace.
Deux épaisseurs de biscuit superposées, dont une percée de deux yeux, emprisonne le fourrage. Le sablé, élément principal, se compose de farine, sucre, œufs, matières grasses, levure et beurre. Le fourrage, lui, révèle sucre, sirop, purée de fruit et gélifiant.
Goûter de référence, les lunettes de Romans sont toujours une fête visuelle et gustative.

✳ **HIST**. *Ce sablé rigolo s'inspirerait d'un biscuit appelé « milanais », que des immigrants transalpins auraient fait connaître dans le Dauphiné. Outre sa fabrication artisanale, une biscuiterie de Romans-sur-Isère s'est spécialisée dans ce délice d'antan. De nouveaux fourrages sont venus compléter les « basiques » : framboise, myrtille de l'Ardèche, citron, caramel, chocolat.*

MAIN DE SAINTE-AGATHE

(pâtisserie ; Combe de Savoie/Savoie Propre)
Variantes : bescoin, pain bénit.

La main de Sainte-Agathe est une brioche safranée de la forme d'une main à 4 ou 5 doigts.
Fabriquée en divers formats, farine, beurre, sucre, lait, levure, sel, safran entrent dans sa composition.
La pâtisserie dorée se déguste au goûter, au petit déjeuner, ou bien en famille, le dimanche, avec du chocolat chaud, du thé, du café.

HIST. *Petite localité de la Combe de Savoie, au pied du massif des Bauges et à l'entrée de la vallée de la Maurienne, Saint-Pierre-d'Albigny célèbre la Sainte-Agathe depuis le xve siècle. Le 5 février, les boulangers préparent les mains de Sainte-Agathe (guêta en patois local), sensées porter bonheur.*

MARRON GLACÉ

(confiserie ; Bas-Vivarais, Haut-Vivarais, Boutières, Valentinois, Valdaine...)

Gourmandise de luxe, mondialement réputé, issu d'un savoir-faire ancestral, le marron glacé est une spécialité ardéchoise réalisée à partir d'un marron (châtaigne) confit dans un sirop de sucre et glacé au sucre glace. Sous la dent, la boule brune et vitreuse offre une résistance moelleuse et une saveur sucrée de châtaigne simplement... exquise !
Mais ne peut être « marron » qu'une châtaigne non cloisonnée : c'est-à-dire que le fruit doit demeurer d'un seul tenant à l'intérieur de la bogue (ne pas confondre avec l'énorme marron du marronnier d'Inde de nos parcs, non-comestible). Épluchée, cette châtaigne* est enveloppée dans un voile de tulle afin d'éviter qu'elle ne se brise lors de son étuvage dans une eau bouillante. Plusieurs bains de sucre (parfumés à la vanille), dont les concentrations varient, se succéderont ensuite, jusqu'à ce que l'intérieur du fruit s'en

Marrons glacés

pénètre. Le confisage achevé, le glaçage veillera à apposer la dernière couche de sucre glace sur la châtaigne confite. Pour finir, le marron glacé sera plié dans un papier d'aluminium. De nombreux artisans réalisent leurs propres marrons glacés : dans les départements de la Drôme, de l'Isère, du Rhône. L'essentiel de la production s'écoule au moment de Noël.

HIST. *Deux théories s'affrontent sur l'origine du marron glacé : l'une prétend qu'il serait né à Lyon, au XVIe siècle, l'autre, ce même siècle, mais à Coni, en Italie. En 1882, l'ingénieur Clément Faugier met au point une méthode de production industrielle permettant à cette friandise de se populariser. Il aura aussi l'idée de récupérer les marrons glacés accidentellement brisés pour en faire la crème de marrons.*

**Hélas, de moins en moins issue de la châtaigne d'Ardèche, jugée insuffisamment grosse. Les transformateurs industriels importent de grosses châtaignes, souvent d'Italie, qu'ils reçoivent épluchées et congelées. Néanmoins, une partie des marrons glacés est réalisée avec la fameuse variété bouche-rouge.*

NOUGAT DE MONTÉLIMAR

(confiserie ; pays montilien/Valdaine)

Montélimar reste le fief de la production de nougat : cette pâte doucereuse, à base de miel, d'amandes, de sucre, gaufrée de pain azyme.
Les composants essentiels du nougat sont : le glucose, le miel, le blanc d'œuf, la vanille, les amandes torréfiées et les pistaches. Miel et sucre sont fondus et cuits dans des chaudrons en cuivre avec addition des blancs d'œufs montés en neige. L'incorporation de sucre préalablement porté à haute température permet de stabiliser le mélange. En fin de cuisson, sont incorporées vanille, amandes et pistaches grillées. Un ultime malaxage confère à la masse son homogénéité. La pâte est alors coulée dans les moules tapissés de pain d'hostie. Après un démoulage, suivent les opérations de sciage donnant les formes choisies.

Du nougat, les magasins de Montélimar en regorgent : domino, papillote, barre, bloc... tendre ou dur... parfums chocolat, rose, lavande... Il existe aussi la version glacée du nougat, délice rafraîchissant en fin de repas.

HIST. *Né en Orient durant l'Antiquité, le nougat (du latin nux gatum « gâteau de noix »), sera importé en Provence (où il compte parmi les 13 desserts du Noël) au* XVII*e* *siècle. D'abord faite de miel et de noix, l'affriolante pâte durcie apparaît dans le sud de la Drôme. Olivier de Serres, qui avait planté près de Montélimar les premiers amandiers (ainsi que le mûrier), utilise leurs fruits pour confectionner du nougat. L'application faisant des émules, Montélimar devient la cité du nougat dès la seconde moitié du* XVII*e* *siècle et la coutume d'en offrir aux hôtes de marque de passage est lancée...*
Le véritable nougat de Montélimar, tel qu'on le connaît, avec l'ajout de blancs d'œufs, fondus avec le miel et le sucre, permettant d'aérer la pâte, est apparu au milieu du XVIII*e* *siècle. Le* XIX*e* *siècle verra l'installation de fabriques spécialisées. Dans les années 1950, Montélimar, la « porte de la Provence », traversée par la Nationale 7, devient une étape obligée sur la route des vacances.*
Une douzaine de fabricants montiliens (Arnaud-Soubeyrand, Chabert-Guyot...) entretiennent la tradition. Mais si Montélimar jouit de son monopole et d'une réputation internationale, d'autres nougats existent en France : nougat blanc, nougat de Sault (Haute-Provence)...

Pain de Modane

(pâtisserie ; Maurienne, Tarentaise, Savoie Propre...)

Sorte de brioche enrichie de fruits confits, le pain de Modane reprend le plus souvent la forme ovoïde et trapue d'un pain bâtard à la croûte brunie et à la tranche jaune clair.
La pâte intègre farine de blé, sucre, beurre, levure boulangère, œufs, sel, eau, et la copieuse garniture, fruits confits hachés, raisins de Corinthe ou de Smyrne, amandes effilées. Après un repos de 2 h jusqu'à avoir doublé de volume, la pâte fourrée

de sa garniture sera placée sur une tôle beurrée et enduite de blanc d'œuf battu avec du sucre glace et de la poudre d'amandes. Après avoir levé deux nouvelles heures, le pain cuira à four moyen. À noter que certains artisans fourrent leurs pains de Modane de frangipane ou de crème pâtissière. Cette pâtisserie, absolument délicieuse quand elle est préparée de main de maître, se déguste au petit déjeuner, au goûter, ou en accompagnement de dessert (genre salade de fruits) en fin de repas.

* **HIST**. *Le pain de Modane, bien que portant le nom de cette ville de Maurienne, se fabrique en d'autres pays de Savoie. Il aurait pu être introduit vers le milieu du xxe siècle via cette petite ville frontalière par des Italiens. En effet, sa composition n'est pas sans rappeler celle du panettone. L'autre hypothèse mène à la Suisse, car additionné de crème pâtissière, il présente une similitude avec la « brioche suisse ».*

PANTIN D'ANNONAY

(pâtisserie ; Haut-Vivarais)

Le pantin d'Annonay est un biscuit aux formes diverses, personnage, animaux (poisson, chien, cochon, canard...), étoile, cœur, montgolfière... à la pâte rose-bonbon, elle-même nappée d'un glacis rose, attaché à cette ville industrielle du Haut-Vivarais. Les sujets, dont la taille varie d'une dizaine à une trentaine de centimètres (sur commande pour les plus gros), entrent dans leur composition farine, sucre, œufs, écorce d'orange et colorant rose. Deux versions coexistent : l'une en pâte sablée, l'autre, la plus usitée, en pâte tendre (texture de calisson avec support tendre nappé d'une coque genre macaron). Pour chacune, les proportions des ingrédients autant que le savoir-faire restent un secret jalousement gardé par les artisans.
Exclusivité locale, le pantin est le type même de petit souvenir que l'on rapporte. Il existe même des mini sujets en sachets. Son fondant au goût indéfinissable et son apparence amuseront pour le grignotage.

HIST. *Si l'on se fie à son nom, le pantin (attesté depuis le XVIIIe siècle) devait reprendre, à l'origine, l'apparence d'une silhouette humaine. À l'instar du suisse de Valence et du brassadeau de Provence, il se fabriquait pour le jour des Rameaux et les enfants l'accrochaient aux branches de buis portées à bénir à l'église. À notre époque, seule une poignée de pâtissiers locaux les font à longueur d'année, privilégiant la forme de la montgolfière, rappelant qu'Annonay, patrie des frères Montgolfier, est le berceau de l'aérostation.*

Papillote

(confiserie ; Lyonnais, Roannais, Forez, Terres Froides...)

À l'approche de Noël, reviennent les papillotes, ces bonbons de chocolat fourré, enveloppés d'un papier brillant aux extrémités frangées et contenant un rébus, une devinette, un dessin, parfois un pétard à main.

Au chocolat, quelquefois en pâte de fruits, la papillote donne lieu à d'autres interprétations : ganache, praliné... Bien que chasse gardée de gros fabricants (Révillon), il se perpétue un savoir-faire artisanal.

Cette friandise qui fait la joie des enfants, pure tradition lyonnaise, se retrouve pourtant du Beaujolais au Forez, de la Savoie au Dauphiné.

HIST. *Selon la légende, les papillotes seraient nées à la fin du XVIIIe siècle, dans le quartier des Terreaux, à Lyon, chez un confiseur du nom de Papillot. L'un de ses apprentis, ayant subtilisé des chocolats, les auraient pliés dans un papier avec un mot doux pour charmer sa belle qui travaillait à l'étage du dessus. Monsieur Papillot aurait surpris et renvoyé son commis, mais... repris l'idée à des fins commerciales.*

Pâté de la batteuse

(pâtisserie ; Lyonnais, Forez)

Dans les Monts du Lyonnais, on appelle « pâté » un gros chausson doré en forme de demi-lune, au rebord arrondi et ourlé, fourré aux fruits de saison : pomme, poire ou cerise (voire, pruneaux d'Agen ou confiture, crème pâtissière ou frangipane).
La pâte, briochée, feuilletée ou brisée, est abaissée en ovale et repliée sur une épaisseur de fruits coupés (parfois en compote), saupoudrés de sucre, puis ourlée. Ce bourrelet s'appelle le « cordage ». Badigeonné à l'œuf, le pâté prendra à la cuisson une teinte doré foncé.
Certains boulangers ont repris cette tradition avec des pâtés plus petits pour le goûter.

HIST. *Appelé « pâté de la batteuse », ce gros chausson pâtissier se servait pour le repas de la moisson, mais aussi pour la vogue (fête de village dans le Lyonnais) et les vendanges.*
Les pâtés étaient confectionnés à la ferme par la maîtresse de maison, cuits dans le fourneau ou apportés chez le boulanger pour qu'il les cuise dans son four. Ils pouvaient mesurer jusqu'à 50 cm. Les ingrédients, farine, matières grasses et œufs venaient de la ferme. On disait qu'une fille était prête à marier quand elle savait fermer la croûte du pâté !

Pogne

(pâtisserie ; Romanais/Valentinois, Chambarans, Oisans… Haut-Vivarais, Bas-Vivarais)
Autres appellations : pogne de Romans, pogne de Valence, pogne de Villeneuve-de-Berg…

La pogne, couronne dorée et joufflue, proche parente de la brioche, fait partie intégrante du patrimoine culinaire dauphinois et, en particulier, de celui de la ville de Romans. Faite de farine, levain, sucre, œufs et beurre, elle est parfumée à la fleur d'oranger. On la fabrique également en Ardèche.

Pétris, selon les proportions établies par l'artisan, les ingrédients doivent donner une pâte tenant autant de la pâte à pain que de celle à brioche. Laissée à lever 2 à 3 h, elle sera découpée en pâtons qui, une fois pesés et boulés, seront façonnés en forme de couronne, évidée au centre. La pogne devra encore lever de nombreuses heures avant d'être dorée à l'œuf et incisée sur le dessus, juste avant sa cuisson.
Savoureuse en dessert ou au goûter, avec une boisson chaude ou froide, la pogne, qui était servie le jour de Pâques, n'est plus seulement réservée aux repas de fêtes, car vendue à longueur d'année.

HIST. *La pogne (pogna en patois) tirerait son nom de la poignée de main ou, plutôt de la poignée de pâte prélevée dans le pétrin, nécessaire à sa réalisation. À l'origine, ce pain enrichi destiné au dessert, apparu à la fin du XIVe siècle, n'était confectionné que pour Pâques. L'usage des œufs étant prohibé en Dauphiné pendant le Carême, ceux-ci revenaient en force le jour de Pâques.*
Si Romans-sur-Isère, capitale de la chaussure, s'est faite une réputation de sa pogne, d'autres localités en produisent, notamment Valence. Bourg-de-Péage, possède même un musée de la Pogne (Pascalis). Certains étrangers, de passage dans la région, s'étonnent parfois du « culte » que vouent les Dauphinois à leur pogne, parfois insipide et onéreuse... Mais attention, il y a pogne et pogne ! Il faut se renseigner sur les bonnes adresses pour apprécier la subtilité de cette brioche. Quant aux pognes industrielles, pas de commentaire !

RÉZULE

(pâtisserie ; Genevois, Chablais, Faucigny, Savoie Propre, Beaufortain, Maurienne, Tarentaise, Bugey, pays de Gex... Oisans)
Variante : rissole à la viande.

Délice de la pâtisserie savoyarde et genevoise, la rézule (ou rissole*) est un petit chausson rectangulaire et doré, en pâte feuilletée ou brisée, fourré de confiture, de compote (de poire, généralement) ou/et de fruits secs, frit à l'huile ou cuit au four.

La pâte, confectionnée et mise au repos, sera abaissée et découpée en rectangles. La compote est déposée sur une moitié, l'autre rabattue et soudée. Dorés à l'œuf, les rectangles dodus cuiront au four.
En période de Noël, il est encore de tradition chez certains boulangers savoyards de vendre des rissoles. Fabriquées « maison », elles se dégustent, chaudes ou froides, au dessert ou au quatre-heures.

HIST. *Le mot rissole (rézule en patois savoyard) vient du français « rissoler », issu du latin russeolus (« rougeâtre »). On en fabrique en Savoie et en Dauphiné depuis le XIVe siècle, à la viande pour utiliser les « chutes » de porc après sa tuaison. À partir du XVIIIe siècle, la version sucrée s'impose, avec de la compote d'abricot. Plus tard, on en fera avec des pommes et, à la fin de l'automne, avec des « poires à rissoles » (Blesson, marlioz...) qui, étant très dures, ne peuvent se consommer que cuites. De leur chair blanche, rougissante à la cuisson, on fait une farce rehaussée de sucre et d'épices. La pâte, dorée à l'œuf, est parfois saupoudrée de sucre glace après cuisson. Une variante possible de la poire est de les remplacer par des coings. De nos jours, la pâte feuilletée remporte les faveurs des artisans-boulangers, de même que la cuisson au four au détriment de celle à la poêle.*

**La rissole existe ailleurs qu'en Savoie : rissole du Rouergue (Midi-Pyrénées), rissole de Coucy (Picardie), etc.*

RIOUTE

(pâtisserie ; Maurienne, Savoie Propre)
Variante : chaudelet.

La rioute, ou rioutte, est un biscuit très sec et dur en pâte à pain aromatisé à l'anis et saupoudré de graines d'anis, en forme d'anneau (ou plus rarement d'un 8) d'une dizaine de centimètres de diamètre.
Cette pâte sèche anisée et poivrée s'inscrit dans la famille des échaudés, ces pâtisseries médiévales caractérisées par une double cuisson à l'eau et au four. Pour la pâte, il faut de la

farine, de l'anis en poudre, du sel, du poivre, du sucre et de l'eau. Une fois bien homogène, on la roule en boudins de la grosseur d'un doigt, que l'on noue en boucles avant de les plonger dans l'eau bouillante. Dès que celles-ci remontent en surface, on les écume et on les fait sécher sur un torchon. On les pose ensuite sur une plaque de cuisson pour les badigeonner d'œuf battu avec du lait, puis on les passe au moins une heure dans un four à basse température.
Gâteau sucré-salé, idéal pour l'apéritif, les rioutes étaient autrefois proposées dans les bars. On les trempait dans un verre de vin rouge ou blanc pour les assouplir. De nos jours, on peut les tremper dans une boisson chaude pour le petit déjeuner.

HIST. *Rioute désigne, en patois mauriennais, un aulne de montagne utilisé pour la fabrication de liens du fait de sa grande souplesse et de sa dureté. Gâteaux de pénitence autorisés à la fin de la période de carême, les rioutes sont originaires de la vallée de la Maurienne. Préparées lors des foires, elles s'emportaient en d'autres occasions, notamment lors des pèlerinages, enfilées sur un bâton porté sur l'épaule.*

Suisse de Valence

(pâtisserie ; Valentinois)

Le suisse de Valence est un biscuit sablé à base de pâte sablée et d'écorce d'orange, de l'apparence d'un bonhomme trapu (vendu en différents formats), revêtu d'un costume de garde suisse.
Beurre, sucre, farine, œufs, écorces d'orange confite, fleur d'oranger entrent dans la composition d'une pâte homogène, coupée en pâtons, façonnés en bonhommes. Un peu de pâte est conservée pour la décoration : un demi-cercle pour le chapeau, des petites boules pour le nez, le menton, les boutons, des bandes pour les bras, le corps et les pieds, un petit filet pour les moustaches... Le tout, pouvant être agrémenté

de raisins de Corinthe pour les boutons, est badigeonné d'un mélange œuf-miel et enfourné à haute température.
Toujours fondant, ce plaisir des enfants reste aussi celui des grands qui le dégustent volontiers au café...

HIST. *Ce biscuit rappelle un épisode de l'histoire de la préfecture de la Drôme : le pape Pie VI, envoyé en exil à Valence par le Général Bonaparte, y décéda en 1799. Il s'écoula 2 années avant que le retour de sa dépouille à Rome ne soit autorisé... Durant ce laps de temps, un détachement de Gardes Suisses veilla les reliques du patron de l'église catholique.*

TARTE AUX PRALINES

(pâtisserie ; Lyonnais)
Variante : brioche aux pralines.

Délice lyonnais incontournable, la tarte aux pralines se présente comme un cercle de pâte aux bords peu élevés entourant le miroir plat et rose, lisse ou « granité », de sa garniture.
Celle-ci se compose pour moitié de pralines roses moulues ou concassées et de crème fraîche. Le tout, mis à cuire un quart d'heure environ sera versé à l'intérieur d'un fond de pâte sablée précuit. La préparation cuira une vingtaine de minutes dans un four monté à faible température. Lors du refroidissement, d'aucuns versent du sucre glace.
En en-cas ou pour le goûter, cette tarte, vendue en format familial, en parts ou en tartelettes, peut aussi apparaître au dessert d'un repas.

HIST. *« Vedette » des vitrines des pâtisseries et boulangeries de la capitale des Gaules, cette pâtisserie doit son existence aux pralines, vendues en sachets. Cette praline rose lyonnaise, que l'on retrouve également dans le Dauphiné*, est faite d'une amande entière décortiquée, mais avec sa peau, placée dans une machine tournante et cuite dans du sucre avec un colorant rouge alimentaire.*

Les artisans confectionnent aussi de savoureuses brioches aux pralines, rondes et joufflues, où les pralines apparaissent entières en surface.

**Voir pogne de Saint-Génix.*

TARTE AU QUEMEAU

(pâtisserie ; Bresse, Dombes)
Variantes : tarte à la gomme (pays de Gex) ; en Franche-Comté : galette de goumeau.

En Bresse, le quemeau est un fromage blanc au lait entier. La tarte qui s'en réclame est faite d'une pâte brisée, emplie d'un appareil de fromage blanc avec des œufs, de la farine, du sel et du poivre. La préparation cuira au four. Salée, la tarte au quemeau peut être servie chaude avec une salade verte, relevée d'échalote ciselée. Sucrée, elle s'apprécie froide ou tiède. On peut aussi la caraméliser à la manière des crèmes brûlées.

TRUFFE DE CHAMBÉRY

(confiserie ; Savoie Propre)

La truffe au chocolat est de Chambéry.
Dans sa version originale, la fondante friandise se compose d'un mélange de chocolat noir et de crème fraîche, généralement aromatisé, façonné en boule et enrobé de cacao en poudre.
Pour sa réalisation, le chocolat est fondu avec de la crème (ou beurre), du sucre, parfois des œufs, puis parfumé d'un alcool (cognac, rhum, whisky) ou de vanille, café, cannelle ou encore d'eau de fleur d'oranger. Ensuite on façonne la pâte en boules que l'on poudre de cacao.
Les truffes s'offrent traditionnellement à l'époque de Noël.

HIST. *La truffe en chocolat aurait été inventée à Chambéry, en décembre 1895, par le confiseur Louis Dufour. À court de bonbons* *au chocolat, il aurait eu l'idée de les remplacer par des ganaches enrobées de cacao qu'il façonna en boules et appela « crottes en chocolat ». Au fil du temps, le nom évolua en « truffe », plus élégant. Une entreprise de Chambéry fera déposer le modèle « truffes de Chambéry ». De nos jours, il existe mille et une sortes de truffes, et le chocolat au lait ou le chocolat blanc remplacent souvent le chocolat noir.*

Vacherin glacé

(pâtisserie ; Lyonnais)

Entremets somptueux, inscrit dans les « réflexes » alimentaires lyonnais, le vacherin allie à la légèreté de la meringue la grâce du sorbet ou d'une crème glacée sous le froufrou de la Chantilly. Il existe autant de sortes de vacherins glacés qu'il existe de parfums, framboise, fraise, marrons, chocolat, café... Décorer le dessus de crème Chantilly avant de servir.

HIST. *Le vacherin glacé doit son nom à une similitude d'apparence avec le vacherin, fromage de vache savoyard et franc-comtois conditionné dans une boîte ronde en écorce.*

Vincuit

(confiserie ; Bresse, Bugey, Dombes)
Autre appellation : paria.

Le vincuit est une sorte de sirop confituré à la robe sombre, généralement composé de deux tiers de poires et d'un tiers de pommes, issu d'une cuisson très longue sans apport de sucre.

Épluchés, épépinés et coupés en quartiers, les fruits cuisent en chaudron. 100 kg de fruits donnent 70 l de jus qui, au terme d'une ébullition d'une vingtaine d'heures, seront réduits à moins de 10 l de vincuit.

Fabriqué en automne à l'occasion de fêtes locales en Bresse (telle celle de Saint-Trivier-de-Courtes, le 1er dimanche d'octobre), le vincuit trouve un support idéal en la gaufre ou sur du pain.

✳ **HIST**. *Le vincuit servait à conserver des fruits périssables et à bénéficier de sucre à disposition. En automne, on « vanlait » le vincuit durant des heures dans un grand chaudron en cuivre placé sous la cheminée sarrasine des fermes de Bresse. Ce travail était l'occasion de veillées, permettant de resserrer les liens sociaux avec la famille, les amis et voisins. Chacun repartait avec son pot de vincuit.*
Cette préparation est à rapprocher du pommé (Bretagne) et du raisiné bourguignon (Bourgogne). On retrouve le vincuit en Savoie et en Suisse, où l'on confectionne une tarte au vincuit.

• • •

Agneau pascal alsacien (Alsace), 7
Aguignette (Normandie), 261
Amande royale (Franche-Comté), 129
Amandine (Île-de-France), 141
Angélique de Niort (Poitou-Charentes), 309
Anis de Flavigny (Bourgogne), 55
Aréna (Limousin), 187

Baba au rhum (Lorraine), 199
Babelutte de Lille (Nord-Pas-de-Calais), 243
Baguette parisienne (Île-de-France), 142
Beignet à la rhubarbe (Alsace), 8
Beignet aux pommes (Alsace), 7
Beignet de Carnaval (Alsace), 9
Berawecka (Alsace), 10
Bergamote de Nancy (Lorraine), 201
Berlingot de Carpentras (PACA), 327
Berlingot de Cauterets (Midi-Pyrénées), 223
Berlingot de Pézenas (Languedoc-Roussillon), 163
Berlingot nantais (Pays de la Loire), 275
Bescoin (Rhône-Alpes), 347
Bêtise de Cambrai (Nord-Pas-de-Calais), 245
Beugnon (Centre), 95
Beurré normand (Normandie), 262
Biscotin d'Aix (PACA), 328
Biscotin de Bédarieux (Languedoc-Roussillon), 164
Biscuit Cochon (Lorraine), 202
Biscuit de Montbozon (Franche-Comté), 130
Biscuit Duché (Bourgogne), 56
Biscuit rose de Reims (Champagne-Ardenne), 113
Bitterroise (Languedoc-Roussillon), 165
BN (Pays de la Loire), 276
Bois-cassé (Poitou-Charentes), 310
Bottereau (Pays de la Loire), 277
Bouchon au marc de champagne (Champagne-Ardenne), 114
Bouchon de Bordeaux (Aquitaine), 27
Bouffette de Mens (Rhône-Alpes), 348
Boulaigou (Limousin), 189
Boulet de Metz (Lorraine), 202
Bourdaine (Pays de la Loire), 277
Bourdelot (Normandie), 263
Bourriol (Auvergne), 43
Bras de gitan (Languedoc-Roussillon), 165
Brasillé (Normandie), 263
Brassadeau (PACA), 329
Bredele (Alsace), 10
Bretzel (Alsace), 11
Brioche aux griaudes (Bourgogne), 57
Brioche de Bourgoin (Rhône-Alpes), 348
Brioche de Nanterre (Île-de-France), 142
Brioche de Saint-Génix (Rhône-Alpes), 349
Brioche parisienne (Île-de-France), 143
Brioche tressée (Alsace), 13
Brioche vendéenne (Pays de la Loire), 278
Brioche vendéenne (Poitou-Charentes), 310
Broyé du Poitou (Poitou-Charentes), 312
Bugne (Rhône-Alpes), 351
Bunyete (Languedoc-Roussillon), 166

Cachou Lajaunie (Midi-Pyrénées), 225
Cacou (Bourgogne), 57
Cacoule (Nord-Pas-de-Calais), 246
Caisse de Wassy (Champagne-Ardenne), 115
Cajasse quercynoise (Midi-Pyrénées), 225
Calisson d'Aix (PACA), 329
Canelé (Aquitaine), 27
Canistrellu (Corse), 123
Carambar (Nord-Pas-de-Calais), 246
Caramel au beurre salé de Bretagne (Bretagne), 73
Caramel d'Isigny (Normandie), 264
Carré de Salers (Auvergne), 44
Cartelin (Poitou-Charentes), 312
Casse-dents (PACA), 331
Casse-museau de Brassac (Midi-Pyrénées), 226
Cassemuseaux (Poitou-Charentes), 313
Cassissine (Bourgogne), 58
Cédrat confit (Corse), 124
Chardons lorrains (Lorraine), 203
Charitois (Bourgogne), 58
Chaudelet (Rhône-Alpes), 352
Chausson aux pommes de Saint-Calais (Pays de la Loire), 279
Chichi frégi (PACA), 332
Chique de Bavay (Nord-Pas-de-Calais), 248
Chocard d'Yffiniac (Bretagne), 74
Chocolat de Bayonne (Aquitaine), 28
Chouquette (Île-de-France), 144
Chrischtstolle (Alsace), 13
Chuque du Nord (Nord-Pas-de-Calais), 249
Clafoutis (Limousin), 189
Cochelin (Centre), 95
Cocon de Lyon (Rhône-Alpes), 352
Confit de pétales de rose (Île-de-France), 145
Confiture d'églantine (Alsace), 14
Confiture de cerise noire (Aquitaine), 29
Confiture de gigérine (PACA), 333
Confiture de groseille de Bar-le-Duc (Lorraine), 204
Confiture de lait (Normandie), 265
Confiture de lait de Picardie (Picardie), 299
Confiture de mirabelles (Lorraine), 204
Copeau (Rhône-Alpes), 353
Coque de Pâques (Midi-Pyrénées), 226
Coquelicot de Nemours (Île-de-France), 145
Coques catalanes (Languedoc-Roussillon), 166
Coquille de Noël (Nord-Pas-de-Calais), 249
Corinette (Poitou-Charentes), 314
Cornet de Murat (Auvergne), 44
Corniotte (Bourgogne), 59
Cornue (Limousin), 190
Cornuelle (Poitou-Charentes), 314
Cotignac (Centre), 96
Couquebaque (Nord-Pas-de-Calais), 250
Couronne bordelaise (Aquitaine), 31
Coussin de Lyon (Rhône-Alpes), 353
Couve de Crest (Rhône-Alpes), 354
Cramaillotte (Bourgogne), 60
Cramique (Nord-Pas-de-Calais), 250
Craquelin (Bretagne), 74
Craquelin (Franche-Comté), 131
Craqueline (Lorraine), 205
Crème catalane (Languedoc-Roussillon), 167
Crème chantilly (Picardie), 299
Crème de marrons (Rhône-Alpes), 354
Crêpe bretonne (Bretagne), 75
Crêpe dentelle (Bretagne), 76
Creusois (Limousin), 191

Croissant (Île-de-France), 146
Croquant anisé (Pays de la Loire), 280
Croquant d'Auvergne (Auvergne), 45
Croquant de Bort (Limousin), 191
Croquant de Cordes (Midi-Pyrénées), 228
Croquant de Mende (Languedoc-Roussillon), 168
Croquant de Saint-Paul-de-Fenouillet (Languedoc-Roussillon), 169
Croquant Villaret (Languedoc-Roussillon), 170
Croquet de Bordeaux (Aquitaine), 31
Croquet de Chârost (Centre), 97
Croquet de Saint-Mihiel (Lorraine), 205
Croquets de Donzy (Bourgogne), 60
Croquette aux amandes (Rhône-Alpes), 356
Croquignole d'Uzès (Languedoc-Roussillon), 170
Croquignole de Reims (Champagne-Ardenne), 115
Croustade aux pommes (Midi-Pyrénées), 229
Croustillon picard (Picardie), 301
Cruchade (Poitou-Charentes), 315
Curbelet (Midi-Pyrénées), 230

Douillon (Normandie), 265
Douzane (Poitou-Charentes), 316
Dragée de Verdun (Lorraine), 206
Duchesse d'Angoulême (Poitou-Charentes), 316
Duchesse de Lorraine (Lorraine), 207

Echaudé de la Brenne (Centre), 97
Escalette (Languedoc-Roussillon), 171

Falculella (Corse), 124
Fallue (Normandie), 266
Faluche (Nord-Pas-de-Calais), 251
Fanchonnette bordelaise (Aquitaine), 32
Far breton (Bretagne), 77
Fiadone (Corse), 125
Financier (Île-de-France), 147
Fion (Pays de la Loire), 280
Flamusse aux pommes (Bourgogne), 61
Flan maraîchin (Pays de la Loire), 281
Flan normand (Normandie), 266
Flan parisien (Île-de-France), 148
Flognarde (Limousin), 192
Flognarde aux pommes (Auvergne), 46
Flône (Midi-Pyrénées), 231
Fondu creusois (Limousin), 193
Forestine de Bourges (Centre), 98
Forêt-Noire (Alsace), 14
Fouace aveyronnaise (Midi-Pyrénées), 232
Fouace de Touraine (Centre), 99
Fouace nantaise (Pays de la Loire), 281
Fouée (Pays de la Loire), 283
Fougasse (PACA), 333
Fougasse aux fritons (Languedoc-Roussillon), 172
Fougassette (PACA), 334
Foutimasson (Pays de la Loire), 283
Françoise de Foix (Pays de la Loire), 284
Frescati (Languedoc-Roussillon), 173
Fromaget (Poitou-Charentes), 317
Fruit confit d'Apt (PACA), 335

Gâche (Pays de la Loire), 284
Gâche normande (Normandie), 267
Galette au sucre (Champagne-Ardenne), 116
Galette bressane (Rhône-Alpes), 357
Galette bretonne (Bretagne), 78
Galette charentaise, 318
Galette de blé noir (Bretagne), 78
Galette de four (Bretagne), 80
Galette de goumeau (Franche-Comté), 131
Galette de Pérouges (Rhône-Alpes), 358
Galette de Saint-Guénolé (Pays de la Loire), 285
Galette des rois bordelaise (Aquitaine), 32
Galette feuilletée à la frangipane (Île-de-France), 149
Galette flamande (Nord-Pas-de-Calais), 252
Galette pacaude, 318
Galette Saint-Michel (Pays de la Loire), 286
Gâteau à la broche (Midi-Pyrénées), 233
Gâteau à la châtaigne (Limousin), 194
Gâteau au chocolat de Metz (Lorraine), 208
Gâteau au chocolat de Nancy (Lorraine), 208
Gâteau aux noix (Rhône-Alpes), 358
Gâteau basque (Aquitaine), 33
Gâteau battu (Picardie), 302
Gâteau breton (Bretagne), 80
Gâteau de courge (Rhône-Alpes), 359
Gâteau de pâte (Bretagne), 81
Gâteau de Reims (Champagne-Ardenne), 118
Gâteau de santé (Alsace), 15
Gâteau de Savoie (Rhône-Alpes), 360
Gâteau des rois (PACA), 336
Gâteau minute (Pays de la Loire), 286
Gâteau mollet (Champagne-Ardenne), 117
Gâteau nantais (Pays de la Loire), 287
Gâteau saintongeais (Poitou-Charentes), 319
Gaudrioles (Rhône-Alpes), 361
Gaufre fourrée (Nord-Pas-de-Calais), 252
Gaufrette mâconnaise (Bourgogne), 61
Gelée d'épine-vinette (Franche-Comté), 133
Gimblette (Bourgogne), 62
Gimblette d'Albi (Midi-Pyrénées), 234
Glacé mince (Bourgogne), 63
Glace plombières (Lorraine), 208
Gotchial (Bretagne), 81
Gouéron (Poitou-Charentes), 320
Gougère (Bourgogne), 65
Grimolle (Poitou-Charentes), 320
Griotte bisontine (Franche-Comté), 133
Grisette de Montpellier (Languedoc-Roussillon), 174
Guillaret (Pays de la Loire), 288
Guimauve de Montpellier (Languedoc-Roussillon), 174

Haricot de Soissons (Picardie), 302

Imbrucciata (Corse), 126

Kanouga (Aquitaine), 34

Kouign-amann (Bretagne), 83
Kugelhopf (Alsace), 16

Limos (Languedoc-Roussillon), 175
Linzertorte (Alsace), 17
Loriquette de Remiremont (Lorraine), 209
Lunettes de Romans (Rhône-Alpes), 361

Macaron d'Amiens (Picardie), 303
Macaron de Boulay (Lorraine), 210
Macaron de Cormery (Centre), 100
Macaron de Nancy (Lorraine), 211
Macaron de Saint-Émilion (Aquitaine), 35
Macaron de Saint-Jean-de-Luz (Aquitaine), 35
Macaron du Poitou (Poitou-Charentes), 321
Macaron parisien (Île-de-France), 149
Madeleine de Commercy (Lorraine), 212
Madeleine de Dax (Aquitaine), 36
Madeleine de Liverdun (Lorraine), 214
Madeleine de Saint-Yrieix (Limousin), 194
Main de Sainte-Agathe (Rhône-Alpes), 362
Mannala (Alsace), 18
Manqué (Île-de-France), 150
Marguerite d'Angoulême (Poitou-Charentes), 322
Marron glacé (Rhône-Alpes), 362
Massepain d'Issoudun (Centre), 100
Massepain de Reims (Champagne-Ardenne), 118
Massepain de Saint-Léonard (Limousin), 195
Matafan bisontin (Franche-Comté), 135
Mendiant (Alsace), 18
Mentchikoff (Centre), 101
Merice (Pays de la Loire), 288
Merveille (Aquitaine), 36
Merveille (Poitou-Charentes), 323
Mesturet (Midi-Pyrénées), 235
Miel d'Alsace (Alsace), 19
Miel de Corse (Corse), 126
Miel de Picardie (Picardie), 304
Miel de Provence (PACA), 336
Miel de sapin des Vosges (Lorraine), 214
Miel de sarrasin (Bretagne), 84
Miel de Sologne (Centre), 102
Miel des Ardennes (Champagne-Ardenne), 119
Miel des Cévennes (Languedoc-Roussillon), 176
Miel du Gâtinais (Centre), 102
Miel du Gâtinais (Île-de-France), 151
Miel du Morvan (Bourgogne), 65
Millas charentais (Poitou-Charentes), 323
Mille-feuille (Île-de-France), 153
Milliard aux cerises (Auvergne), 46
Minerve (Languedoc-Roussillon), 177
Mique (Limousin), 196
Mirlitons de Rouen (Normandie), 267
Moka (Île-de-France), 154

Navette (PACA), 337
Navette Albigeoise (Midi-Pyrénées), 235
Négus (Bourgogne), 66

Nid d'abeille (Alsace), 19
Nieulle (Nord-Pas-de-Calais), 253
Niflette (Île-de-France), 154
Niniche de Quiberon (Bretagne), 84
Nonnette de Dijon (Bourgogne), 67
Nonnette de Reims (Champagne-Ardenne), 120
Nonnette de Remiremont (Lorraine), 215
Nougat blanc (PACA), 338
Nougat de Limoux (Languedoc-Roussillon), 177
Nougat de Montélimar (Rhône-Alpes), 364
Nougat de Tours (Centre), 103
Nougat noir (PACA), 339
Nougatine de Nevers (Bourgogne), 69
Nougatine du Poitou (Poitou-Charentes), 324

Opéra (Île-de-France), 155
Oreillette (PACA), 340

P'tit quinquin (Nord-Pas-de-Calais), 255
Pain à un sou (Alsace), 20
Pain boulot (Nord-Pas-de-Calais), 254
Pain brié (Normandie), 268
Pain chapeau (Bretagne), 85
Pain d'Aix (PACA), 340
Pain d'amandes (Nord-Pas-de-Calais), 254
Pain d'anis de Gérardmer (Lorraine), 215
Pain d'épices alsacien (Alsace), 20
Pain d'épices de Dijon (Bourgogne), 69
Pain d'épices de Pithiviers (Centre), 103
Pain d'épices de Reims (Champagne-Ardenne), 120
Pain de Beaucaire (Languedoc-Roussillon), 178
Pain de Modane (Rhône-Alpes), 365
Pain de seigle breton (Bretagne), 86
Pain doux bigouden (Bretagne), 86
Pain gallu (Lorraine), 216
Pain mirau (Bretagne), 88
Pain Napoléon (Normandie), 269
Pain noir (Bretagne), 88
Pain paillasse de Lodève (Languedoc-Roussillon), 179
Pain plié (Bretagne), 89
Pain sucré (Bretagne), 90
Pain tourné (Limousin), 197
Pain viennois (Île-de-France), 156
Palet breton (Bretagne), 90
Pantin d'Annonay (Rhône-Alpes), 366
Panzarottu (Corse), 127
Papaline d'Avignon (PACA), 341
Papet jurassien (Franche-Comté), 135
Papillote (Rhône-Alpes), 367
Paris-Brest (Île-de-France), 157
Pastéchou (Bretagne), 91
Pastille de Vichy (Auvergne), 47
Pastis landais (Aquitaine), 37
Patate de Saint-Malo (Bretagne), 91
Pâté aux poires de fisée (Normandie), 269
Pâté aux prunes angevin (Pays de la Loire), 289
Pâte de coings franc-comtoise (Franche-Comté), 135
Pâté de la batteuse (Rhône-Alpes), 368
Pâtes de fruits d'Auvergne (Auvergne), 48
Pébradou (Languedoc-

Roussillon), 179
Pescajoune (Midi-Pyrénées), 236
Pet de Nonne (Franche-Comté), 136
Petit jeannot (Midi-Pyrénées), 237
Petit mouzillon (Pays de la Loire), 292
Petit pâté de Pézenas (Languedoc-Roussillon), 180
Petit sarthois (Pays de la Loire), 292
Petit-beurre (Pays de la Loire), 290
Pets d'âne (Picardie), 306
Pine (Poitou-Charentes), 324
Piquenchâgne (Auvergne), 49
Pithiviers (Centre), 104
Pogne (Rhône-Alpes), 368
Poirat (Centre), 106
Poire tapée (Centre), 106
Pommé (Bretagne), 92
Pommé rennais (Bretagne), 92
Pompe à l'huile (Midi-Pyrénées), 238
Pompe à l'huile (PACA), 341
Pompe aux pommes (Auvergne), 50
Pouloud (Bretagne), 93
Praline d'Aigueperse (Auvergne), 50
Praline de Montargis (Centre), 107
Préfou (Pays de la Loire), 293
Pruneau de Tours (Centre), 108
Puits d'amour (Île-de-France), 157
Pumpet (Midi-Pyrénées), 238

Quatre-quarts (Bretagne), 94
Quernon d'ardoise (Pays de la Loire), 293

Rabote picarde (Picardie), 306
Raisiné bourguignon (Bourgogne), 70
Réglisse (Languedoc-Roussillon), 181
Religieuse (Île-de-France), 158
Rézule (Rhône-Alpes), 369
Rigodon (Bourgogne), 71
Rigolette nantaise (Pays de la Loire), 294
Rioute (Rhône-Alpes), 370
Rissole (Midi-Pyrénées), 239
Rocher de Saint-Mihiel (Lorraine), 217
Rondiau (Centre), 109
Rousquille (Languedoc-Roussillon), 182
Rousquille d'Oloron (Aquitaine), 38
Russe (Aquitaine), 38

Sablé de Caen (Normandie), 270
Sablé de Nançay (Centre), 110
Sablé de Sablé (Pays de la Loire), 295
Saint-Epvre (Lorraine), 217
Saint-honoré (Île-de-France), 159
Sanciau (Centre), 110
Savarin (Île-de-France), 160
Sèche (Franche-Comté), 137
Soleil de Marcillac (Midi-Pyrénées), 240
Sottise de Valenciennes (Nord-Pas-de-Calais), 255
Soufflé normand (Normandie), 270
Sous flamme (Poitou-Charentes), 325
Spritz (Lorraine), 218
Streusel (Alsace), 21
Strudel aux pommes (Alsace), 22
Suce-miel d'Allauch (PACA), 342
Sucre d'orge de Tours (Centre), 111
Sucre d'orge des religieuses de Moret (Île-de-France), 160
Sucre de pomme (Normandie), 271

Crédits photographiques

p. 12 : motorolka/Shutterstock.com/via Losange
p. 15 : Birgit Brandlhuber/Shutterstock.com/via Losange
p. 23 : Troyker/Shutterstock.com/via Losange
p. 25 : Kiboka/Shutterstock.com/via Losange
p. 30 : Joerg Beuge/Shutterstock.com/via Losange
p. 41 : Lilyana Vynogradova/Shutterstock.com/via Losange
p. 47 : Foodpictures/Shutterstock.com/via Losange
p. 53 : bonchan/Shutterstock.com/via Losange
p. 64 : msheldrake/Shutterstock.com/via Losange
p. 68 : bonchan/Shutterstock.com/via Losange
p. 82 : Foodpictures/Shutterstock.com/via Losange
p. 105 : Robin Stewart/Shutterstock.com/via Losange
p. 119 : Dionisvera/Shutterstock.com/via Losange
p. 134 : Shebeko/Shutterstock.com/via Losange
p. 138 : Kazoka/Shutterstock.com/via Losange
p. 152 : Foodpictures/Shutterstock.com/via Losange
p. 168 : wildarrow/Shutterstock.com/via Losange
p. 181 : eZeePics Studio/Shutterstock.com/via Losange
p. 188 : Foodpictures/Shutterstock.com/via Losange
p. 193 : Lilyana Vynogradova/Shutterstock.com/via Losange
p. 200 : Foodpictures/Shutterstock.com/via Losange
p. 213 : jirihera/Shutterstock.com/via Losange
p. 219 : viktor1/Shutterstock.com/via Losange
p. 224 : Wikimedia Commons, Didier Descouens, http://commons.wikimedia.org/wiki/File :CACHOU_Lajaunie_Toulouse.jpg
p. 227 : Jean-François Hamon/Shutterstock.com/via Losange
p. 244 : Wikimedia Commons, Claude TRUONG-NGOC, http://commons.wikimedia.org/wiki/File :Boîte_Bêtises_de_Cambrai_Despinoy.jpg
p. 247 : Wikimedia Commons, Jiel Beaumadier, http://commons.wikimedia.org/wiki/File :Jielbeaumadier_carambars_2010.jpg
p. 257 : matka-wariatka/Shutterstock.com/via Losange
p. 272 : Wikimedia Commons, Ludovic Péron, http://commons.wikimedia.org/wiki/File :Tarte_normande.jpg
p. 291 : zhekoss/Shutterstock.com/via Losange
p. 296 : bernashafo/Shutterstock.com/via Losange
p. 300 : M. Unal Ozmen/Shutterstock.com/via Losange
p. 305 : Dasha Petrenko/Shutterstock.com/via Losange
p. 311 : Foodpictures/Shutterstock.com/via Losange
p. 330 : Anna Pustynnikova/Shutterstock.com/via Losange
p. 355 : martiapunts/Shutterstock.com/via Losange
p. 363 : Foodpictures/Shutterstock.com/via Losange

Achevé d'imprimer par Dimograf
Dépôt légal : octobre 2014

Sucre rouge (Champagne-Ardenne), 121
Suisse de Valence (Rhône-Alpes), 371

Tarte à l'badré (Picardie), 307
Tarte à la caillade (Limousin), 198
Tarte à la rhubarbe (Nord-Pas-de-Calais), 256
Tarte à la tome (Auvergne), 51
Tarte au fromage blanc (Alsace), 24
Tarte au libouli (Nord-Pas-de-Calais), 256
Tarte au maugin (Lorraine), 220
Tarte au quemeau (Rhône-Alpes), 373
Tarte au raisin (Franche-Comté), 139
Tarte au sucre (Nord-Pas-de-Calais), 258
Tarte aux brimbelles (Lorraine), 220
Tarte aux fraises (Pays de la Loire), 297
Tarte aux mirabelles (Lorraine), 221
Tarte aux myrtilles (Alsace), 24
Tarte aux pommes à l'alsacienne (Alsace), 25
Tarte aux pralines (Rhône-Alpes), 372
Tarte aux pruneaux (Auvergne), 52
Tarte aux pruneauxde l'île d'Yeu (Pays de la Loire), 297
Tarte aux quetsches (Alsace), 26
Tarte Bourdaloue (Île-de-France), 162
Tarte du Champsaur (PACA), 343
Tarte normande (Normandie), 273
Tarte Tatin (Centre), 111
Tarte tropézienne (PACA), 344
Tartouillat (Bourgogne), 71
Téméraire (Franche-Comté), 139
Teurgoule (Normandie), 274
Tortillade (PACA), 344
Tortillon (Aquitaine), 39
Touron basque (Aquitaine), 41
Touron catalan (Languedoc-Roussillon), 184
Tourte de blettes (PACA), 345
Tourteau à l'anis (Languedoc-Roussillon), 185
Tourteau fromager (Poitou-Charentes), 326
Tourtière (Aquitaine), 41
Tourton (Pays de la Loire), 298
Toutché (Franche-Comté), 140
Truffe de Chambéry (Rhône-Alpes), 373
Tuile en chocolat (Picardie), 308

Vacherin glacé (Rhône-Alpes), 374
Vergeoise (Nord-Pas-de-Calais), 259
Vérités de Lapalisse (Auvergne), 52
Vincuit (Rhône-Alpes), 374
Violette de Toulouse (Midi-Pyrénées), 241
Visitandine (Lorraine), 221

Wagotine (Lorraine), 222

Zézette de Sète (Languedoc-Roussillon), 185